Peter A. Arschinoff
Geschichte der Machno-Bewegung

UNRAST

KLASSIKER 1
der Sozialrevolte

In allen Zeiten wurden Texte geschrieben, die wir heute als Klassiker der Sozialrevolte bezeichnen wollen. Darunter zählen wir historische Texte aus Sozialen Bewegungen bzw. aus dem Kontext sozialer Revolutionen – von den Frühsozialisten der Französischen Revolution bis zur APO der 60er Jahre dieses Jahrhunderts.

Der UNRAST Verlag wird in dieser Reihe eine umfangreiche Sammlung von Texten herausgeben, um damit ein Stück der eigenen Sozialgeschichte zu bewahren.

Dieses Buch ist ein an wenigen Stellen sprachlich bearbeiteter Nachdruck des 1923 von der Union anarchistischer Vereine Berlin herausgegebenen und von Walter Hold übersetzten Originals.

Peter A. Arschinoff

Die Geschichte der Machno-Bewegung (1918-1921)

aus dem Russischen von Walter Hold

mit einem Vorwort von Volin (1923)

und

einer Kurzbiografie Arschinoffs,
sowie einer Auswahlbibliografie,
erstellt von Heiner Becker (1998)

UNRAST

Klassiker der Sozialrevolte 1

Arschinoff: Die Geschichte der Machno-Bewegung
Nachdruck der Originalausgabe von 1923
4. Auflage, Juli 2025
ISBN 978-3-89771-917-0

Band 1 der Reihe »Klassiker der Sozialrevolte«
hrsg. von Jörn Essig-Gutschmidt

© UNRAST Verlag, Münster April 1998
Fuggerstr. 13 a | 48165 Münster
www.unrast-verlag.de – kontakt@unrast-verlag.de

Mitglied in der assoziation Linker Verlage (aLiVe)
Umschlag: UNRAST Verlag, Münster
Satz: UNRAST Verlag, Münster
Druck: Interpress, Budapest

INHALT

Vorwort von Volin

Bevor sich der Leser an die Lektüre dieses Buches macht, wird er vor allem Wert darauf legen, zu erfahren, welcher Art die Arbeit ist, die er vor sich liegen hat: ob es sich um eine ernsthafte und gewissenhafte Untersuchung handelt, oder um eine phantastische, unverantwortliche Geschichte? Wird er dem Verfasser mit Vertrauen begegnen können - zumindest, was die mitgeteilten Tatsachen, Daten und Materialien betrifft? Ist der Verfasser auch wirklich hinreichend unparteiisch? Entstellt er die Wahrheit nicht, um seine eigenen Ideen zu rechtfertigen, die Ideen des Gegners aber nach Kräften bloßzustellen?

Diese Fragen sind durchaus nicht müßiger Natur.

Die Quellen zur Geschichte der Machnobewegung müßten mit größter Umsicht benutzt werden. Der Leser wird das verstehen, wenn er sich in einige charakteristische Besonderheiten der Bewegung hineindenkt.

Einerseits ist die »Machnowstschhina« eine Erscheinung von gewaltigem Schwung, Größe und Bedeutung, eine Bewegung, die sich mit ganz ausnehmender Kraft aufrollt, im Geschick der Revolution eine kolossale, ungemein komplizierte Rolle spielte, eine Bewegung, die im Titanenkampf mit allen erdenklichen Arten der Reaktion durchgehalten und die Revolution mehr als einmal vor dem Zusammenbruch gerettet hat, eine Bewegung endlich, die ungemein reich ist an lebhaftesten, farbigen Episoden und nicht nur in Rußland, sondern auch über dessen Grenzen hinaus, von sich reden machte und interessierte. Zudem hat die Machnowstschina in den verschiedensten Lagern - in den reaktionären wie in den revolutionären - die verschiedensten Empfindungen wachgerufen: von glühendstem Haß und Feindschaft zu Staunen und zu einem ungläubigen Verhalten, zu Verdacht, bis hin zum Gefühl tiefsten Mitfühlens und Entzückens. Was nun die Kommunistische Partei und die »Sowjet«-Regierung betrifft, die die Revolution monopolisiert haben, so war die Machnowstschina nach vielfachen Peripetieen gezwungen, mit ihr - wie auch mit der Reaktion - in erbitterten Einzelkampf zu treten, wobei sie sowohl der Partei wie der Regierung einige sehr empfindliche physische und moralische Schläge versetzte. Endlich war es auch die Persönlichkeit Machnos selber - kompliziert, lebhaft und stark wie die ganze Bewegung, die die allgemeine Aufmerksamkeit auf sich lenkte, die Neugierde der einen reizte und sie staunen machte, anderen wieder sinnlose Furcht einflößte, oder sie empörte, wieder anderen unversöhnlichen Haß eingab, und anderen wieder rückhaltloseste Liebe...

Es liegt also in der Natur der Sache, daß die Machnowstschina so manchen »Schilderer« nach der Feder greifen ließ, den mancherlei Erwägungen treiben mochten, die weder mit einem rechten Wissen um den Vorgang was gemein hatten, noch mit dem lebhaften Bedürfnis, dieses Wissen mitzuteilen, den Gegenstand unparteiisch zu schildern und zu beleuchten, exaktes Material zu fixieren und einem künftigen Geschichtschreiber zu hinterlassen. Die einen greifen aus politischer Berechnung zur Feder, aus dem Bedürfnis heraus, ihre eigene Position zu rechtfertigen und zu stützen, indem sie die feindliche Bewegung und deren Träger in den Schmutz treten und verleumden. Andere halten es für ihre Pflicht, wenigstens doch einen Schlag zu führen nach einer Erscheinung, die ihrem Verständnis nicht einfiel, die sie erschreckt und in Aufregung versetzte. Wieder andere reizt die Legende, die sich um die Bewegung gebildet hat, das Sensationelle am Thema, das brennende Interesse, das das breite Publikum daran hat, die verführerische Möglichkeit, sich mit einigen Romanseiten ein nettes Honorar zu verdienen. Schließlich gibt es auch solche, die ein journalistisches Jucken in den Fingern verspüren.

Auf diese Weise werden »Materialien« aufgetürmt, die recht dazu angetan sind, den Leser unendlich zu verwirren und ihm jede Möglichkeit zu nehmen, an die Wahrheit heranzukommen.[1]

---

[1] Um von einer Unmenge kleinerer Zeitungsartikel zu schweigen, die in den verschiedensten Presseorganen Rußlands und des Auslands verstreut sind und sei es nur ungewöhnliche Fähigkeiten zur Verleumdung oder eine schier unglaubliche literarische Hemmungslosigkeit ihrer Verfasser verraten, - gibt es bereits auch mehr oder weniger umfangreiche Arbeiten, die eine gewisse ideelle oder historische Bedeutung für sich in Anspruch nehmen wollen, in der

Andererseits mußte sich die Bewegung, trotz des Schwungs, den sie an Ort und Stelle entfaltete, infolge einer Reihe von Umständen in einer gewissen Abgeschlossenheit entwickeln. Die Bewegung, die doch eine Bewegung der untersten Volksschichten war, die jedem Streben nach Paraden, nach Glanz, Herrschaft und Ruhm abgeneigt sind; entstanden in russischen Grenzgebieten, fern von den großen Zentren; aufgerollt in einem ganz bestimmten begrenzten Rayon, nicht nur von der ganzen übrigen Welt, sondern auch von den anderen Gebieten Rußlands abgeschnitten, – diese Bewegung ist in ihren wesentlichen, eigentlichen tiefen Zügen über ihre Grenzen hinaus wenig bekannt geworden. Fast

---

Tat aber eine bewußte Entstellung der Wahrheit oder einfach läppische Fabeln sind. Wir verweisen beispielsweise auf das Buch des Bolschewiks J. Jakowlew: »Der russische Anarchismus zur Zeit der großen russischen Revolution (erschienen in einigen rußischen und ausländischen Ausgaben), ein Buch, das nichts außer einer Flut von Entstellungen und glatten Lügen bringt. Oder es sei auf den umfangreichen und ungemein anspruchsvollen Aufsatz eines gewissen Gerassimenko im historisch-literarischen Sammelband »Der Historiker und der Zeitgenosse« (Verlag Olga Djakowa & Co., Buch III Berlin 1922, Seite 151, der Artikel »Machno«) verwiesen, – ein Aufsatz, in dem so unglaubliche Märchen aufgetischt werden, daß einem für den Verfasser und für den Sammelband die Schamröte ins Gesicht steigt. – Auch müssen wir vermerken, daß selbst in der anarchistischen Presse, die im Großen und Ganzen die Machnobewegung ernsthaft, gewissenhaft und ehrlich behandelt und sie von ganz anderen Seiten aus und mit anderen Absichten als die eben angeführten »Autoren« behandelt, – zahlreiche Fehler und Ungenauigkeiten mit unterlaufen, die dem Umstand zuzuschreiben sind, daß die resp. Verfasser unmittelbar persönlich an der Bewegung nicht beteiligt, ihr auch nicht nahegetreten waren und nur nach Hörensagen, auf Grund von einigem gedruckten Material, von Berichten und Eindrücke anderer Personen schrieben (vgl. z.B. die Broschüre P. Rudenkos: »In der Ukraine« – Die Aufständischen und die anarchistische Bewegung), neu herausgegeben vom Verlag der Arbeitergruppe in Argentinien im März 1922, den Artikel in der Zeitschrift »Wolni trud«, dem Organ der Petersburger Föderation Anarchistischer Gruppen, Okt 1919). Sowohl in dem Artikel wie in der Broschüre haben sich grobe Versehen eingeschlichen, die darauf zurückzuführen sind, daß der Verfasser nicht unmittelbar an der Aufstandsbewegung teilgenommen und alle ihre mannigfachen Wendungen nicht konkret miterlebt hat.

die ganze Zeit über spielte sie sich unter unerhört schwierigen, angestrengten Kampfbedingungen ab, war von Feinden umlagert; hatte so gut wie keine Freunde außerhalb der werktätigen Massen, wurde von der regierenden Partei schonungslos unterdrückt und vom blutigen Getöse ihrer Regierungstätigkeit übertönt; hatte wohl an 90% ihrer tüchtigsten und aktivsten Mitkämpfer verloren; hatte weder die Zeit noch auch die Möglichkeit, ja nicht einmal das besondere Bedürfnis, ihre Werke, Worte und Gedanken zu sammeln und der Nachwelt zu hinterlassen, mit einem Wort, von dieser Bewegung sind nur wenige lebendige, unmittelbare Spuren und Denkmäler übrig geblieben. Was sie an Tatsächlichem brachte wurde in keinen Annalen verzeichnet. Ihre Urkunden fanden keine weite Verbreitung und wurden nicht aufgehoben Darum ist sie auch bis heute noch in bedeutendem Maße dem Auge des Fernstehenden, dem Blick des Forschers nicht wahrnehmbar. Es ist nicht leicht, bis an ihre Wesenheit vorzudringen. Wie Tausende von bescheidenen Einzelhelden revolutionärer Epochen für ewige Zeiten unbekannt bleiben drohte auch der Machno-Bewegung die Gefahr als heroisches Epos der ukrainischen Werktätigen in bedeutendem Maße keine Kunde zu hinterlassen. Bis heute noch liegt das ungemein reiche Tatsachen- und Urkundenmaterial dieses Epos im Verborgenen. Hätte das Schicksal nicht einige Teilnehmer der Bewegung, die sie von Grund auf kennen und auch imstande sind, die Wahrheit darüber zu berichten, am Leben erhalten, – so wäre über diese Bewegung tatsächlich so gut wie nichts berichtet worden...

Eine derartige Lage der Dinge bringt den ernsthaften Leser und Historiker in eine ungemein schwierige Situation: Er wird in die Zwangslage versetzt, ohne fremde Beihilfe, allein, – nicht nur ohne direkte, maßgebende Daten, sondern auch ohne den geringsten Hinweis darauf, wo sich solche Daten beschaffen ließen, – sich kritisch in den ausnehmend bunt zusammengewürfelten, einander widersprechenden Quellen, Arbeiten und Materialien zurechtzufinden.

Darum auch muß dem Leser sofort, von Haus aus dabei geholfen werden, den Weizen von der Spreu, den Kern von der Schale zu sondern. Darum auch ist es wichtig, sofort festzustellen, ob er das vorliegende Werk als gesunde und reine Quelle wird benutzen können. Darum auch gewinnt die Frage nach dem Verfasser und nach der Art seines Werkes im gegebenen Fall eine so wesentliche Bedeutung.

Ich habe die Kühnheit gehabt, das Vorwort zu diesem Buch zu schreiben und im Vorwort diese Fragen zu beleuchten, da ich durch Schicksalsschluß zu jenen wenigen Teilnehmern an der Machnobewegung gehöre, die mit dem Leben davongekommen sind, die in genügendem Maß mit der Bewegung selber vertraut und mit dem Verfasser dieses Werkes bekannt sind, endlich auch die näheren Bedingungen kenne, unter denen dieses Buch entstanden ist.

* * *

Vorbehaltlich mag hier gesagt sein:

Man wird fragen können (wie auch tatsächlich häufig geschehen), warum ich nicht selber über die Machno-Bewegung schreibe? Viele Gründe waren dafür maßgebend. Ich will nur einige nennen.

An die Schilderung der Ereignisse, an die Aufgabe der Beleuchtung der Machno-Bewegung muß man sich im Vollbesitz des gesamten Nachrichtenmaterials, konzentriert und streng überlegend, machen. Das Thema verlangt eine langwierige, angestrengte und allseitige Bearbeitung. Aus verschiedenen Gründen habe ich mich bisher an eine solche Arbeit nicht machen können. Vor allem aus diesen Gründen habe ich es für erforderlich gehalten, einstweilen auf die Bearbeitung dieses Themas zu verzichten.

Das Machno-Epos ist zu ernsthaft, gewaltig und tragisch, zu reichlich vom Blut ihrer Teilnehmer überströmt, zu tief, zu kompliziert und eigenartig, als daß man sich erlauben dürfte, sie »leichthin« zu beurteilen und zu beschreiben, beispielsweise nur auf Grund von Erzählungen und einander widersprechenden Berichten verschiedener Personen. Sie auf Grund von Urkunden zu schildern, wäre auch nicht gerade unsere Sache, da Urkunden an und für sich ein totes Ding sind und durchaus nicht immer und auch nicht vollständig das wirkliche Leben wiederspiegeln. Auf Grund von Urkunden zu schreiben, ist Sache der künftigen Geschichtsschreiber, die eben außer diesen Urkunden kein anderes Material mehr zu ihrer Verfügung haben. Die Zeitgenossen müssen sich streng zur Sache, aber auch streng zu sich selber verhalten, da die

Geschichte eben von ihnen dereinst viel fordern wird. Sie müßten auf Bewertung und Schilderung derartiger Geschehnisse verzichten, sofern, sie nicht unmittelbar an ihnen teilgenommen haben. Auch müßten sie nicht so sehr auf Schilderungen und Urkunden versessen sein, um »Geschichte zu schreiben«, als vielmehr darauf bedacht sein, ihre persönlichen Erfahrungen, sofern sie solche gehabt haben, der Nachwelt zu erhalten. Riskieren sie doch im entgegengesetzten Fall, das eigentliche Wesen, die lebendige Seele der Geschehnisse in den Schatten zu stellen oder, was noch schlimmer wäre, zu entstellen und den Leser sowohl wie den Geschichtsschreiber ganz in die Irre zu führen. Natürlich ist es sehr wohl möglich, daß auch ihre unmittelbare Erfahrung an Fehlern und Ungenauigkeiten leiden kann. Für den gegebenen Fall aber wäre dieser Umstand nicht von Belang. Sie würden ein getreues, ein lebendiges Bild und das eigentliche Wesen der Geschehnisse geben, und eben darauf kommt es hauptsächlich an. Wenn man dann ihre Schilderung mit den Urkunden und mit anderem Material vergleicht, so dürfte es leicht halten, beiläufige Fehler auszuschalten. Eben darum ist die Schilderung eines Teilnehmers und Augenzeugen der Ereignisse von besonderer Wichtigkeit. Je vollständiger und tiefer die persönliche Erfahrung war, desto wichtiger ist diese Arbeit, desto schneller müßte sie geleistet werden. Wenn aber der Teilnehmer zu allem Überfluß noch selber über Urkunden und über Berichte anderer Augenzeugen verfügen kann, so wird seiner Schilderung erstklassige Bedeutung zukommen.

Mir steht die Aufgabe noch bevor, über die Machnowstschina zu gelegenerer Zeit, an gelegenem Ort und in entsprechender Beleuchtung zu schreiben. Eine vollständige Geschichte der Machno-Bewegung kann ich aber nicht schreiben – und zwar darum nicht, weil ich auf ein vollständiges, genaues, allseitiges Wissen des Stoffes keinen Anspruch erheben kann. Ich habe etwa ein halbes Jahr, vom August 1919 bis zum Januar 1920, dem Mittelpunkt der Bewegung nahe gestanden, soll heißen, ich habe sie durchaus nicht in ihrem ganzen Ausmaß beobachten können. Damals war es auch – im August 1919 – als ich zum ersten Mal mit Machno zusammenkam. Als ich dann im Januar 1920 verhaftet wurde, verlor ich die Bewegung, wie auch Machno, vollkommen aus den Augen und kam mit der einen wie mit dem anderen erst im November desselben Jahres für die Dauer von zwei Wochen in flüchtige Berührung, als Machno das Abkommen mit der Sowjetregierung getroffen hatte. Seither habe ich die Bewegung wieder aus den Augen verloren. So kommt es, daß ich allerdings so manches an dieser Bewegung gesehen, durchlebt und durchdacht habe, daß meine unmittelbare Kenntnis aber nicht als vollständig bezeichnet werden kann.

So habe ich denn auf die Frage, warum ich nicht über die Machnowstschina schreibe, des öfteren geantwortet: »Weil es einen gibt, der in dieser Beziehung stärker ist als ich.« Mit diesem Stärkeren habe ich den Verfasser eben dieses Werkes gemeint.

Um seine dauernde Betätigung innerhalb der Bewegung wußte ich. Im Jahre 1919 haben wir beide gemeinsam gearbeitet. Auch war mir bekannt, daß er Materialien zur Geschichte der Bewegung mit größter Sorgfalt sammelte. Ich wußte, daß, er an einer vollständigen Geschichte der Bewegung schriebe. Ich wußte endlich, daß dieses Buch schon geschrieben war, und daß der Verfasser es im Ausland verlegen wollte. Und ich war der Meinung, daß vor allem eben diese Arbeit - eine vollständige Geschichte der Machnowstschina - zu erscheinen habe, geschrieben von einer Persönlichkeit, die beides in sich vereinte: an der Bewegung dauernd teilgenommen hatte und über eine reiche Sammlung an Materialien verfügte.

Viele sind bis heute noch der ehrlichen Überzeugung, Machno wäre ein »simpler Bandit« und ein »Pogromheld«, der die dunkle, beutegierige, vom Krieg zersetzte Soldaten- und Bauernmasse um sich zu scharen verstanden habe. Von vielen wird Machno bis heute noch für einen »Abenteurer« gehalten, weil sie den ebenso unsinnigen als böswilligen Gerüchten Glauben schenken, er »habe Denikin die Front geöffnet«, habe sich mit Petljura »verbrüdert«, mit Wrangel »vereinigt«. Die von den Bolschhewiki leichtfertig verbreitete Verleumdung wird von vielen immer noch wiederholt, Machno »ständе an der Spitze der konterevolutionären Kulak-Bewegung[2], und Machnos »Anarchismus« wäre nur die

---

[2] Das Wort »Kulak« ließe sich am ehesten noch mit »Großbauer« übersetzen, steht aber zu diesem Wort in dem selben Verhältnis wie etwa »Spießer« und »Bürger« zueinander (d.Ü.).

naive Erfindung einiger Anarchisten, die er geschickt im eigenen Interesse auszunützen verstanden habe... Denikin, Petljura, Wrangel sind aber nur besonders markante kriegerische Episoden: An die sucht man sich zu klammern und türmt nun ganze Berge von Lügen auf. Der Kampf gegen die konterrevolutionären Generäle erschöpft die Machnowstschina keineswegs vollständig. Das eigentliche Wesen der Machnobewegung aber, ihr innerer Gehalt, ihre organischen Einzelzüge sind im Allgemeinen völlig unbekannt geblieben.

Mit kurzen, hier und da verstreuten Artikeln, mit flüchtigen Notizen, mit vereinzelten Arbeiten, läßt sich gegen die Dinge, wie sie nun einmal liegen, überhaupt nicht ankommen. Im Hinblick auf eine so bedeutende und komplizierte Erscheinung, wie die Machnowstschina es ist, geben Aufsätze und Arbeiten dieser Art zu wenig, sie beleuchten das Bild nicht als Ganzes und sie ertrinken fast spurlos in dem Meer von Druckerschwärze. Um alle Märchen mit einem Schlage abzutun und einem gediegenen Interesse und Studium des Gegenstandes den Weg zu ebenen, wäre zu allererst erforderlich, über die Bewegung eine mehr oder weniger einheitliche, erschöpfende Arbeit zu bringen, woraufhin man sich mit Erfolg daran machen könnte, Einzelfragen und Details zu beleuchten.

Eben ein solches einheitliches Werk ist das vorliegende Buch. Und dessen Verfasser war mehr als jeder andere dazu berufen, es zu schreiben. Man kann nur bedauern, daß dank einer Reihe von ungünstigen Umständen dieses Werk mit bedeutender Verspätung erscheint.[3]

* * *

Es ist bedeutsam, daß einem Arbeiter die Aufgabe zufiel, der erste Geschichtschreiber der Machno-Bewegung zu sein. Diese Tatsache beruht nicht etwa auf einem Zufall nur. Die Bewegung wurde in ihrem gesamten Verlauf in ideeller und organisatorischer Hinsicht von solchen Kräften aufrecht erhalten, die die Masse

---

[3] Vor Erscheinen des Buches hatte der Verfasser, um die Genossen und Arbeiter im Ausland so schnell als möglich mit einigen Fakten der Machnowstschina bekannt zu machen in ausländischen Zeitungen zwei Artikel unter dem Titel »Nestor Machno« und »Die Machnowstschina und der Antisemitismus« veröffentlicht.

der Arbeiter und Bauern selber zu stellen vermochten. Die sogenannten intelligenten, theoretisch gebildeten Elemente haben der
Bewegung – allgemein gesprochen – gefehlt. Die ganze Zeit über
war sie sich selber überlassen. So rückt sie denn auch aus ihrer
eigenen Mitte ihren ersten Geschichtschreiber hervor, der die
Bewegung theoretisch begründet und beleuchtet.

Peter Andrejewitsch Arschinoff, der Verfasser dieses Buches, ist
der Sohn eines Fabrikarbeiters aus Jekaterinoslaw und ist selber
Arbeiter, Schlosser von Beruf, der sich durch eisernen Fleiß eine
gewisse Bildung angeeignet hat. Er war 17 Jahre alt, als er sich
1904 der Revolutionsbewegung anschloß. 1905 arbeitet er als
Schlosser der Eisenbahnwerkstätten in Kisil-Arwat (Mittel-Asien)
und schließt sich der Ortsorganisation der Bolschewiki-Partei an.
Bald tritt er aktiv in ihr hervor und zwar als einer der Führer und
Redakteure des illegalen revolutionären Arbeiterorgans »Molot«
(Hammer). Dieses Blatt versorgte die ganze mittel-asiatische
Bahnlinie und war für die revolutionäre Bewegung der Bahnar-
beiter von großer Bedeutung. Da Arschinoff von der Ortspolizei
verfolgt wird, verläßt er im Jahre 1906 Mittel-Asien und begibt
sich in die Ukraine nach Jekaterinoslaw. Hier wird er Anarchist
und setzt nunmehr als solcher seine revolutionäre Tätigkeit
unter den jekaterinoslawschen Arbeitern fort (vorwiegend in
den Schodouar-Werken). Der Grund für seinen Übergang zum
Anarchismus war der Minimalismus der Bolschewiki, der nach
Arschinoffs Überzeugung den tatsächlichen Bestrebungen der
Arbeiter nicht entsprach und mitsamt dem Minimalismus der
übrigen politischen Parteien die Niederlage der Revolution 1905/6
verursacht hatte. Im Anarchismus fand Arschinoff, nach seinen
eigenen Worten, das sammelnde Moment, die Prägung gleicher,
freiheitlicher Bestrebungen und Hoffnungen der Werktätigen.

Als die zaristische Regierung in den Jahren 1906 bis 1907 ein
Netz von Feldgerichten über ganz Rußland gebreitet hatte, war
eine großangelegte Arbeit innerhalb der Massen völlig unmöglich
geworden. Arschinoff entrichtet den außergewöhnlichen Umständen und seinem Kämpfertemperament den Tribut: Mal um Mal
begeht er einige terroristische Akte.

Am 23. Dezember 1906 sprengt er zusammen mit einigen Genossen das Polizeirevier in der Arbeitersiedelung Amur bei Jekate-

rinoslaw. (Bei der Explosion kamen drei Kosakenoffiziere, Polizei-offiziere und Wachmannschaften der Strafexpeditionsabteilung ums Leben). Dank der sorgfältigen Vorbereitung dieses Aktes wurden weder Arschinoff noch seine Genossen von der Polizei gefaßt. Am 7. März 1907 erschießt Arschinoff den Chef der Haupteisen-bahnwerkstätten in Alexandrowsk, Wassilenko mit Namen. Des letzteren Schuld vor der Arbeiterklasse hatte darin bestanden, daß er für den bewaffneten Aufstand in Alexandrowsk im Dezember 1905 an die hundert Arbeiter vor das Kriegsgericht stellen ließ, von denen viele, auf Grund der Angaben Wassilenkos zu langfri-stigen Zwangsarbeiten oder zum Tode verurteilt worden waren. Außerdem hatte sich Wassilenko vor und nach diesem Fall als rühriger und erbarmungsloser Unterdrücker der Arbeiter gezeigt. Aus eigenem Antrieb, doch entsprechend der allgemeinen Stim-mung der Arbeitermassen hatte Arschinoff mit diesem Feind der Werktätigen abgerechnet, als er ihn in der Nähe der Werkstätten vor den Augen von zahlreichen Arbeitern niederschoß. Bei der Ausführung dieses Aktes wurde Arschinoff von der Polizei ergrif-fen, grausam geschlagen und nach zwei Tagen vom Feldgericht zum Tode durch den Strang verurteilt. Doch gerade in dem Augenblick, da das Urteil vollstreckt werden sollte, wurde es hinausgeschoben, da man der Meinung war, Arschinoffs Ange-legenheit gehörte laut Gesetz nicht vor das Feldgericht, sondern vor das Militärbezirksgericht. Dieser Aufschub der Hinrichtung verschaffte Arschinoff die Möglichkeit zu fliehen. Die Flucht aus dem Alexandrowsker Gefängnis gelang in der Nacht zum 22. April 1907, während der Osterfrühmesse, als man die Gefangenen in die Gefängniskirche führte. Einige in Freiheit befindliche Genossen veranstalteten einen kühnen Überfall: Die Gefängnis-wächter, die die Gefangenen in der Kirche zu überwachen hatten, wurden über den Haufen gerannt und zusammengehauen. Allen Gefangenen wurde die Möglichkeit gegeben zu fliehen. Zusam-men mit Arschinoff flüchteten damals über 15 Mann. Hierauf verbringt Arschinoff etwa zwei Jahre im Ausland, vorwiegend in Frankreich, kehrt aber 1909 wieder nach Rußland zurück, wo er, unter illegalen Verhältnissen anderthalb Jahre hindurch anarchistische Propaganda unter den Arbeitern treibt und auch organisatorisch tätig ist.

Im Jahre 1910 wird er von der österreichischen Regierung dabei ertappt, wie er einen Waffentransport und anarchistische Literatur aus Österreich nach Rußland schaffen will, er wird verhaftet und im Gefängnis in Tarnopol untergebracht. Hier verbringt er ein Jahr, wird dann auf Forderung der russischen Regierung hin für begangene terroristische Akte den russischen Behörden in Moskau ausgeliefert und vom Moskauer Obersten Gerichtstribunal zu 20 Jahren Zwangsarbeit verurteilt.

Seine Strafe verbüßte Arschinoff im Butyrki-Gefängnis in Moskau.

Hier traf er erstmalig (1911) mit dem jugendlichen Nestor Machno zusammen, der ebenfalls für terroristische Akte im Jahr 1910 zu lebenslänglicher Zwangsarbeit verurteilt worden war, und der von Arschinoffs Arbeit im Süden früher bereits gehört hatte, als er ihn noch gar nicht kannte. Ihre Beziehungen im Verlauf des gemeinsamen Aufenthaltes im Gefängnis waren kameradschaftlicher Natur; beide kamen nach Ausbruch der Revolution in den ersten Märztagen 1917 frei.

Machno begab sich zu revolutionärer Arbeit in den heimatlichen Flecken Gulai-Pole in der Ukraine. Arschinoff blieb in Moskau und nahm energischen Anteil an der Arbeit der Moskauer Föderation Anarchistischer Gruppen.

Als Machno nach der Besetzung der Ukraine durch deutsche und österreichische Truppen im Sommer 1918 für einige Zeit nach Moskau kam, um über die Lage der Dinge mit den Genossen zu beraten, wohnte er mit Arschinoff zusammen. Hier nun wurden sie näher miteinander bekannt und erörterten lebhaft das Problem der Revolution und des Anarchismus. Als dann Machno nach etwa drei oder vier Wochen in die Ukraine zurückkehrte, kam er mit Arschinoff überein, dauernd miteinander in Fühlung zu bleiben. Er versprach, Moskau nicht zu vergessen, und die Bewegung bei Gelegenheit mit Geldmitteln zu unterstützen. Sie sprachen auch von der Notwendigkeit, eine Zeitschrift herauszugeben. Machno hat sein Wort gehalten: Er schickte Geld nach Moskau (das aber nicht in Arschinoffs Hände gelangte) und schrieb Arschinoff wiederholt. In diesen Briefen forderte er ihn auf, in die Ukraine zu kommen, wartete und ärgerte sich, daß jener immer nicht kommen wollte.

Nach einiger Zeit wurde plötzlich der Name Machnos, als Führer einer recht ansehnlichen Freischärlertruppe, in allen Zeitungen genannt.

Im April 1919, gerade zu Beginn der Entwicklung der Machnobewegung, kommt Arschinoff nach Gulai-Pole und bleibt von diesem Zeitpunkt an fast ständig im Machnowstschina-Gebiet bis zu deren Zusammenbruch 1921. Hier betätigt er sich vorwiegend auf dem Gebiet der Volksaufklärung und beteiligte sich auch an organisatorischen Arbeiten: Eine Zeitlang leitet er die Abteilung für Kultur und Volksaufklärung, ist Redakteur der Aufständischen-Zeitung »Putj k Swobode« (Weg zur Freiheit) usw. Erst im Sommer 1920 verläßt er das Aufstandsgebiet wegen des Zusammenbruchs der Bewegung. Um diese Zeit kommt ihm sein Manuskript über die Geschichte der Bewegung, das er für den Druck vorbereitete, abhanden. Nach kurzer Abwesenheit gelingt es ihm nur mit großer Mühe, in das von allen Seiten (von den Weißen und den Roten) umzingelte Gebiet zurückzukehren, wo er bis Anfang 1921 bleibt.

Anfang 1921, als die Sowjetregierung zum dritten Mal ein furchtbares Pogrom der Bewegung veranstaltete[4], verläßt Arschinoff das Gebiet mit dem Auftrag, die Geschichte der Machno-Bewegung zu Ende schreiben. Er muß diese Arbeit unter unglaublich schwierigen Lebensbedingungen – zum Teil noch in der Ukraine, zum Teil in Moskau – weiterführen und kann sie diesmal auch glücklich abschließen.

So ist denn der Verfasser unseres Buches die kompetenteste Persönlichkeit auf diesem Gebiet. Er hat Nestor Machno lange vor den geschilderten Ereignissen gekannt und ihn aus nächster Nähe in deren Verlaut in den verschiedensten Augenblicken beobachten können. Auch hat er alle hervorragendsten Teilnehmer an der Bewegung gekannt. Er nahm selber an den Ereignissen aktiven Anteil, hat selber ihre ganze Größe und die Tragik ihrer Entwick-

---

[4] Während dieses Pogroms, im Augenblick einer Attacke einer Kavalleriedivision der »roten Kosakenschaft«, gelang es Arschinoff mit knapper Not, sein Leben zu retten. Und dies war nicht das einzige Mal! Ihm nahestehende Genossen wurden vor seinen Augen zusammengehauen, hatten sie doch vor den Kosakensäbeln keine Deckung finden können.

lung durchlebt. Mehr als jedem anderen war ihm das innerste Wesen der Machnowstschina, ihr ideelles und organisatorisches Streben, ihr Wünschen und Hoffen klar. Er sah ihr titanisches Ringen mit den feindlichen Mächten, die sie von allen Seiten umlagerten. Als Arbeiter hat er den unverfälschten Geist der Bewegung tief in sich aufgenommen: das gewaltige, von der Idee des Anarchismus durchleuchtete Sehnen der werktätigen Massen, ihr Schicksal und den Aufbau eines neuen Lebens tatsächlich in die eigenen Hände zu nehmen. Als intelligenter Arbeiter hat er das Wesen der Bewegung tief durchdenken und dieses ihr Wesen klar und deutlich der Ideologie anderer Kräfte, Bewegungen und Richtungen gegenüberstellen können. Endlich hat er sich auch mit dem ganzen urkundlichen Material der Bewegung sorgfältig vertraut gemacht. Wie kein anderer war er in der Lage, sich zu allen Berichten und Materialien kritisch zu verhalten, das Wesentliche an der Bewegung vom Unwesentlichen, das Bezeichnende vom Gleichgültigen, das Grundlegende vom Nebensächlichen zu unterscheiden.

Dies alles zusammengenommen, ermöglichte es ihm trotz einer Fülle von ungünstigen Vorbedingungen, trotz mehrfachen Verlustes von Handschriften, Materialien und Urkunden eine der eigenartigsten und bedeutsamsten Episoden der russischen Revolution zu erfassen und in helles Licht zu rücken.

* * *

Was wäre nun über die verschiedenen Einzelheiten der Arbeit zu sagen? Uns will scheinen, daß das vorliegende Buch zur Genüge für sich selber Zeugnis ablegt.

Wir wollen vor allem hervorheben, daß es mit ganz besonderem Anspruch an die Exaktheit der Darstellung geschrieben wurde. Keine einzige, nur halbwegs zweifelhafte Tatsache wurde aufgenommen. Im Gegenteil, sehr viele interessante und bezeichnende Episoden und Details, die auf Tatsachen beruhen; hat der Verfasser um der conzisen Fassung willen fortgelassen.

Auch eine Reihe von Einzelmomenten, von Einzelzügen oder Ereignissen fanden im Buch keine Aufnahme, da es nicht möglich war, die genauen Daten dazu zu beschaffen.

Der Umstand, daß eine Anzahl von hochbedeutsamen Urkunden

verloren ging, hat überhaupt auf den Gang der Arbeit stark eingewirkt. Der letzte, das ist der Zahl nach der vierte Verlust mitsamt der Handschrift und wertvollsten Materialien hatte den Verfasser so mitgenommen, daß er, wie er selber gesteht, eine Zeit lang schwankte, ob er die Arbeit von neuem beginnen solle. Lediglich das Bewußtsein für die Notwendigkeit, eine, wenn auch unvollständige, so doch geschlossene Darstellung der Machnowstschina zu geben, veranlaßte ihn, wieder zur Feder zu greifen.

Es versteht sich, daß die weitere Arbeit an der Geschichte der Machno-Bewegung erweitert und mit neuen Daten vervollständigt werden müßte. Diese Bewegung war so breit angelegt, so tief und eigenartig, daß sie noch nicht so bald eine umfassende Beurteilung erfahren dürfte. Das vorliegende Buch ist nur die erste ernsthafte Einlage zur Erforschung einer der größten und auch lehrreichsten revolutionären Bewegungen der Geschichte.

* * *

Einige prinzipielle Behauptungen des Verfassers lassen sich anfechten. Doch bilden sie nicht das grundlegende Element des Buches und sind darum nicht bis zu Ende durchgeführt. Es sei vermerkt, daß des Verfassers eigenartige Bewertung des Bolschewismus, als einer neuen Herrscherkaste, welche die Bourgeoisie ablöste und bewußtermassen darauf ausginge, die werktätigen Massen in wirtschaftlicher und politischer Hinsicht zu beherrschen, vermehrtes Interesse für sich beanspruchen darf.

* * *

Das Wesentlichste an der Machnowstschina wurde in diesem Werk so deutlich als möglich ins Relief gesetzt. Hierbei kommt dem Terminus »Machnowstschina« so wie er vom Autor durchgebildet und geprägt wurde, eine überaus breite, fast symptomatische Bedeutung zu. Der Verfasser verbindet mit diesem Terminus die Vorstellung von einer besonderen, durchaus eigenartigen und selbständigen revolutionären und klassenmäßigen Bewegung der Werktätigen, deren Selbstbewußtsein allmählich wächst und die die große Arena der weltgeschichtlichen Handlung betreten. Der Verfasser hält die Machnowstschina für eine der ersten und bedeutsamsten Erscheinungen dieser neuen Bewegung und stellt sie als solche anderen Kräften und Bewegungen in der Revolution gegenüber. Eben hierdurch wird auch das Zufällige des Terminus »Machnowstschina« hervorgehoben. Die Bewegung hätte auch ohne Machno bestanden, da jene lebendigen Kräfte, jene lebendigen Massen, die diese Bewegung schufen und aufrollten und die Machno nur als ihren befähigsten Kriegsführer in den Vordergrund rückten, auch ohne ihn dagewesen wären. Das Wesentliche an der Bewegung hätte sich nicht geändert, wenn auch der Name ein anderer gewesen wäre; ihre ideologische Färbung aber wäre, sei es nun mit einer geringeren oder größeren Deutlichkeit, zum Ausdruck gekommen.

Machnos Persönlichkeit und die Rolle, die er gespielt hat, sind in dem Buch überaus plastisch geschildert.

Das Verhältnis der Bewegung zu den verschiedenen feindlichen Mächten - zur Konterrevolution, zum Bolschewismus - ist erschöpfend geschildert. Die Abschnitte, die von den verschiedenen Einzelaugenblicken im heroischen Kampfe der Machnowstschina gegen diese Mächte handeln, sind ergreifend, ja wohl erschütternd.

* * *

Die überaus interessante Frage nach den wechselweisen Beziehungen zwischen Machnowstschina und Anarchismus wurde vom Verfasser nicht in zureichender Weise behandelt. Die allgemeine und grundlegende Behauptung wurde aufgestellt, daß die Anarchisten als Ganzes, genauer gesagt, die anarchistischen »Spitzen« - sich von der Bewegung abseits hielten oder, wie der Verfasser sich ausdrückt, sie »verschlafen« hätten. Der Verfasser sucht diese Erscheinung hauptsächlich damit zu erklären, daß eine gewisse Schicht unter den Anarchisten recht sehr vom Geiste des »Parteimäßigen« angesteckt, nämlich von dem verderblichen Streben beseelt wären, die Massen, ihre Organisation und Bewegung zu leiten. Hieraus folgte dann, daß die wirklich selbständigen Massenbewegungen, die unabhängig von diesen Anarchisten entstehen und nichts weiter von ihnen verlangten als aufrichtige und entsagungsvolle ideelle Hilfe, von ihnen nicht verstanden würden. Hieraus folgte auch ihr voreingenommenes und recht eigentlich beiläufiges Verhalten zu solchen Bewegungen. - Doch dürfte diese Behauptung und Erklärung allein noch nicht genügen. Das Thema müßte breiter und tiefer gefaßt werden. Unter den Anarchisten gab es dreierlei Verhalten zur Machnowstschina: erstens – eine ausgesprochene skeptische Stellungnahme, zweitens – ein mittleres, drittens endlich ein ausgesprochen positives Verhalten. Der Verfasser gehört ohne Zweifel der zuletzt genannten Richtung an. Seine Stellung läßt sich aber anfechten, und er hätte darum gründlicher auf die Frage eingehen müssen. Allerdings gehört dieses Thema nicht zum Wesensgehalt dieses Buches. Und andererseits wird seine Behauptung durch die im weiteren Verlauf dieses Buches angeführten Fakten an und für sich in bedeutendem Maße gestützt... Man darf hoffen, daß die von ihm angeregte Frage in der anarchistischen Presse eine weitere Bearbeitung erfahren und daß deren allseitige Beleuchtung für die anarchistische Bewegung zu wertvollen Schlußfolgerungen führen wird.

* * *

Es bedarf keiner weiteren Worte, daß alle Fabeln von »Banditentum«, von Antisemitismus und andern, der Machno-Bewegung angeblich eigentümlichen dunklen Erscheinungen mit dem Erscheinen dieses Buches aus der Welt geschafft sein müssen.
Wenn die Machnowstschina, wie jedes Werk von Menschenhand, ihre Schattenseiten, ihre Fehler und Abweichungen, ihre negativen Seiten gehabt haben mag, so waren sie, wie der Verfasser bezeugt im Verhältnis zu dem gewaltigen positiven Gehalt der Bewegung doch so gering und nichtig, daß es sonderbar anmuten würde, wenn man davon gesondert reden wollte. Hätte die Bewegung nur die geringste Möglichkeit gehabt, sich in freier, schöpferischer Weise zu entwickeln, so wären sie ohne jede Schwierigkeit ausgemerzt worden.

* * *

Genügend plastisch wird im Buch hervorgehoben mit welcher Schlichtheit und Leichtigkeit, mit welcher Natürlichkeit die Bewegung über eine Anzahl von Vorurteilen nationaler, religiöser und anderer Art hinwegging. Diese Tatsache ist ungemein bezeichnend: beweist sie doch zum Überfluß, zu welchen Errungenschaften – dazu noch wie leicht! – durch ein entschlossenes revolutionäres Vorwärtsdrängen begeisterte werktätige Massen befähigt sind, wenn sie tatsächlich selber ihre Revolution schaffen, wenn ihnen die echte und volle Freiheit des Suchens und die Freiheit des Handelns überlassen bleibt. Unbegrenzt sind ihre Wege, wenn diese Wege nur nicht bewußtermaßen gesperrt werden.

Doch als das Bedeutungsvollste und Wichtigste am vorliegenden Werk erachten wir folgendes:

1) Im Gegensatz zu vielen, die die Machnowstschina nur für eine eigenartige kriegerische Episode, für eine kühne Freischärlerbewegung gehalten haben und auch heute noch halten, die alles Negative und die ganze schöpferische Ohnmacht eines Kriegszustandes in sich birgt (viele basierten ihr ablehnendes Verhalten zur Machno-Bewegung eben auf diesem Umstande), zeigt der Verfasser anhand von unwiderlegbaren Daten die ganze Unzulänglichkeit einer solchen Auffassung. Genau, anhand von Tatsachen, rollt er vor unseren Augen ein Bild der freien, tief-ideellen, wenn auch sehr kurzen, schöpferischen und organisatorischen Bewegung der breiten werktätigen Massen auf, die die mit ihnen auf das engste verschmolzene Wehrmacht nur zu dem Zwecke der unbedingt notwendigen Verteidigung ihrer Revolution und ihrer Freiheit aufstellen. Damit wird ein sehr verbreitetes Vorurteil betreffs der Machnowstschina entkräftet.

Es ist eben bezeichnend, daß der Verfasser gegen die Machnowstschina den ernsthaften Vorwand erhebt, sie habe die militärisch-strategische Seite der Sache doch einigermaßen vernachlässigt. In dem Kapitel, das die von den Machnowzy begangenen Fehler behandelt, gibt er der Gewißheit Ausdruck, daß die ganze Revolution in der Ukraine, dann aber auch überhaupt, sich völlig anders hätte gestalten können, wenn die Machnowzy rechtzeitig einen möglichst weite Grenzen erfassenden, ernst zu nehmenden Grenzschutz organisiert hätten. Hat der Verfasser recht, so wäre es in dieser Hinsicht möglich, das Schicksal der Machnowstschina mit dem Schicksal anderer revolutionärer Bewegungen in der Vergangenheit zu vergleichen, in denen begangene militärische Fehler ebenfalls eine verhängnisvolle Bedeutung gehabt haben. Jedenfalls sei des Lesers besondere Aufmerksamkeit auf diesen Punkt gelenkt, der zu sehr nützlichen Überlegungen Anlaß gibt.

2) Die volle Selbständigkeit der Bewegung ist deutlich hervorge-

hoben: die bewußt und energisch verfochtene Unabhängigkeit ganz gleich von welchen Kräften, die sich von außen her aufdrängen.

3) Bestimmt und genau wird das Verhältnis des Bolschewismus und der Sowjetregierung zur Machnowstschina festgelegt. Gegen alle Rechtfertigungsversuche und erfundenen Geschichten der Bolschewiki wird ein vernichtender Schlag geführt. Alle ihre verbrecherischen Machenschaften. alle ihre Lügen, ihr ganzes konterrevolutionäres Wesen wird in vollkommener Nacktheit enthüllt. Als Motto zu dem betreffenden Teil des Buches hätte man gern die Worte des Leiters der geheimen operativen Abteilung der Allrussischen Außerordentlichen Kommission, Samsonow mit Namen, gesetzt, die ihm zufällig entschlüpften (im Gefängnis, als ich zum Verhör vor dem »Untersuchungsrichter« erschien). Auf meine Bemerkung daß die Handlungsweise der Bolschewiki Machno gegenüber zu einem Zeitpunkt, da sie einen Vertrag mit ihm eingegangen waren, verräterisch genannt werden müsse, entgegnete Samsonow lebhaft: »Sie halten das für Verrat? Nach unserer Auffassung zeigt das nur, daß wir geschickte Staatspolitiker sind: Solange wir Machno brauchten, haben wir es verstanden, ihn auszunutzen; als wir ihn nicht mehr brauchten, haben wir es verstanden, ihn zu liquidieren.«

4) Viele aufrichtige Revolutionäre halten den Anarchismus für eine idealistische Phantasie und rechtfertigen den Bolschewismus als einzig mögliche, unvermeidliche und für die Entwicklung der sozialen Weltrevolution notwendige Realität, die eine bestimmte Etappe dieser Revolution verankere. Die negativen Seiten des Bolschewismus erscheinen demnach als unwesentlich und erhalten ihre historische Rechtfertigung.

Das vorliegende Buch versetzt dieser Auffassung den Todesstoß. In anschaulicher Weise stellt es zwei kardinale Punkte fest:

1. Die anarchistischen Bestrebungen dokumentieren sich in der russischen Revolution, sofern diese zu einer echten, selbständigen Revolution der werktätigen Massen geworden war, nicht als »schädliche Utopie von Phantasten«, sondern als überaus reale, konkrete, revolutionäre Bewegung dieser Massen.

2. Eben als solche wurde sie bewußt, grausam und in niederträchtiger Weise von den Bolschewiki erstickt.

Die in diesem Buch geschilderten Tatsachen zeigen klar, daß die »Realität« des Bolschewismus ihrem Wesen nach recht eigentlich dieselbe ist wie die Realität des Zarismus. Diese Tatsachen bestätigen und stellen dieser »Realität« die unbedingte Richtigkeit und Realität des Anarchismus als der einzigen wahrhaft revolutionären Ideologie der Arbeit in konkreter und plastischer Weise gegenüber und nehmen dem Bolschewismus auch den letzten Schatten irgendeiner historischen Rechtfertigung.

5) Das Buch bietet ein reiches Material zur Umwertung vieler ihrer Werte für die Anarchisten. Es bringt auch einige neue Fragen in Anregung; es rollt eine Reihe von Tatsachen auf, die zu einer ausgeprägten Lösung einiger nicht mehr neuer Fragen beitragen; endlich bestätigt es einige gründlich vergessene Wahrheiten, die wieder und wieder zu überlegen und zu überdenken überaus gut täte.

* * *

Nun noch eine Bemerkung:

Obwohl das vorliegende Buch von einem Anarchisten geschrieben wurde, so reicht das Interesse und die Bedeutung dieses Buches ohne allen Zweifel weit über die Grenzen dieses oder jenes Leserkreises.

Für viele wird es geradezu eine unverhoffte Offenbarung sein. Vielen werden über das, was sich ringsum ereignet, erst die Augen aufgetan werden. Vielen werden die Ereignisse in einem neuen Licht erscheinen.

Nicht nur jeder des Lesens kundige Arbeiter oder Bauer, nicht nur jeder Revolutionär, sondern überhaupt jeder denkende Mensch, der sich dafür interessiert, was sich um ihn her ereignet, sollte dieses Buch aufmerksam lesen, sollte die Schlußfolgerungen die sich daraus ergeben, überdenken und sich darüber Rechenschaft ablegen, was es ihn lehrt.

Heute, da das Leben überreich ist an Ereignissen, da die Welt kampfschwanger ist; heute, da die Revolution an eines jeden Pforte pocht und sich so oder anders anschickt, jeden Sterblichen in ihre Wirbel zu reißen; heute, da sich die gewaltige Fehde nicht nur zwischen Arbeit und Kapital, zwischen der schon abgelebten und der sich neu bildenden Welt in ganzer Breite aufrollt, sondern auch zwischen den Anhängern der verschiedenen Kampf- und Aufbaumöglichkeiten; heute, da der Bolschewismus dröhnenden Schritts über die Erde stampft, indem er, täglich neues Blut fordernd, die Revolution verrät, da er sich durch Vergewaltigung und Betrug und Bestechung neue Anhänger wirbt, - heute muß jedes Buch, das die Pfade des Revolutionskampfes beleuchtet, in jedem Haus auf dem Tisch liegen.

Der Anarchismus ist kein Privilegium Erwählter sondern eine tiefe, umfassende Lehre und Weltanschauung, mit der sich heutzutage jeder vertraut machen muß.

Mag der Leser nicht Anarchist werden. Doch möge es ihm nicht so ergehen, wie es jenem greisen Professor erging, der zufällig in eine Anarchistenversammlung geriet. Erregt bis zu Tränen sagte er nach dem Vortrage zu den Zuhörern, die sich um ihn scharten: »Da habe ich nun, ich - ein Professor, solange gelebt, bis meine Haare grau wurden und habe doch bis zu dieser Stunde nichts von dieser hervorragenden, herrlichen Lehre geahnt... Und ich - ich schäme mich...«

Möge der Leser nie Anarchist werden: Es ist nicht obligatorisch, Anarchist zu sein. Doch den Anarchismus kennen - das muß man.

Volin, im Mai 1923

26

Vorwort des Verfassers

Die Machnowstschina ist eine kolossale Erscheinung der russischen Gegenwart. An Tiefe und Mannigfaltigkeit der Ideen übertrifft sie alle uns bekannten selbständigen Bewegungen der Werktätigen. Ihr Tatsachenmaterial ist enorm. Allein, unter den Bedingungen der heutigen kommunistischen Gegenwart ist gar nicht daran zu denken, das ganze Material zur Beleuchtung dieser Bewegung zusammenzubringen. Es mag dies eine Sache späterer Jahre sein.

Viermal habe ich mich daran gemacht, diese Arbeit zur Geschichte der Machnobewegung zu schreiben. Zu diesem Zweck wurde das ganze Material, das auf die Bewegung bezugnahm, sorgfältig gesammelt. Allein alle vier Mal ging die bis etwa zur Hälfte fortgeführte Arbeit mitsamt dem Material verloren. Zweimal ging sie an der Front, im Verlauf der Kämpfe verloren, zweimal durch Haussuchungen. Besonders wertvolles Material ging in Charkow, im Januar 1921, verloren; da nämlich war alles zusammengetragen, was an der Front, im Machno-Lager und in Machnos privaten Archiven gesammelt war: Machnos Notizen, die ein großes Tatsachenmaterial enthielten, das meiste gedruckte Material und die Urkunden der Bewegung ein vollständiges Exemplar der Zeitung »Putj k Swobode« (Weg zur Freiheit), genaue biographische Daten über die verantwortlichen Teilnehmer der Bewegung. In absehbarer Zeit auch nur einen Teil des verlorengegangenen Materials wieder zusammenzubringen, erwies sich als unmöglich. So kam es denn, daß die hier vorliegende Arbeit trotz Fehlens vieler überaus notwendiger Materialien in Angriff genommen wurde. Andererseits wurde die Arbeit in der ersten Zeit im Verlauf der Kämpfe, später aber unter überaus ungünstigen Bedingungen, d.h. unter den Polizeiverhältnissen der russischen Gegenwart geschrieben, kam es doch darauf heraus, daß an ein Schreiben nur zu denken war, wie etwa Gefangene in den zaristischen Zuchthäusern einander kleine Zettel schrieben, d.h. irgendwo in einem Winkel oder unter dem Tisch versteckt, mit der ewigen Befürchtung, von den Vorgesetzten »geklappt« zu werden.

Natürlich konnte es nicht ausbleiben, daß die Arbeit infolgedessen den Charakter einer eilig angefertigten Niederschrift hat und zahlreiche Mängel aufweist. Unsere Gegenwart erfordert aber, daß diese Arbeit zur Geschichte der Bewegung, wenn auch in dieser unvollständigen Form, veröffentlicht werde. Somit handelt es sich nicht um ein erschöpfendes Werk, sondern lediglich um einen Anfang, dem eine weitere Verarbeitung und eine Fortsetzung folgen wird. Hierfür ist aber das Sammeln von Materialien, die sich auf die Bewegung beziehen, unbedingtes Erfordernis. An alle Genossen, die über Materialien der bezeichneten Art verfügen, ergeht die Bitte, sie dem Verfasser zuzusenden.

* * *

Ich wünschte in diesem Vorwort einige Worte an die werktätigen Genossen im Ausland zu richten. Viele unter ihnen, die zu diesen oder jenen Kongressen nach Rußland kommen, sehen das russische Leben der Gegenwart nur so, wie es die Regierung ihnen vorführt. Sie machen Rundgänge durch die Fabriken in Petersburg, Moskau und anderen Städten und studieren die Lage dort auf Grund von Materialien der regierenden Partei oder ihr nahe stehenden politischen Gruppen. Ein derartiges Bekanntwerden mit der russischen Wirklichkeit hat überhaupt keinen Zweck. Zugereisten Gästen wird stets ein Leben vorgeführt, das vom wirklichen Leben weit entfernt ist. Folgendes Beispiel sei hier angeführt: Im Jahre 1912 oder 1913 kam ein Gelehrter aus Amsterdam (ich glaube, es war Israel Van-Kan) nach Rußland, um das russische Gefängnis- und Zuchthauswesen zu studieren. Die zaristische Regierung gewährte ihm die Möglichkeit, die Gefängnisse in Petersburg, Moskau und in anderen Städten zu besichtigen. Der Professor ging durch die Zellen, erkundigte sich nach der Lage der Gefangenen und unterhielt sich mit ihnen. Dennoch hat er, obschon er auch in illegaler Verbindung zu einigen politischen Sträflingen (Minor u.a.) stand, vom russischen Gefängnis durchaus nicht mehr gesehen, als was die Gefängnisobrigkeit ihm hatte zeigen wollen; das Spezifische der russischen »Katorga« hat er nicht kennen gelernt. In einer ähnlichen Lage, wie es ein Israel Van-Kan war, befinden sich alle ausländischen werktätigen Genossen, die nach Rußland reisen und glauben, sie könnten binnen kürzester Frist auf Grund der Materialien der regierenden Partei oder der mit ihr wetteifernden Politiker das russische Leben kennenlernen. Es ist unvermeidlich, daß sie in schwere Fehler verfallen werden.

Um die russische Wirklichkeit zu fühlen, muß man entweder als einfacher Feldarbeiter ins Dorf oder als Arbeiter in eine Fabrik gehen, einen ökonomischen und politischen »Pajok« (Kartenration), wie ihn die kommunistische Regierung dem Volk aushändigt, erhalten, muß die heiligen Rechte der Arbeit fordern und, wenn sie verweigert werden, um sie kämpfen und zwar revolutionär um sie kämpfen, ist doch die Revolution der Arbeit höchstes Recht; und dann erst wird die echte russische Wirklichkeit, keine Scheinwirklichkeit, einem solchen tapferen Kämpfer in die Augen sehn. Dann auch wird die in diesem Buch berichtete Geschichte ihm nicht sonderbar erscheinen. Entsetzt und erschüttert wird er wahrnehmen, daß heute in Rußland, wie überall sonst in der Welt, die große Wahrheit der Werktätigen gekreuzigt wird, und er wird den Heroismus der Machno-Bewegung, die sich für diese Wahrheit einsetzte, verstehen lernen.

Ich glaube, jeder selbständig denkende Proletarier, der um das Schicksal seiner Klasse besorgt ist, wird zugeben, daß man das russische Leben, wie jedes andere Leben überhaupt, eben nur so kennen lernen sollte. Alles das aber, was bislang in Rußland zum Studium der russischen Wirklichkeit für ausländische Abordnungen gewöhnlich praktiziert zu werden pflegte, ist barer Unsinn, Selbstbetrug, ein Auslandspicknick, unnötige Zeitverschwendung.

Peter Arschinoff
Moskau, im April 1921

1. Die Demokratie und die werktätigen Massen während der russischen Revolution

Wir kennen keine einzige Revolution in der Weltgeschichte, die vom werktätigen Volk selber, das heißt von den städtischen Arbeitern und von der armen, die Arbeit anderer nicht ausbeutenden Bauernschaft im eigenen Interesse geführt worden wäre. Obwohl die eigentliche Kraft aller großer Revolutionen Arbeiter und Bauern waren, die – um sie zum Sieg zu führen – unzählige Opfer brachten, waren doch die Führer, Ideologen und Organisatoren der Formen und Ziele der Revolution immer wieder nicht Arbeiter und Bauern, sondern abseits stehende, fremde Elemente, gewöhnlich eine Art Mittelelement, das zwischen der herrschenden Klasse der absterbenden Epoche und dem Proletariat von Stadt und Dorf schwankte.

Dieses Element keimte und wuchs auf dem Boden des Zerfalls der alten Ordnung des alten Systems der Staatlichkeit, – eines Zerfalls, der bedingt war durch das immerwährende Drängen der geknechteten Massen nach Freiheit. Dank seiner klassengemäßen Eigenart, dank seiner Prätention auf Herrschaft im Staate, nahm es in Hinblick auf das absterbende politische Regime eine revolutionäre Haltung ein, wurde leicht zum Anführer der geknechteten Arbeit, zum Führer der revolutionären Bewegung der Massen. Doch indem dieses Element die Revolution organisierte, sie unter dem Banner ureigenster Arbeiter- und Bauerninteressen führte, verfolgte es immer seine eignen engen Gruppen- oder Standesinteressen und war darauf bedacht, die ganze Revolution im Sinne der Begründung der eigenen Herrschaft im Land auszunutzen. So war es zur Zeit der englischen Revolution. So war es zur Zeit der großen französischen Revolution. So war es zur Zeit der französischen und deutschen Revolution im Jahre 1848. So war es im Verlauf einer ganzen Reihe von anderen Revolutionen da das Proletariat von Stadt und Land im Kampf für die Freiheit verblutete, während über die Frucht dieser Opfer und

Anstrengungen die Führer, Politiker mannigfachster Observanz, verfügten, die hinter dem Rücken des Volkes Aufgaben und Ziele der Revolution im Hinblick auf die Interessen ihrer Gruppen verarbeiteten.

Im Verlauf der großen französischen Revolution haben die Werktätigen, um ihr zum Ziele zu verhelfen, alle ihre Kräfte daran gesetzt und kolossale Opfer gebracht. Waren aber etwa die Politiker dieser Revolution Söhne des Proletariats und kämpften sie für dessen Ideen - für Freiheit und Gleichheit? Nein, keineswegs. Danton, Robespierre, Camille Desmoulins und eine Anzahl anderer Beherrscher der Revolution waren ganz und gar Repräsentanten der damaligen liberalen Bourgeoisie. Sie kämpften für einen bestimmten bourgeoisen Typus der gesellschaftlichen Verhältnisse, die mit den revolutionären Ideen von Freiheit und Gleichheit der Volksmassen des Frankreichs im 18. Jahrhundert überhaupt nichts gemein hatten. Indessen wurden sie und werden auch heute noch für die allgemein anerkanntesten Führer der ganzen großen Revolution gehalten. Und hat wohl nach der französischen Revolution von 1848 die Arbeiterklasse, die eben dieser Revolution drei Monate heroischer Anstrengungen, Not, Entbehrungen und Opfer dargebracht hatte, die »soziale Republik«, wie sie von den Führern der Revolution verheißen worden war, erhalten? Sie waren es, die ihr soziale Knechtung und ein Massenblutbad, die Erschießung von fünfzigtausend Arbeitern in Paris bereiteten, als diese Arbeiter den Versuch machten, sich gegen die Führer, die sie betrogen hatten, zu erheben.

In allen früheren Revolutionen gelang es den Arbeitern und Bauern nur, ihre grundlegenden Bestrebungen anzudeuten, nur ihre eigene Strömung zu schaffen, die stets wieder entstellt und alsdann von den klügeren, verschlageneren und wissenderen »Führern« der Revolution aufgelöst wurde. Das meiste, was den Werktätigen in diesen Revolutionen zu erreichen gelang, war irgend ein beliebiger Knochen, wie er gerade abfallen mochte, etwa in Gestalt vom Recht auf Versammlungsfreiheit, Vereins-Pressefreiheit, oder in Gestalt vom Recht, sich eine Regierung wählen zu dürfen - aber auch dieser Knochen wurde nur für kürzeste Zeit gereicht, solange nämlich die neue Regierung noch nicht ganz festen Fuß gefaßt hatte. Hierauf wurde das Leben der Massen wieder in das Bett der früheren Rechtlosigkeit, der Ausbeutung, des Betruges geleitet.

Nur in solchen untersten Massenbewegungen, wie es der Aufruhr Rasin's oder die revolutionären Aufstände der Bauern und Arbeiter unserer Gegenwart waren, war das Volk wirklich Herr der Bewegung und gab ihm sein Gepräge und seinen Gehalt. Diese Bewegungen aber, denen die ganze »denkende« Menschheit gewöhnlich mit Schmähungen und Flüchen begegnet, haben noch nie gesiegt und ihrem Gehalt und ihrer Form nach unterscheiden sie sich ausgesprochenermaßen von den Revolutionen, die von politischen Gruppen oder Parteien geführt werden.

Unsere russische Revolution ist, ohne jeden Zweifel, einstweilen noch eine politische Revolution, die durch das Volk Interessen verwirklicht, die nicht dem Volk eigen sind. Grundlegendes Faktum dieser Revolution ist, daß hier trotz unerhörter Opfer, Leiden und revolutionärer Kräfteanspannung der Arbeiter und Bauern die Macht von einer Zwischengruppe, der sogenannten sozialistischen revolutionären Intelligenz - der sozialistischen Demokratie - an sich gerissen wurde.

Über die russische und internationale sozialistische Intelligenz ist viel geschrieben worden. Gewöhnlich wurde sie als Trägerin höchster Menschheitsideale gepriesen, Kämpferin für die ewige Wahrheit genannt. Seltener kam es vor, daß man sie tadelte. Alles aber, was über sie geschrieben wurde, sowohl das Gute wie das Böse - hat einen wesentlichen Mangel; den nämlich, daß sie sich selber definierte, daß sie sich selber lobte oder tadelte. Für den unabhängigen Verstand der Arbeiter und Bauern ist das gar nicht überzeugend und kann für die Beziehungen zwischen ihr und dem Volk überhaupt keine Bedeutung haben. Dieses letztere wird im Hinblick auf diese Beziehungen nur mit Tatsachen rechnen. Eine reale, unumstößliche Tatsache, im Leben der sozialistischen Intelligenz ist die, daß sie stets eine privilegierte soziale Stellung eingenommen hat. Die Intelligenz, die also in Privilegien dahinlebte, wurde nicht nur in sozialer, sondern auch in psychologischer Hinsicht privilegiert Alle ihre geistigen Bestrebungen - d.h. dasjenige, was als das »Gesellschaftsideal« bezeichnet wird, - tragen unvermeidlich den Geist von Standesprivilegien in sich. Wir finden ihn im Verlauf der ganzen gesellschaftlichen Entwicklung der Intelligenz. Gehen wir von der Epoche der Dekabristen[1] als vom Beginn der revolutionären Bewegung der Intelligenz aus, so werden wir, wenn wir der Reihe nach alle Etappen dieser Bewegung durchgehen, - nämlich das »Narodnitschestwo«, »Narodowoljtschestwo«[2], Marxismus und überhaupt den Sozialismus in allen seinen Verzweigungen, - überall diesen ganz ausgesprochenen Geist von Standesprivilegien vorfinden.

Wie hoch nun ein Gesellschaftsideal seiner Außenform nach sein mag, wenn es Privilegien in sich birgt, für die das Volk mit seiner Arbeit und mit seinen Rechten zu zahlen hat, so ist es nicht mehr die volle Wahrheit. Ein Gesellschaftsideal aber, das dem Volk nicht die volle Wahrheit bietet, muß ihm als Lüge erscheinen. Eben als eine solche Lüge erscheint dem Volk die ganze Ideologie der sozialistischen Intelligenz, wie sie selber auch. Diese Tatsache ist es, durch die alles in den gegenseitigen Beziehungen zwischen Volk und Intelligenz vorherbestimmt wird. Das Volk wird es nie vergessen und nie verzeihen, daß à conto seiner Knechtsarbeit und seiner Rechtlosigkeit eine bestimmte Gesellschaftsgruppe sich soziale Privilegien verschaffte und bemüht war, im eigenen Interesse diese Privilegien auch auf die Gesellschaft der Zukunft zu übertragen. Das Volk und die Demokratie samt ihrer sozialistischen Ideologie, die sich verschlagen und listig ans Volk heranpirscht, sind zwei

---

[1] Dekabristen, benannt durch ihre Teilnahme an der ersten revolutionären Bewegung in Rußland, die hauptsächlich in Petersburg im Dezember 1825 stattfand und deren Hauptführer nach den Fehlschlägen der Bewegung gehängt wurden.

[2] Narodnitschestwo: Bewegung, die sich in den 70er Jahren entwickelte. Ihre Anhänger waren hauptsächlich Angehörige der besitzenden Klassen, junge Leute, beiderlei Geschlechts, meist Studenten, die die untersten Schichten des russischen Volkes aufsuchten, um dort kulturelle Erziehungsarbeit und sozialistische Propaganda zu leisten. Die Bewegung wurde bald durch die Verfolgungsmaßnahmen der russischen Regierung vernichtet. Eine Fortsetzung erstand ihr aus »Narodowoljtschestwo«, eine revolutionäre Richtung die zu der Organisation der Partei: »Narodnaja Wolja (Wille des Volkes)« führte. Das Hauptziel dieser Partei war die Beseitigung des Zaren, um das Regime zu ändern und damit eine ungehinderte sozialistische Propaganda zu ermöglichen. Dieser Partei gelang es, den Zaren Alexander II. im März 1881 zu töten. (Die Red.)

grundverschiedene Dinge. Natürlich haben einzelne heldenhafte Naturen, wie Sofja Perowskaja, über allen niederen, dem Sozialismus eigenen Privilegien gestanden, doch nur darum, weil sie nicht etwa eine klassenmäßig-demokratische, sondern eine psychologische oder sittliche Erscheinung darstellten. Sie sind die Blumen des Lebens, der Schmuck des Menschengeschlechtes. Von der Leidenschaft zur Wahrheit entbrannt, weihten sie sich ganz dem Dienst des Volkes und machten mit ihrem schönen Dasein den verfälschten Charakter der sozialistischen Ideologie noch deutlicher sichtbar. Nie wird das Volk sie vergessen und ewig wird es eine große Liebe zu ihnen im Herzen tragen.

Das unklare politische Suchen der russischen Intelligenz von 1825 hat sich im Verlauf eines halben Jahrhunderts zu einem abgeschlossenen, sozialistischen Staatssystem gebildet, sie selber aber zu einer klar umrissenen, wirtschaftlichen Gesellschaftsgruppe – der sozialistischen Demokratie. Das Verhältnis zwischen ihr und dem Volk wurde endgültig festgelegt: Das Volk strebt nach bürgerlicher und wirtschaftlicher Selbstverwaltung; die Demokratie strebt danach, es zu beherrschen. Die Verbindung zwischen den beiden läßt sich nur durch Schlauheit, Betrug und Gewaltanwendung, in keinem Fall aber auf natürliche Weise durch etwaige Interessengemeinschaft aufrechterhalten. Sie sind einander feind.

Die Idee vom Staat als solche, die Idee einer zwangsweisen Beherrschung der Massen war stets solchen Individuen eigentümlich, denen das Gefühl für Gleichheit fehlte und bei denen der Egoismus vorherrschend war; denen die Menschenmasse nicht mehr war als Rohmaterial ohne eigenen Willen, ohne Initiative und ohne Bewußtsein, unfähig zu Akten gesellschaftlicher Selbstverwaltung. Diese Idee war stets Eigentum der herrschenden, privilegierten Gruppen, die außerhalb des werktätigen Volkes standen, – der patriarchalischen Stände, der Kriegskaste, des Adels, der Geistlichkeit, der handeltreibenden und industriellen Bourgeoisie usw.

Es ist kein Zufall, daß der heutige Sozialismus sich als treuer Diener dieser Idee erweist: bildet er doch die Ideologie der neuen Herrscherkaste. Sehen wir aufmerksam zu, was denn eigentlich die Träger und Verkünder des staatlichen Sozialismus wollen, so werden wir gewahr, daß jeder von ihnen von zentralistischen Bestrebungen erfüllt ist, jeder betrachtet sich selber vor allen

Dingen als das Zentrum, von dem aus die Massen regiert und geführt werden. Dieses psychologische Merkmal des staatlichen Sozialismus und seiner Träger ist eine unmittelbare Fortsetzung der Psychologie der früheren, schon ausgestorbenen oder aussterbenden Herrschaftsgruppen.

Die zweite grundlegende Tatsache unserer Revolution ist die, daß die Arbeiter und die werktätige Bauernschaft in ihrer früheren Lage als »arbeitende Klassen« verharren, d.h. sie bleiben die von einer Regierung beherrschten Produzenten.

Der ganze heutige, sogenannte sozialistische Aufbau, wie er in Rußland durchgeführt wird, der ganze staatliche Apparat der Verwaltung des Landes, die Schaffung neuer sozialpolitischer Verhältnisse – das alles ist vor allen Dingen nichts anderes als eine Aufrichtung neuer Klassenherrschaft über die Produzenten und einer neuen sozialistischen Regierungsgewalt über ihnen. Der Plan zu diesem Aufbau und zu dieser Herrschaft wurde jahrzehntelang von den Führern der sozialistischen Demokratie bearbeitet und vorbereitet und war vor der russischen Revolution unter dem Namen Kollektivismus bekannt. Heute wird er Sowjetsystem genannt.

Er wird erstmalig auf der Grundlage der revolutionären Bewegung der Arbeiter und Bauern Rußlands ins Leben umgesetzt. Es ist das der erste Versuch der sozialistischen Demokratie ihre staatliche Herrschaft im Land durch eine Revolution zu stabilisieren. Als erster Versuch, der zudem nur von einem Teil der Demokratie – allerdings von ihrem aktiveren vorwärts strebenden und revolutionäreren Teil, nämlich dem linken kommunistischen Flügel – unternommen wurde, hat dieser Versuch dadurch, daß er für die breiten demokratischen Massen überraschend kam, und auch durch seine schroffen Formen in der ersten Zeit eben diese Demokratie in etliche einander befehdende Gruppen gespalten. Einige dieser Gruppen (die Menschewiki, Sozialrevolutionäre u.a.) hielten die Einführung des Kommunismus in Rußland im gegebenen Augenblick noch für verfrüht und für zu gewagt. Sie hofften immer noch, die staatliche Herrschaft im Land auf dem sogenannten gesetzmäßigen, parlamentarischen Weg erreichen zu können, d.h. dadurch, daß sie die meisten Sitze im Parlamente durch Stimmenmehrheit der Arbeiter und Bauern erlangen würden. Diese Meinungsverschiedenheit gab den Anlaß zum Streit mit ihren linken Gesinnungsgenossen - den Kommunisten. Dieser Streit ist aber eine vorübergehende, zufällige und nicht ernst zu nehmende Erscheinung. Entstanden ist er durch ein Mißverständnis; dadurch, daß der größere, aber schüchternere Teil der Demokratie den eigentlichen Sinn des von den Bolschewiki zu Wege gebrachten politischen Umsturzes nicht verstanden hat. Sobald sich dieser Teil davon überzeugen wird, daß das kommunistische System ihm nichts Nachteiliges bereitet, im Gegenteil - ihm vortreffliche Posten im neuen Staatswesen bereit hält, werden alle Zwistigkeiten zwischen den einzelnen, einander befehdenden Gruppen der Demokratie ganz von selber aufhören und sie werden sich in geschlossenen Reihen der alleinigen kommunistischen Partei unterordnen.

Auch jetzt schon ist eine gewisse »Erleuchtung« der Demokratie im angeführten Sinne zu beobachten. Eine ganze Reihe von Gruppen und Parteien, bei uns zu Lande und im Ausland, schließen sich der »Sowjetform« an. Riesige politische Parteien verschiedener Länder, die eben noch in der II. Internationale die erste Violine spielten und von dort aus den Bolschewismus bekämpften, versammeln sich jetzt im Schoß der kommunistischen Internationale und nahen der Arbeiterklasse mit wehendem kommunistischem Banner und mit der Losung »Diktatur des Proletariats«.

Aber so wie es in den früheren großen Revolutionen, in denen Arbeiter und Bauern kämpften, der Fall war, hat unsere Revolution einige selbständige Bestrebungen der Werktätigen in ihrem Kampf um Freiheit und Gleichheit geprägt und hat deren grundlegende Strömungen in der Revolution angedeutet. Eine unter solchen Strömungen, die kraftvollste und bedeutsamste, ist die Machnowstschina. Im Verlauf von drei Jahren hat sie sich heldenhaft Bahn gebrochen durch die Revolution, - eine Bahn, die die Werktätigen Rußlands an das Ziel ihrer lange gehegten Wünsche - zu Freiheit und Unabhängigkeit - führen sollte. Trotz der erbitterten Versuche der kommunistischen Regierung die Strömung zu ersticken, zu entstellen oder zu beschmutzen, wuchs und lebte und entfaltete sie sich immer weiter fort. Im Bürgerkrieg kämpfte sie an einigen Fronten, schlug ihren Feinden gelegentlich schwere Wunden und hielt die Hoffnungen aufrecht, die die Arbeiter und Bauern Großrußlands, Sibiriens und des Kaukasus auf die Revolution setzten. Die Tatsache der erfolgreichen Entwicklung der Machnowstschina läßt sich damit erklären, daß ein Teil der russischen Arbeiter und Bauern mit der Geschichte der Revolution anderer Völker und mit der Revolutionsbewegung ihrer eigenen Vorväter einigermaßen vertraut waren und sich daher auf deren Erfahrungen stützen konnten. Außerdem aber haben die Werktätigen aus ihrer eigenen Mitte Persönlichkeiten in den Vordergrund gerückt, die es verstanden, die Aufmerksamkeit der Massen zu konzentrieren, zu formulieren und auf die wesentlichsten Seiten ihrer revolutionären Bewegung zu lenken, eben diese Seiten den politischen Errungenschaften der Demokratie entgegenzusetzen und sie mit Würde, Hartnäckigkeit und Begabung zu verteidigen. Ehe wir unmittelbar zur Geschichte der Machno-Bewegung übergehen, muß folgendes vermerkt werden. Die russische Revolution wird häufig »Oktoberrevolution« genannt. Zwei Dinge werden hierbei miteinander verwechselt: die Losungen, unter denen die Masse den Umsturz vollzog und die Ergebnisse dieses Umsturzes. Die Oktoberbewegung der Massen im Jahre 1917 vollzog sich unter der Losung: »Die Fabriken gehören den Arbeitern! Das Land – den Bauern!« In dieser kurzen, doch ihrer Bedeutung nach tiefen Losung war das ganze sozial-revolutionäre Programm der Massen enthalten: Niederwerfung des Kapitalismus, der Lohnarbeit, der staatlichen Knechtung, und Aufbau eines neuen Lebens mit Zugrundelegung einer Selbstverwaltung der Produzenten. In Wirklichkeit hat der Oktoberumsturz dieses Programm nicht ins Leben umgesetzt. Der Kapitalismus wurde nicht zerstört, sondern reformiert. Die Lohnarbeit und die Ausbeutung der Produzenten bestehen in gleicher Kraft fort. Der neue staatliche Apparat aber hat den Willen der Werktätigen nicht minder geknebelt als dies der Staat der Großgrundbesitzer und Privatkapitalisten getan hat. So kann denn die russische Revolution nur in bestimmtem, beschränktem Sinn »Oktoberrevolution« genannt werden, nämlich sofern die Ziele und Aufgaben der kommunistischen Partei in ihr verwirklicht worden sind.

Der Oktoberumsturz ist nur eine Etappe im allgemeinen Verlauf der russischen Revolution, wie ja auch der Februar/März 1917 nichts weiter als nur eine Etappe unserer Revolution war. Die kommunistische Partei hat die revolutionären Kräfte der Oktoberbewegung zur Verwirklichung ihrer Pläne und Ziehe benutzt. Doch stellt dieser Akt keineswegs unsere ganze Revolution dar. Das allgemeine, große Strombett enthält auch eine ganze Anzahl von anderen Strömungen, die mit dem Oktober nicht aufhören, sondern der Verwirklichung der geschichtlichen Aufgaben der Arbeiter und Bauern, die ihrem werktätigen, gleichen, staatenlosen Gemeinschaftsleben zustreben. Und der gegenwärtige lang währende, schon verknöcherte Oktober muß ohne Zweifel der nächstfolgenden, vom Volk bewirkten Etappe der Revolution weichen. Sollte das nicht der Fall sein, so war diese Revolution, wie alle früheren auch, nichts weiter als ein Regierungswechsel.

2. Der Oktoberumsturz in Großrußland und in der Ukraine

Zur Klarlegung des Verlaufs der russischen Revolution muß unbedingt ausführlicher über die Propaganda und die Entwicklung der revolutionären Ideen unter den Arbeitern und Bauern in der Periode von 1900 bis 1917 und über die Bedeutung des Oktoberumsturzes in Großrußland und in der Ukraine gesprochen werden.

In den Jahren 1900 bis 1905 wurde die revolutionäre Propaganda unter den Arbeitern und Bauern von den Vertretern zweier grundlegender Lehren – des staatlichen Sozialismus und des Anarchismus – geführt. Dabei ist zu bemerken, daß der staatliche Sozialismus von einigen vortrefflich organisierten demokratischen Parteien – den Bolschewiki, Menschewiki, Sozialrevolutionären und einer Reihe verwandter politischer Strömungen – gepredigt wurde. Der Anarchismus verfügte über nur wenige kleine Gruppen, die sich zudem über die Aufgaben in der Revolution nicht zur Genüge klar waren. Das Feld der politischen Predigt und der politischen Erziehung war fast ganz von der Demokratie erobert worden. Im Geist ihrer politischen Programme und Ideale erzog sie die Massen. Sich die demokratische Republik zu erobern, das war ihre zunächstliegende Aufgabe; die politische Revolution war ein Mittel zur Verwirklichung dieser Aufgabe.

Der Anarchismus seinerseits lehnte die Demokratie als eine der Formen der Staatlichkeit ab; er lehnte auch die politische Revolution als Mittel zu deren Begründung ab. Für die Forderung des Tages der Arbeiter und Bauern hielt er ausschließlich die soziale Revolution, und zu dieser Revolution rief er die Massen auf. Das war die einzige Lehre, die die völlige Zerstörung des Kapitalismus im Namen der freien, staatenlosen Gesellschaft der Werktätigen predigte. Da der Anarchismus aber über eine sehr geringe Zahl von Kräften verfügte und auch kein konkretes Programm für den kommenden Tag hatte, konnte er keine starke Verbreitung finden und in den Massen als deren ausgesprochene sozial politische

Theorie Wurzel fassen. Nichtsdestoweniger schuf er, - weil er an die allerwichtigsten Lebensfragen der geknechteten Massen herantrat, niemals ein heuchlerisches Spiel mit ihnen trieb, sie für ihre eigenste Sache kämpfen und sterben lehrte, - in der dichtesten Masse der Werktätigen eine Corona von Kämpfern und Märtyrern der sozialen Revolution, seine Ideen aber hielten der Prüfung der langjährigen zaristischen Reaktion stand und lebten in einzelnen städtischen und bäuerlichen Werktätigen als ihr sozial-politisches Ideal fort.

Der Sozialismus, der unmittelbar aus der Demokratie entstanden ist, verfügte stets über enorme intellektuelle Kräfte. Studenten, Professoren, Ärzte, Anwälte, Journalisten usw. waren entweder patentierte Marxisten oder sie sympathisierten doch ostentativ mit dem Marxismus. Dank seinen zahlreichen in der Politik erprobten Kräften war es dem Sozialismus stets gelungen, sich einen beträchtlichen Teil der Arbeiterschaft zu erhalten, obwohl er sie zum Kampf für die unverständlichen und verdächtigen Ideale der Demokratie aufrief.

Dennoch nahmen beim Ausbruch der Revolution von 1917 Klasseninteresse und Klasseninstinkt die Oberhand und führten Arbeiter und Bauern unmittelbar ihren Zielen zu; der Eroberung des Landes, der Fabriken und Werke.

Als sich diese Abweichung der Massen bemerkbar machte - sie hatte sich aber schon lange vor der Revolution von 1917 angedeutet - gab ein Teil der Marxisten, nämlich deren linker Flügel - die Bolschewiki, seine offen bourgeois-demokratische Position rasch entschlossen auf, gab Losungen aus, die den Forderungen der Werktätigen entsprachen und folgte in den Revolutionstagen der aufständischen Masse mit dem Bestreben, die Herrschaft über die Bewegung zu erlangen. Und wiederum - dank bedeutender intelligenter Kräfte, die der Bolschewismus in seinen Reihen zählte, auch dank der sozialistischen Losungen, durch welche die Massen bestochen wurden - gelang es ihnen.

Wir haben bereits eingangs darauf hingewiesen, daß der Oktoberumsturz unter zwei gewaltigen Losungen vonstatten ging: »Die Fabriken - den Arbeitern! Das Land - den Bauern!« Die Werktätigen verstanden diese Losungen einfach, ohne alle weiteren Kommentare, d.h. die Revolution müsse die gesamte Fabrikwirtschaft des Landes den Arbeitern unmittelbar in Verwaltung geben, das Land und die Landwirtschaft den Bauern. Der Geist der Gerechtigkeit und der Eigenaktivität, der in diesen Losungen enthalten war, hatte die Massen so sehr ergriffen, daß deren aktivster, auch numerisch nicht geringer Teil bereit war, gleich am Tag nach dem Umsturz mit dem Aufbau des Lebens – eben im Sinne dieser Losungen – zu beginnen. In einer Anzahl von Städten machten sich die Gewerkschaftsverbände und die Fabrikkomitees daran, die Unternehmen und die vorhandenen Werke zu übernehmen, die Unternehmer hingegen zu entfernen, die Tarife selbständig durchzuführen usw. Doch stießen alle diese Schritte auf eisernen Widerstand der Kommunistischen Partei, die bereits zur Staatspartei geworden war.

Diese nun, die mit der revolutionären Masse Schulter an Schulter ging, häufig auch deren anarchistische Losungen übernahm, nahm einen schroffen Kurswechsel in ihrem Wirken mit dem Augenblicke vor, da die Koalitionsregierung gestürzt war, und sie die Macht in ihren Händen hielt. Von nun an hatte die Revolution als Massenbewegung der Werktätigen mit den Oktoberlosungen für sie ihr Ende erreicht. Der Hauptfeind der Werktätigen – die industrielle und agrare Bourgeoisie – war geschlagen. Die Periode der Zerstörung, der Überwindung der Mächte des kapitalistischen Regimes war abgeschlossen; die Periode des kommunistischen Aufbaus, – der Errichtung eines proletarischen Bauwerks hatte nun begonnen. Daher konnte die Revolution von nun ab nur durch die Organe des Staates geleitet vor sich gehen. Eine Verlängerung des ehemaligen Zustandes im Land aber, da die Arbeiter etwa hätten fortfahren können, von der Straße, von Fabriken und Werken aus zu kommandieren, da die Bauern die neue Regierung überhaupt nicht sehen und es versuchen, ihr Leben – unabhängig von ihr zu gestalten, könnte gefährliche Folgen haben und die staatserhaltende Partei desorganisieren.

Dem allem muß ein Ende gesetzt werden und zwar mit Anwendung aller Mittel, auch durch Gewaltanwendung durch den Staat. Dies war der Umschwung, der sich in der Tätigkeit der kommunistischen Partei vollzog, als sie ans Ruder kam.

Von diesem Augenblick an begann sie jeder sozialistischen Initiative der Massen der Arbeiter und Bauern hartnäckigen Widerstand entgegenzusetzen. Natürlich war diese Wendung der Revolution und dieser bürokratische Plan ihrer ferneren Entwicklung ein allzu frecher Eingriff der Partei, die ja ihre Stellung nur den Werktätigen verdankte. In dem allem steckte viel Usurpation. Nun waren aber die logischen Konsequenzen der Stellung, die die kommunistische Partei im Verlauf der Revolution einnahm, derart, daß sie schlechterdings nicht anders handeln konnte. So hätte jede politische Partei gehandelt, die für sich die Diktatur und Herrschaft im Land von der Revolution erstrebte. Bis zum Oktober hatte der rechte Flügel der Demokratie, nämlich die Menschewiki, und die Sozialrevolutionäre, den Versuch gemacht, die Revolution zu kommandieren. Sie unterscheiden sich in der Revolution von den Bolschewiki nur dadurch, daß sie nicht genug Zeit hatten oder es auch nicht verstanden, ihre Macht zu organisieren, die Massen fest anzupacken und eisern festzuhalten.

* * *

Wollen wir nun untersuchen, wie die Diktatur der kommunistischen Partei und ihr Verbot einer weiteren Entwicklung der Revolution außerhalb der Staatsorgane von den Werktätigen der Ukraine und Großrußlands aufgenommen wurde. Für die Werktätigen Großrußlands und der Ukraine gab es nur eine Revolution. Die bolschewistische Verstaatlichung der Revolution aber wurde verschieden aufgenommen. In der Ukraine ungünstiger als in Großrußland. Beginnen wir mit Großrußland.

Sowohl vor der Revolution als auch während der Revolution hat die kommunistische Partei hier unter den städtischen Arbeitern lebhaft gearbeitet. In der zaristischen Periode versuchte sie es als linker Flügel der Sozialdemokratie - jene auf Grundlage des Kampfes für die demokratische Republik zu organisieren, wobei sie sie zu einer zuverlässigen Armee im Kampf für ihre Ideale heranbildete.

Nach Niederwerfung des Zarismus im Februar/März 1917 kam für die Arbeiter und Bauern eine gespannte, keinen Aufschub duldende Zeit. In der Interimsregierung sahen sie ihren erklärten Feind. Darum warteten sie nicht länger, sondern begannen ihre Rechte auf revolutionärem Weg durchzusetzen - erst das Recht auf den achtstündigen Arbeitstag dann auf die Produktions- und

Konsumtionsorgane und auf das Land. In allen diesen Dingen erwies sich die kommunistische Partei als ihr vortrefflich organisierter Verbündeter. Allerdings verfolgte sie mit diesem Bündnis ihre eigenen Ziele, doch wußten die Massen das nicht, sondern sahen nur die Tatsache, daß die kommunistische Partei zusammen mit ihnen gegen das kapitalistische Regime kämpfte. Die ganze Kraft ihrer Organisationen, ihre ganze politisch-organisatorische Erfahrung, ihre tüchtigsten Männer hatte sie an die dichtesten Reihen der Arbeiter und an die Armee hergegeben. Alle ihre Kräfte spannte sie an, um die Massen um ihre Losungen zu scharen; in demagogischer Weise spielte sie auf das wundeste Problem – nämlich auf die Versklavung der Arbeit an: die Losungen der Bauern vom freien Lande, der Arbeiter von der freien Arbeit, griff sie auf und trieb sie zu einem entscheidenden Zusammenstoß mit der Koalitionsregierung. Von Tag zu Tag befand sich die kommunistische Partei in den Reihen der Arbeiterklasse, kämpfte unermüdlich an ihrer Seite gegen die Bourgeoisie und führte sie bis in die Oktobertage hinein. Es ist darum verständlich, wenn die Arbeiter Großrußlands sich daran gewöhnten, sie als ihren energischsten Mitkämpfer im revolutionären Kampf zu betrachten. Dieser Umstand wie auch jener, daß die Arbeiterklasse Rußlands über eigene klassenmäßige revolutionäre Organisationen fast nicht verfügte, in organisatorischer Hinsicht zerstreut war, erlaubte es der Partei ohne weiteres, die Führung in ihre Hand zu nehmen. Als dann die Koalitionsregierung von der Arbeiterklasse Petersburgs und Moskaus gestürzt wurde, ging die Macht einfach an die Bolschewiki als die Führer des Umsturzes über.

Hiernach lenkte die kommunistische Partei ihre ganze Energie darauf, eine starke Regierung zu organisieren und die Massenbewegungen der Arbeiter und Bauern zu liquidieren, die in verschiedenen Gegenden des Landes immer noch bemüht waren, die grundlegenden Ziele der Revolution durch direkte Aktion zu erreichen. Dank dem ungeheuren Einfluß, den die Partei in der Oktoberperiode erlangt hatte, gelang ihr das ohne besondere Mühe. Allerdings mußte die kommunistische Partei, gleich nachdem sie an die Macht gekommen war, des öfteren die ersten Versuche der Arbeiterorganisationen, die darauf ausgingen, die Produktion in ihren Unternehmungen nach dem Prinzip der Arbeitsgleichheit zu gestalten, im Keim ersticken. Auch so manches Dutzend an Dörfern und so manches Tausend an Bauern gab die kommunistische Regierung für Ungehorsam und für den Versuch, ohne Regierung auskommen zu wollen, dem Untergange preis. Allerdings war die kommunistische Partei in Moskau und in einer Reihe von anderen Städten, als sie Mitte April 1918 die anarchistischen Organisationen und später die Organisationen der linken Sozialrevolutionäre auflöste, gezwungen, Maschinengewehre auffahren zu lassen und zu den Waffen zu greifen und eben hierdurch dem Bürgerkrieg von links Tor und Tür zu öffnen. Dank einem gewissen, nicht lange währenden Nach-Oktobervertrauen, das die Arbeiter Großrußlands den Bolschewiki entgegenbrachten, gelang es diesen doch im Allgemeinen, die Massen leicht und schnell in ihre Hand zu bekommen und die weitere Entwicklung der Arbeiter-Bauern-Revolution zu hemmen, indem anstelle dieser Revolution staatspolitische Maßnahmen der Partei gesetzt wurden. Hiermit war die Revolution in Großrußland abgetan.

Ganz anders verlief die Voroktober- und Nachoktoberperiode in der Ukraine. Die kommunistische Partei verfügte hier auch nicht einmal über den zehnten Teil der organisierten Parteikräfte, die ihr in Großrußland zu Gebote standen. Ihr Einfluß auf die Arbeiter und Bauern hier war immer verschwindend gering gewesen. Der Oktoberumsturz erfolgte hier bedeutend später – erst im November, Dezember und im Januar des nachfolgenden Jahres. Bis dahin herrschte in der Ukraine eine Regierung des ortseingesessenen nationalen Bourgeoisie – der »Petljuroffzi«[1]. Gegen diese gingen die Bolschewiki nicht revolutionär, sondern vorwiegend militärisch vor. In Großrußland war der Übergang der Macht an die Sowjets immer gleichbedeutend mit ihrem Übergang an die kommunistische Partei. Hier aber bedeutete der Übergang der Macht an die Sowjets, infolge der Schwäche und geringen Popularität der Partei, immer ganz etwas anderes. Die Sowjets waren Versammlungen von abgeordneten Arbeitern ohne die Möglichkeit, sich die Massen unterzuordnen. Die Arbeiter in den Fabriken und Bauern in den Dörfern fühlten sich als die eigentlichen Machtfaktoren: Diese Macht war aber damals nicht

---

[1] Anhänger Petljuras (d. Ü.)

organisiert und jeden Augenblick der Gefahr ausgesetzt unter die Diktatur irgend einer festgefügten Partei zu geraten.

Im Verlauf des ganzen Revolutionskampfes war die Arbeiterklasse und die Bauernschaft der Ukraine nicht gewöhnt, einen so ständigen und unbeugsamen Vormund an ihrer Seite zu haben, wie es die kommunistische Partei in Großrußland war. Darum hatte sich hier in weit größerem Maß eine gewisse geistige Selbständigkeit im Handeln herausgebildet, die in der revolutionären Bewegung der Massen unbedingt zum Ausdruck kommen mußte.

Ein anderes, noch wichtigeres Element im Leben der ukrainischen Bauern- und Arbeiterschaft (der ortseingesessenen, nicht der zugewanderten) waren die Traditionen der sogen. »Woljniza«[2], die sich seit uralten Zeiten in der Ukraine erhalten haben. So sehr sich auch das zaristische Regime seit Katharina II. bemühen mochte, jede Spur der »Woljniza« im ukrainischen Volk zu erstikken, – das Erbe der Epoche der Kämpfe vom 14. bis zum 16. Jahrhundert und der »Saporoger Sitsch«, die ganz besondere Liebe zur Unabhängigkeit – hat sich dennoch in bedeutendem Maß auch bis in unsere Tage erhalten und dokumentierte sich im hartnäckigen Widerstand der heutigen ukrainischen Bauernschaft gegen alle Gewalten, die darauf ausgingen, sie sich zu unterwerfen.

So waren denn für die revolutionäre Bewegung in der Ukraine zwei Bedingungen mit maßgebend, die für Großrußland nicht in Frage kamen: Das Fehlen einer stark organisierten politischen Partei einerseits und eben jener freiheitliche Geist der »Woljniza« andererseits, der den ukrainischen Werktätigen gleichsam historisch angeboren ist. Dies mußte unweigerlich am Charakter der ukrainischen Revolution zum Ausdruck kommen. Und während die Revolution in Großrußland tatsächlich ohne besondere Mühe verstaatlicht und dem Rahmen des kommunistischen Staates angepaßt worden war – ließ sich diese Verstaatlichung in der Ukraine nur schwer an, der Sowjetapparat wurde mechanisch geschaffen und kam vorwiegend durch militärischen Druck zustande. Gleichzeitig aber entwickelte sich die selbständige Bewegung der Massen, vorwiegend der bäuerlichen Massen, weiter fort. Entstan-

---

[2] Eine Art freizügige kosakische Kriegskameraderie in der Ukraine (d. Ü.).

den war diese Bewegung noch unter der Herrschaft der demokratischen Petljura-Republik und tastete sich einstweilen, seinen Weg suchend, noch langsam vorwärts. Mehr als das - diese Bewegung wurzelte recht eigentlich in den Grundlagen der russischen Revolution. Bereits in den ersten Tagen der Februarumwälzung hatte sie sich klar angedeutet. Das war eine Bewegung der untersten Schichten der Werktätigen, die darauf ausging, das knechtische Wirtschaftssystem zu vernichten und anstelle dessen ein neues System auf Grund einer Vergesellschaftung der Produktionsmittel und Werkzeuge und der werktätigen Landbenutzung zu schaffen. Weiter oben hatten wir bemerkt, wie die Arbeiter im Namen dieser Ideen die Eigentümer von ihren Fabriken und Werken vertrieben - und die Verwaltung der Produktion ihren eigenen Organen - den Gewerkschaftsverbänden, den Fabrikkomitees oder eigens hierfür geschaffenen Arbeiterverwaltungen übertrugen. Die Bauern aber nahmen den Gutsbesitzern und Großbauern das Land, verwandelten es in einen streng durchgeführten werktätigen Nutznießungsbesitz und schufen auf diese Weise einen gänzlich neuen agrarwirtschaftlichen Typus.

Diese Praxis revolutionärer Betätigung der Arbeiter und Bauern konnte sich fast unbehindert im Verlauf des ganzen ersten Revolutionsjahres entwickeln und schuf eine gesunde, vollkommen bestimmte Richtlinie für das revolutionäre Verhalten der Massen. Und jedesmal, wenn die eine oder die andere politische Gruppe, die die Macht an sich gerissen hatte, den Versuch machte, diese Richtlinie fürs revolutionäre Verhalten der Werktätigen zu durchbrechen, traten diese stets gegen solche Versuche in revolutionäre Opposition und kämpften in der einen oder in der anderen Weise dagegen an.

So kam es denn, daß die revolutionäre Bewegung der Werktätigen zur sozialen Unabhängigkeit hin, die gleich in den ersten Revolutionstagen eingesetzt hatte, unter keiner einzigen der Regierungen, die in der Ukraine waren, erloschen ist. Auch unter dem Bolschewismus ist sie nicht erloschen, der - nach dem Oktoberumsturz - im Land sein selbstherrliches Staatssystem einzuführen begann.

Was war das Bemerkenswerte an dieser Bewegung?

Der Wunsch in der Revolution, ihre eigenen klassenmäßigen

Interessen durchzusetzen, die Unabhängigkeit der Arbeit zu erkämpfen, Mißtrauen zu allen nicht werktätigen Gruppen der Gesellschaft.

Die kommunistische Partei mochte noch so spitzfindig beweisen, daß sie das eigentliche Hirn der Arbeiterklasse wäre, daß ihre Macht ja eigentlich die Macht der Arbeiter und Bauern sei - jedem Arbeiter oder Bauern, der den Klasseninstinkt und das Klassenbewußtsein noch nicht ganz verloren hatte, war es aber klar, daß die Werktätigen von Stadt und Land aus ihrem Wirken an der Revolution herausgedrängt würden, daß die Regierung sie unter ihre Aufsicht stellte, daß die Tatsache der staatlichen Organisation als solche nichts weiter war, als Raub der Rechte auf Unabhängigkeit und auf jede Selbstverwaltung der Massen.

Streben nach voller Selbstverwaltung der Werktätigen - das wurde zur Grundlage der Bewegung, die in den Tiefen der Massen einsetzte. Auf unzähligen Wegen, in unzähligen Fällen wurde ihr Denken immer wieder darauf gelenkt. Das staatliche Wirken der kommunistischen Partei erstickte erbarmungslos dieses Streben. Aber eben das Wirken einer selbstvertrauenden, keinen Widerspruch duldenden Partei, beleuchtete den Werktätigen dieses Gebiet aufs Beste, und stieß sie immer wieder darauf hin.

Die Bewegung beschränkte sich in der ersten Zeit darauf, die neue Regierung zu ignorieren, sowie auf das eigenmächtige Vorgehen der Bauern, Ländereien von Gutsbesitzern und Inventar zu beschlagnahmen. Sie suchte nach ihren eigenen Formen und nach ihrem eigenen Weg. Die unerwartete Okkupation der Ukraine durch die Österreicher und Deutschen stellte die Werktätigen vor eine völlig neue Situation und gab den Anstoß, zu einer beschleunigten Entwicklung ihrer Bewegung.

3. Die revolutionären Aufstände – Machno

Der Friede von Brest-Litowsk, den die Bolschewiki mit der Kaiserlich Deutschen Regierung geschlossen hatten, hatte den Deutschen und Österreichern die Tore zur Ukraine weit geöffnet. Die hielten nun als die unbedingten Herren ihren Einzug. Sie legten ihre Hand nicht nur auf das militärische, sondern ebenso auf das politische und wirtschaftliche Leben des Landes. Ihr Ziel war – die Lebensmittel des Landes zu rauben. Um das möglichst vollständig und für sich selber schmerzlos durchzufahren, ließen sie im Land die vom Volk gestürzte Regierung von Gutsbesitzern und Adligen wieder erstehen, an deren Spitze sie die selbstherrliche Gewalt des Hetmans Skoropadski setzten. Die Truppen aber, die die Ukraine besetzt hielten, wurden von ihren Offizieren – was die russische Revolution betrifft – systematisch betrogen. Die Lage in Rußland und in der Ukraine wurde ihnen als ein Überschäumen wilder, blinder Kräfte geschildert, die die Ordnung im Land zerstörten und die ganze ehrliche, werktätige Bevölkerung terrorisierten. Hierdurch wurde in ihnen Feindschaft gegen alle aufständischen Bauern und Arbeiter gesät und auf diese Weise der Grund gelegt zu dem empörenden und einfach räuberischen Verhalten der deutschen und österreichischen Armeen im revolutionären Lande. Die wirtschaftliche Plünderung der Ukraine, welche die Deutschen und Österreicher unter weitgehendstem Beistande der Regierung Skoropadskis einleiteten, war ungeheuer groß und unglaublich unanständig. Ausgeführt wurde alles: Getreide, Vieh, Geflügel, Eier, Rohstoffe usw. – und zwar in einem Maßstab, daß das Transportwesen Mühe hatte, die Ausfuhr zu bewältigen. Es war so, als hätten die Österreicher und Deutschen, nachdem sie an die riesigen Lebensmittellager, die nun geplündert werden sollten, herankonnten – Eile, so viel als irgend möglich zu rauben; so wurde denn ein Zug nach dem anderen, hunderte, tausende von Zügen beladen, und abgerollt. Dort, wo sich die Bauern diesem Raube widersetzten und den Versuch wagten, das, was sie mit ihren eigenen Händen erarbeitet hatten, nicht umsonst herzugeben, wurde mit Repressalien gegen sie vorgegangen, sie wurden geschlagen und erschossen. Die Okkupation der Ukraine durch die Deutschen und Österreicher ist eine dunkle Seite in der Geschichte der ukrainischen Revolution. Abgesehen vom offenen Kriegsraub und den Gewalttaten der Besatzungstruppen gehörte noch die schwärzeste Agrarier-Reaktion zu ihren Begleiterscheinungen. Das Hetmanregime war gleichbedeutend mit völliger Rückkehr zur Vergangenheit, Vernichtung aller revolutionären Eroberungen der Bauern und Arbeiter. Naturgemäß gab diese neue Situation einen gewaltigen Antrieb zur beschleunigten Entwicklung jener Bewegung, die sich innerhalb der Bauernschaft bereits früher unter den Petljuroffzi und Bolschewiki angedeutet hatte. Überall, vor allem aber in den Dörfern, ereigneten sich erbitterte, gegen die Gutsbesitzer und die deutschen und österreichischen Besatzungsmächte gerichtete Aufstandsakte. Damit begann die neue Revolutionsbewegung der Bauern in der Ukraine, die später unter dem Namen der »revolutionären Aufstandschaft« bekannt wurde. Einige erklären das Aufkommen der revolutionären Aufstandschaft ausschließlich mit der Tatsache der deutsch-österreichischen Okkupationen und des Hetmanregimes. Diese Erklärung ist nicht vollständig und darum auch nicht richtig. Die Aufstandschaft wurzelt in der Gesamtlage und tief im Grunde der russischen Revolution; die Bewegung ist ein Versuch der Werktätigen, die Revolution bis zu Ende zu führen – bis zur wirklichen Befreiung und Herrschaft der Arbeit. Die Deutschen und Österreicher, wie auch die Agrarier-Reaktion haben nur dieser Bewegung schneller zum Durchbruch verholfen. Die Bewegung gewann bald an Ausdehnung. Allüberall erhoben sich die Bauern gegen die Gutsbesitzer, brachten sie um oder vertrieben sie; Land und Besitz nahmen die Bauern sich selber, bei welcher Gelegenheit die deutschen und österreichischen Gewaltherren nicht geschont wurden. Als Antwort hierauf erfolgten schonungslose Repressivmaßnahmen seitens der deutschen und des Hetmans Regierungsstellen. Die Bauern der aufständischen Dörfer wurden in Massen hingerichtet und massakriert – ihre Häuser wurden niedergebrannt. In kurzer Zeit hatten hunderte von Flecken und Dörfern das rasende Gericht der Militär-Agrarier-Kaste über sich ergehen lassen müssen. Dies geschah im Juni, Juli und August 1918.

Dann begann die Bauernschaft, die ihre Bewegung hartnäckig fortführte, nach Art der Freischärler vorzugehen. Gleichsam durch die Kraft unsichtbarer Organisationen verbunden, rückte sie - fast gleichzeitig an vielen Orten im Land - mit zahlreichen Freischärlertrupps vor, die nun ihre Angriffe gegen die Gutsbesitzer, deren Schutztruppen und Repräsentanten der Macht richteten. Gewöhnlich veranstalteten diese Freischärlertrupps, die aus 20-50-100 berittenen, gut bewaffneten Bauern bestanden, einen schnellen, in der betreffenden Gegend unerwarteten Überfall auf einen Gutshof, auf die staatliche Landeswehr, machten alle Feinde der Bauern nieder und verschwanden. Jeder Gutsbesitzer, der die Bauern verfolgt hatte, seine treuen Diener, waren von den Bauern-Freischärlern aufs Korn genommen und jeden Tag konnten sie getötet werden. Jeder Milizionär, jeder deutsche Offizier war dem gewissen Tod durch die Hand der Freischärler geweiht. Diese Akte, die sich täglich wiederholten, trafen die agrare Konterrevolution an ihrem Lebensnerv und bereiteten deren sicheren Untergang und den Sieg der Bauernschaft vor.

Wir müssen hier bemerken, daß sowohl die breiten, unvorbereiteten Bauernaufstände aller Dörfer, die rein elementar aufloderten, wie auch die Aktionen der Freischärler ausschließlich von den Bauern selber durchgeführt wurden, ganz ohne Führung seitens irgend einer beliebigen politischen Organisation. Das aufständische Vorgehen brachte die Bauern in die Lage, sich selber um die Bewegung kümmern zu müssen, sie zu leiten und zum Sieg zu führen. Im Verlauf des ganzen Kampfes gegen den Hetman und die Gutsbesitzer, in den allerschwersten Augenblicken dieses Kampfes stand die Bauernschaft ganz allein ihrem organisierten, wohlbewaffneten und erbitterten Feinde Aug' in Auge gegenüber. Wie wir später sehen werden, war das von enormer Bedeutung für den Charakter der gesamten revolutionären »Aufstandschaft«. Dort wo sie bis ans Ende klassengemäß blieb und dem Einfluß parteilicher oder nationalistischer Elemente nicht verfiel, war ihr kardinaler Zug nicht etwa nur der Umstand, daß sie den Tiefen der Bauernschaft entstammte, sondern auch das allgemeine Bewußtsein der Bauern dafür, daß sie selber die Führer dieser Bewegung waren. Besonders waren die Freischärlertrupps von diesem Gedanken beseelt. Sie waren stolz darauf, fühlten ihre Kraft und ihre große Berufung.

Die erbitterten Repressivmaßnahmen der Agrarier-Konterrevolution vermochten die Bewegung nicht zu hemmen, sondern im Gegenteil - sie erweiterten sie nur, weil die Aufstände nun allüberall aufloderten. Die Bauern schlossen sich fester zusammen und kamen - durch die Bewegung selbst getrieben - einem allgemeinen und einheitlichen Plan für ihr revolutionäres Vorgehen näher. Will man mit dem Maßstab der ganzen Ukraine messen, so tat sich die Bauernschaft natürlich nie zu einer einheitlichen Gruppe zusammen, die unter einheitlicher Führung vorging Von einer solchen Vereinigung läßt sich nur im Sinne der Einheit des revolutionären Geistes reden. In praktischer, in organisatorischer Hinsicht aber schloß sich die Bauernschaft Rayon für Rayon zusammen, in Form der Verschmelzung einzelner Freischärlerabteilungen. Eine solche Vereinigung wurde - in dem Augenblick, da sich die Aufstände mehrten, die Repressivmaßnahmen aber einen erbitterten und organisierten Charakter annahmen - zu einer keinen Aufschub duldenden Angelegenheit der Abteilungen.

Im Süden der Ukraine war es der Gulai-Polsker-Rayon, der die Initiative zur Vereinigung ergriff. Sie erfolgte dort nicht nur zum Zwecke der Selbstverteidigung der Bauern, sondern vor allen Dingen im Hinblick auf die allgemeine, generelle Abwehr und Vernichtung der Agrarier-Konterrevolution. Diese Vereinigung hatte auch zum Ziel, aus der revolutionären Bauernschaft eine reale, organisierte Kraft zu schaffen, die es mit jeder Konterrevolution hätte aufnehmen und Freiheit und Territorium des revolutionären Volkes hätte verteidigen können.

Die bedeutendste Rolle in Sachen dieser Vereinigung, wie auch auf dem Gebiet der allgemeinen Entwicklung der revolutionären Aufstandschaft im Süden der Ukraine spielte eine aufständische Truppe, die von dem ortseingesessenen Bauern Nestor Machno geführt wurde. Seit den ersten Tagen der Bewegung bis zum Augenblicke ihrer höchsten Spannung, da die Bauernschaft über die Gutsbesitzer gesiegt hatte, spielte Machno in der Bewegung eine so ausschließliche Rolle, daß ganze Aufstandsgebiete und die heroischsten Aufstandtaten mit seinem Namen verknüpft sind. Dann, als die Aufstandschaft über Skoropadskis Konterrevolution gesiegt hatte, der Rayon aber von Denikin bedroht erschien, wurde Machno zum Zentrum der Vereinigung von Millionen von Bauern auf einem Territorium, das einige Gouvernements umfaßte. Die Geschichte der Aufstandschaft der Ukraine erhielt in diesem Moment ein bestimmtes Gepräge und stellte ihre historischen Aufgaben fest. Denn nicht überall hat die Aufstandschaft ihre revolutionäre Volkswesenheit und den Interessen ihrer Klasse die Treue bewahrt. Während sie im Süden der Ukraine zum schwarzen Banner des Anarchismus griff und den Weg der regierungslosen Selbstverwaltung der Werktätigen beschritt, kam sie im Westen und Nordwesten der Ukraine, nach Sturz des Hetmans, unter den Einfluß von ihr fremden und feindlichen Elementen – der demokratischen Nationalisten (Petljuroffzi). Im Verlauf von etwa zwei Jahren hat ein Teil der Aufständischen der Westukraine den Petljuroffzi zum Rückhalt gedient, die unter nationalem Banner den Interessen der ortseingesessenen liberalen Bourgeoisie dienten. So haben denn die aufständischen Bauern der Gouvernements Kiew, Wolynien, Podolien und (teilweise) Poltawa, obwohl sie mit der übrigen Aufstandschaft gemeinsame Wurzeln hatten, in ihrer nachfolgenden Entwicklung ihre eigentlichen historischen Aufgaben, ihre organisatorischen Kräfte nicht herausfinden können, waren unter die Führung von Feinden der Arbeit geraten und waren auf diese Weise zu einem blinden Werkzeug in ihrer Hand geworden.

Ganz anderer Sinn und andere Bedeutung eignete der revolutionären Aufstandschaft im Süden der Ukraine. Sie sonderte sich in schroffer Weise ab von den nicht werktätigen Elementen der heutigen Gesellschaft, von den nationalen, religiösen, politischen und anderen Vorurteilen der Knechtsordnung, stellte sich auf den Boden der realen Forderungen ihrer Klasse – der Proletarier in Stadt und Land – und führte nun im Sinne dieser Forderungen einen harten Krieg gegen die zahlreichen Feinde der Arbeit.

Machno

Wir sagten bereits, daß Machno während des Bauernaufstandes im Süden der Ukraine eine gewaltige, außergewöhnliche Rolle gespielt hatte. Werfen wir einen Blick auf sein aufständisches Wirken in der ersten Periode, d.h. vor Sturz des Hetmans. Mögen zunächst einige kurze Mitteilungen biographischer Art folgen.

Der Bauer Nestor Iwanowitsch Machno wurde am 27. Oktober 1889 geboren und wuchs im Dorf Gulai-Pole (Alexandrowsker Bezirk, Gouv. Jekaterinoslaw) auf. Er entstammte einer armen bäuerlichen Familie. Als er elf Monate alt war, starb sein Vater; mit vier unmündigen Brüdern blieb er bei der Mutter. Weil die Familie so sehr arm war, mußte er bereits als Junge von sieben Jahren als Hirt Arbeit suchen; er weidete die Kühe und Schafe der Bauern seines Dorfes. Als er acht Jahre alt war, trat er in die Elementarschule am Orte ein, dergestalt, daß er im Winter in die Schule ging, im Sommer aber Hirt war. Nach Beendigung der Schule suchte er sich als Knabe von zwölf Jahren auswärts Arbeit. Er arbeitete bei den deutschen Großbauern und auf den Gütern der Großgrundbesitzer als einfacher Schwarzarbeiter. Bereits damals, als Knabe von 14-15 Jahren, fühlte er einen starken Haß zu den Ausbeutern – den Wirten, und dachte daran, wie er es ihnen heimzahlen wollte – für sich und für die andern, wenn er nur erst die Kräfte hätte. Später arbeitete er als Metallgießer in den Werken in seinem Heimatort. Bis zu seinem 16. Lebensjahr hatte er keine Fühlung zur politischen Welt. Seine revolutionären und sozialen Anschauungen bildeten sich im kleinen Kreis seiner Dorfgenossen, die genau solche Proletarierbauern waren, wie er selber auch. Die Revolution von 1905 riß ihn plötzlich aus diesem kleinen Kreis heraus und warf ihn mitten in den Strom der breitgehenden revolutionären Ereignisse und Handlungen. Damals war er ein Jüngling von 17 Jahren, voll revolutionärem Enthusiasmus, im Kampf für die Befreiung der werktätigen Massen zu jedem Schritte bereit. Nachdem er die politischen Organisationen genauer kennengelernt hatte, schließt er sich entschlossen den AnarchoKommunisten an und wird von diesem Augenblick ab zu einem unermüdlichen Kämpfer für die soziale Revolution.

Der russische Anarchismus jener Zeit hatte damals mit zwei konkreten Aufgaben zu rechnen: Erstens mußte der politische Betrug, in den die sozialistischen Parteien mit den Marxisten an der Spitze die Werktätigen hereinzogen, enthüllt werden, und zweitens mußte der Weg der sozialen Revolution den Arbeitern und Bauern gezeigt werden. Auf diesem Gebiet nun fand Machno ein weites Feld zur Betätigung, wobei er an vielen, ungemein gefahrvollen Stadien des anarchistischen Kampfes beteiligt war.

Im Jahre 1908 verfällt er dem zaristischen Gericht, das ihn wegen Zugehörigkeit zu anarchistischen Gesellschaften und für Ausführung von terroristischen Akten zum Tode durch den Strang verurteilt – ein Urteil, das wegen seiner Minderjährigkeit in lebenslängliche Zwangsarbeit (Katorga) abgeändert wurde. Die Strafe verbüßte Machno im Moskauer Zentralen Deportationsgefängnis (genannt Butyrki). So schwer und hoffnungslos das Leben in der Katorga auch war, war Machno dennoch bemüht, seinen dortigen Aufenthalt zur Förderung seiner Bildung zu nutzen, und er legte in dieser Hinsicht einen ungemeinen Eifer an den Tag. Er lernte russische Grammatik, beschäftigte sich mit Mathematik, mit russischer Literatur, Kulturgeschichte und politischer Ökonomie. Die Katorga war recht eigentlich die einzige Schule, in der Machno sich seine historischen und politischen Kenntnisse erworben hat, die ihm dann späterhin in seiner revolutionären Wirksamkeit eine sehr wesentliche Hilfe waren. Das Leben, die Tatsachen des Lebens waren die andere Schule, die ihm Menschenkenntnis und Urteil für die gesellschaftlichen Ereignisse beibrachte.

Machno, der damals noch sehr jung war, hat seine Gesundheit in der Katorga eingebüßt. Hartnäckig wie er war, konnte er sich nicht mit der völligen Rechtlosigkeit der Persönlichkeit abfinden, die jeder Gefangene in der Katorga über sich ergehen lassen muß; stets hatte er Streit mit der Gefängnisobrigkeit und wurde immer wieder mit Karzer bestraft; durch dieses Sitzen im kalten Karzer hat er sich auch seine Lungentuberkulose zugezogen. Für »nicht lobenswertes Betragen« mußte er im Verlauf von neun Jahren, bis zum letzten Tag der Haft, Ketten an Händen und Füßen tragen, bis schließlich am 2. März durch den Aufstand des Moskauer Proletariats zusammen mit den übrigen politischen Gefangenen freikam.

Kaum ist Machno aus dem Gefängnis heraus, als er auch schon sofort nach Gulai-Pole zurückkehrt wo er von der zahlreichen Bauernschaft besonders teilnahmsvoll empfangen wird. Im ganzen Dorf war er der einzige politische Verurteilte, der durch den Ausbruch der Revolution wieder heimgekommen war, und so kam es denn ganz von selbst, daß er bei den Bauern besonders warme Aufnahme fand. Nun war er nicht mehr ein unreifer, wenig vorbereiteter Jüngling, sondern ein durchgebildeter, erfahrener Kämpfer, mit starken Willensimpulsen und mit einem bestimmten Plan für den sozialen Kampf.

Gleich nach seiner Ankunft in Gulai-Pole stürzt er sich in revolutionäre Arbeit und ist vor allen Dingen darauf bedacht, die Bauern seines Dorfes und der Umgegend zu organisieren; er gründet einen Gewerkschaftsverband der Bauernknechte, organisiert eine werktätige Kommune und einen Orts-Bauern-Sowjet. Die Aufgabe, die ihn am meisten fesselte, war – die ganze Bauernschaft so fest zu verbinden und zu organisieren, daß sie instand gesetzt würde, die ganze Brut der Gewaltherrn und Regierer ein für alle mal zu vertreiben und ihr Leben selber zu gestalten. Und in diesem Sinne arbeitete er organisatorisch unter den Bauern, nicht aber als Prediger, sondern als praktischer Kämpfer, der darauf ausging, die Werktätigen unter Hinweis auf die Tatsachen von Betrug, Knechtung und Ungerechtigkeit, was alles sie bei der bestehenden Knechtsordnung erdulden müßten, fest miteinander zu verbinden. In der Kerenski-Periode und in den nachfolgenden Oktobertagen war er Vorsitzender des Rayon-Bauern-Verbandes, des Landkomitees, des Metall- und Holzarbeiter-Gewerkschaftsverbandes, schließlich auch Vorsitzender des Gulai-Polsker Bauern- und Arbeiterrates.

Mitte August 1917 versammelte er – als Vorsitzender des Sowjets – alle Gutsbesitzer und Eigentümer des Rayons und forderte von ihnen alle Urkunden über die in ihrem Besitz befindlichen Ländereien und Inventare ab; hierauf nahm er eine genaue Aufstellung des gesamten Besitzes vor und referierte hierüber erst auf einer Versammlung des Bezirkssowjets, dann im Rayonsowjet. Er machte in seinem Referat den Vorschlag, die Gutsbesitzer und Großbauern – was die Nutznießung des Landes beträfe – der werktätigen Bauernschaft gleichzustellen. Auf seinen Vorschlag hin wurde vom Rayonkongreß beschlossen – den Gutsbesitzern und Großbauern auf Grund der Werktätigen Norm Land und auch lebendes und totes Inventar zu belassen. Nach dem Beispiel des Gulai-Polsker Rayons wurden ähnliche Resolutionen von zahlreichen Kreiskongressen der Bauern der Jekaterinoslawschen, Taurischen, Poltawaschen, Charkowschen und anderen Gouvernements gefaßt.

Im Laufe dieser Zeit war Machno in seinem Rayon die Seele der Bauernbewegung geworden, die darauf ausging, den Gutsbesitzern Land, Gut und erforderlichenfalls – auch das Leben zu nehmen. Hierdurch schaffte er sich Todfeinde in Person der ortseingesessenen Gutsbesitzer, der Reichen und der bourgeoisen Organisationen.

Als die Ukraine von den Deutschen und Österreichern besetzt wurde, formierte Machno im Auftrage des Gulai-Polsker Revolutionskomitees Bauern- und Arbeiterbataillone zum Kampf gegen die Deutschen und gegen die zentrale Rada, mit diesen Bataillonen zog er sich in Kriegsordnung auf Taganrog, Rostow und Zarizyn zurück. Die ortseingesesene Bourgeoisie, die nach dem Einrücken der Deutschen und Österreicher wieder Boden unter den Füßen hatte, trachtete ihm damals schon nach dem Leben, und er mußte sich verborgen halten. Die ukrainische und deutsche Militärleitung nahm in der Weise Rasche daß Sie das Haus seiner Mutter niederbrennen und seinen ältesten Bruder Emeljan, einen Kriegsinvaliden, erschießen ließ.

Im Juni 1918 traf Machno in Moskau ein, um mit einigen alterfahrenen Anarchisten über die Richtung und den Charakter der weiteren Arbeit unter den ukrainischen Bauern zu beraten. Die Anarchisten aber, die sich in dieser Periode der russischen Revolution als überaus schwankend und schwach erwiesen, konnten ihm keine befriedigenden Ratschläge und Winke geben, und so reiste er denn wieder mit seinen eigenen Gedanken und Plänen in die Ukraine ab.

Längst aber reifte in ihm der Gedanke, die zahlreiche Bauernschaft als selbständigen historischen Machtfaktor zu organisieren, die durch Jahrhunderte hindurch aufgespeicherte revolutionäre Energie zu entfesseln und diese ganze Riesenmacht auf die zeitgenössische Knechtsordnung niedersausen zu lassen. Für Machno war nun dieser Augenblick gekommen. Während er in Moskau weilte und in den Zeitungen von zahlreichen Aufstandsakten der ukrainischen Bauern las, regte er sich gewaltig auf, geriet ganz außer sich, und jeder überzählige Tag, den er in Moskau zubringen mußte, bereitete ihm die größten seelischen Qualen. Endlich gelang es ihm – mit Hilfe eines alten Leidens- und Gesinnungsgenossen aus der Katorga – eiligst aufzubrechen und in die Ukraine, in seinen Gulai-Polsker Rayon abzureisen. Das ereignete sich im Juli 1918. Die Reise war mit den größten Schwierigkeiten verbunden und mußte so geheim als irgend möglich betrieben werden, da er jeden Augenblick Gefahr lief, hier oder dort in die Hände der Agenten des Hetmans zu fallen. Und tatsächlich wäre er um Haaresbreite an einer Stelle ums Leben gekommen, er führte einen Koffer mit anarchistischer Literatur bei sich und wurde von den Deutschen festgenommen. Ein ihm bekannter Jude aus Gulai-Pole rettete ihn, indem er eine große Summe Geldes für seine Befreiung opferte. Auf dem Weg in die Ukraine wurde ihm von den Bolschewisten der Vorschlag gemacht, einen bestimmten Rayon der Ukraine für geheime revolutionäre Arbeit zu übernehmen und dort in ihrem Namen Propaganda zu treiben. Es bedarf überhaupt keines Hinweises daß Machno diesen Vorschlag nicht einmal in Erwägung zog, da er eine Arbeit vor hatte, die jener der Bolschewiki stracks entgegengesetzt war.

So war denn Machno wieder im Gulai-Polsker Rayon. Und diesmal war er unwiderruflich entschlossen, entweder zu Grunde zu gehen oder den Sieg der Bauernschaft zu erkämpfen, aber seinen Rayon nicht mehr zu verlassen. Die Nachricht von seiner Rückkehr verbreitete sich rasch von Dorf zu Dorf. Er seinerseits zögerte nicht, vor der breiten Bauernschaft offen sowohl in Versammlungen wie auch in gedruckten Aufrufen, hervorzutreten und sie zu entschlossenem Vorgehen gegen den Hetman und den Adel, auch gegen alle Herren überhaupt aufzurufen, wobei er so scharf als möglich betonte, die Werktätigen sollten von nun an ihr Schicksal nicht mehr aus ihren Händen geben. Sein lauter, überaus gespannter Aufruf flog in einigen Wochen durch Dutzende von Dörfern und Bezirke und bereitete die Massen auf große Ereignisse vor. Machno selber machte sich sofort ans Werk. Die erste Aufgabe, die seiner harrte, war Bildung einer revolutionären Kriegstruppe von genügender Stärke, die Agitations- und Propagandafreiheit in Flekken und Dörfern gewährleistet und sofort mit dem Guerillakrieg begonnen hätte. Die Truppe war bald gebildet. In den Dörfern gab es zur Genüge vortrefflich durchgebildete Mannschaften, die auch aktionsbereit waren. Das einzige, woran es fehlte, war ein tüchtiger Organisator. Ein solcher schien Machno. Zu den Aufgaben seiner Truppe gehörte: a) Führung der energischsten Propaganda und organisatorischer Arbeit unter der Bauernschaft und b) rücksichtslosester Freischärlerkampf gegen die Feinde der Bauern. Grundlegendes Prinzip der Freischärleraktionen war: Jeder Gutsbesitzer, der die Bauern bedrückt hat, jeder Milizionär (ukrainische Landeswehr), jeder Offizier der russischen oder deutschen Armee ist als ärgster Feind der Bauern und ihrer Freiheit zu behandeln und demgemäß ohne weiteres umzubringen. Außerdem wurde nach dem Grundsatz der Freischärler jeder umgebracht, der an der Bedrückung der armen Bauern und Arbeiter, an ihrer Entrechtung oder an der Beraubung ihres Besitzes oder ihrer Arbeit teilgenommen hatte.

Die Truppe war schon nach etwa zwei bis drei Wochen Gegenstand des Schreckens nicht nur der ortseingesessenen Bourgeoisie, sondern auch des deutschen und österreichischen Kommandos. Der Rayon, auf den sich Machnos revolutionäre und militärische Tätigkeit erstreckte, war gewaltig groß: Er reichte von Losowa bis Berdjansk, Mariupol, und Taganrog und von Lugansk und Grischino bis Jekaterinoslaw, Alexandrowsk und Melitopol. Schnellstes Vorrücken von Ort zu Ort – das war seine Taktik. Dank der Ausdehnung des Rayons und dank seiner ungemeinen Schnelligkeit erschien er immer dort, wo man ihn gerade am wenigsten erwartet hatte, und binnen kürzester Frist war er mit Feuer und Schwert über den ganzen Rayon der ortseingesessenen Bourgeoisie dahergefahren. Alle jene, die während der beiden oder der drei letzten Monate des Hetmanats Zeit gefunden hatten, sich in ihren alten Adelsnestern wieder einzunisten, die an der Rechtlosigkeit der Bauern, an ihrer Arbeit, auf ihrem Grund und Boden schmarotzten, die sich als Herren über ihnen aufgetan hatten – sie alle waren nun unter Machnos und seiner Freischärler unerbittliche, grausame Hand geraten. Schnell wie der Sturm brausten sie daher, ohne Furcht und ohne Erbarmen für ihre Feinde; sie überfielen die Güter, machten alle Feinde der Bauern nieder und verschwanden sofort wieder spurlos. Am nächsten Tag aber veranstaltete Machno bereits einen anderen Überfall auf irgend ein Gut, das vielleicht 100 km entfernt lag, oder auf irgend ein größeres Dorf, die ganze Landeswehr, die sogen. »Warta« wurde dort niedergemetzelt, desgleichen die Offiziere und Gutsbesitzer, und wieder verschwand er eiligst, so daß die deutschen Truppen, die in nächster Nähe standen, gar nicht zur Besinnung kommen konnten und es gar nicht recht erfaßten, was sich in ihrer Nachbarschaft abgespielt hatte. Am nächsten Tage war er wieder hundert und mehr Kilometer weiter, machte sich dann wohl über irgend eine ungarische Strafabteilung her, die gegen die Bauern ausgezogen war, oder er ließ Landeswehrleute, wo er ihrer habhaft werden konnte, hängen.

Die Landeswehr, auch das deutsche und österreichische Kommando wurden unruhig. Einige Bataillone wurden gegen Machno ausgesandt; sie sollten ihn schlagen und gefangen nehmen. Alles vergeblich Machno und seine Freischärler waren ausgezeichnete Kavalleristen, von Kind auf hatten sie im Sattel gesessen, auf ihren Zügen konnten sie ihre Pferde wechseln, und so waren sie recht eigentlich ungreifbar, legten sie doch im Verlauf eines Tages Strecken zurück, die ein gewöhnliches Kavallerie-Detachement nie hätte bewältigen können. Als wollte er seine Gegner verhöhnen oder sie reizen, erschien Machno bald im Zentrum von Gulai-Pole, bald in Pologi, wo immer größere deutsche und österreichische Truppenabteilungen lagerten, bald wieder an anderen Truppenkonzentrationspunkten, alle Offiziere, die ihm in die Hände fielen, brachte er um, er selber aber verschwand immer spurlos, ohne daß ihm ein Haar gekrümmt worden wäre. Oder er machte es so, daß er sich mit einer kleiner Freischärlerabteilung, verkleidet als Angehörige der Landeswehr, mitten in den Feind hereinwagte, wo er am dichtesten stand, dessen Pläne und Stellungen auskundschaftete und dann mit einer richtigen »Warta«abteilung ausritt, um Machno einzufangen, den man auf frischer Fährte in einem bestimmten Dorf eingekreist zu haben glaubte – unterwegs aber stürzte er sich auf diese Abteilung und machte alle nieder.

Hinsichtlich der deutschen und der österreichisch-ungarischen Truppen wurde von den Freischärlern folgende Taktik befolgt: Dbie Offiziere wurden umgebracht; die Mannschaften aber, die in Gefangenschaft geraten waren, gab man frei, legte ihnen nahe in die Heimat zurückzukehren und dort zu berichten was die Bauern in der Ukraine täten und für die soziale Revolution zu wirken. Hierbei wurde ihnen Literatur mit auf den Weg gegeben, mitunter auch Geld. Hingerichtet wurden nur solche Soldaten, die nachweislich gegen die Bauern mit Gewalt vorgegangen waren. Dieses Verhalten zu den Gefangenen der deutschen und österreichisch-ungarischen Armee wirkte auf sie in spezifisch revolutionierendem Sinn ein.

In dieser Periode seines aufständischen Wirkens war Machno nicht nur Organisator und Führer der Bauernschaft, sondern in nicht geringem Maße der furchtbare Rächer des Volkes. In der kurzen Periode seines ersten Freischärleraufstandes hat er hunderte von

Adelsnestern vernichtet, hat Tausende von aktiven Feinden und Bedrückern des Volkes erbarmungslos zertreten. Sein kühnes und entschlossenes Handeln, die Schnelligkeit seines Kommens und Verschwindens, der Umstand endlich, daß er überhaupt nicht zu greifen war – das alles hat ihn zu einer Gestalt geschaffen, die von der Bourgeoisie gehaßt und gefürchtet wurde, während die Bauern stolz auf ihn waren und so manche Legende um ihn woben. Und seine Taten waren wirklich vielfach legendarisch, erstaunlich durch ihre Kühnheit, wie er selber erstaunlich war durch seine Willenskraft und seinen Trotz, durch Scharfsinn und seinen gesunden Bauernwitz.

Das alles war aber nicht das Eigentliche an Machno; dadurch allein ist seine Art noch nicht bezeichnet.

Sein kriegerischer Geist, sein Wirken als Freischärler in der ersten Periode waren nur die ersten Äußerungen seines enormen militärischen und organisatorischen Talents. Wir werden weiter sehen, eine wie kolossale militärische Kraft und einen wie vortrefflichen Organisator die Bauernschaft mit Machno in den Vordergrund gerückt hatte.

Machno war aber nicht nur ein hervorragender Kriegsführer, sondern auch ein tüchtiger Agitator; unermüdlich veranstaltete er Versammlungen in all den zahlreichen Dörfern des Rayons, hielt dort Vorträge über die Aufgaben der Gegenwart, über die soziale Revolution, über das werktätige, von niemandem abhängige Gemeinschaftsleben der Bauern als dem eigentlichen Ziel des Aufstandes. In diesem Sinne richtete er auch Aufrufe an die Bauern, an die Arbeiter, an die deutschen und österreichischen Soldaten, an die Don- und Kuban-Kosaken usw.

»Sterben oder siegen – das ist es, was im gegenwärtigen historischen Augenblick den Bauern der Ukraine bevorsteht. Wir können aber nicht sterben, unser sind zu viele, – wir sind die Menschheit; folglich werden wir siegen. Wir werden aber nicht siegen, um nach dem Beispiel vergangener Jahre, unser Schicksal einer neuen Regierung zu überantworten, sondern um es in unseren eigenen Händen halten und um unser Leben so zu gestalten, wie wir es selber wollen und wie wir es als wahr empfinden«. (Aus einem der ersten Aufrufe Machnos). Das ist es, was Machno den breiten Schichten der Bauernschaft sagte. Und binnen kurzem wurde er zum Mittelpunkt für den Zusammenschluß der aufständischen Massen. Fast in jedem Dorf wurden von den Bauern geheime Ortstruppen gebildet und Verbindung zu Machno aufgenommen; man unterstützte ihn in allen Stücken und hielt sich an seine Weisungen. Die Freischärlertrupps, die bereits bestanden oder neu gebildet wurden, begannen mit seiner Truppe zu verschmelzen und strebten nach einheitlichem Vorgehen. Die Notwendigkeit einheitlichen Vorgehens und einheitlicher Führung wurde überall erkannt, und ebenso anerkannten die revolutionären Freischärler, daß diese Einheitlichkeit in der Persönlichkeit Machnos ihren besten Ausdruck fände. So große und selbständige Abteilungen, wie die von Kurilenko, die im Rayon Berdjansk operierte, dann Stschussjs Abteilung und Petrenko-Platonows Trupp, die im Dibriwsker und Grischinsker Rayon wirkten, kamen zu derselben Einsicht. Sie alle wurden aus eigenem Antriebe zu Bestandteilen der Abteilung Machnos. Auf diese Weise erfolgte die Verschmelzung der südukrainischen Freischärlerabteilungen zu einer einheitlichen Aufstandsarmee auf durchaus natürliche Weise, weil die Umstände und die Massen dies forderten.

Eben um diese Zeit im September 1918, erhielt Machno den Titel »Batjko«, d.h. Führer der ukrainischen revolutionären Aufstandschaft. Dies geschah folgendermaßen:

Die ortseingesessenen Gutsbesitzer, die sich in den großen Zentren versteckt hielten, die Großbauern und das deutsche Kommando hatten beschlossen, Machno und seine Abteilung um jeden Preis zu vernichten. Die Gutsbesitzer und Großbauernsöhne hatten eine Freiwilligenabteilung eigens für den Kampf gegen Machno gebildet. Diese Abteilung nun hatte am 30. September zusammen mit den österreichischen und deutschen Truppen im Rayon Groß-Michailowka Machno umzingelt und auf allen Wegen starke militärische Kommandos aufgestellt. In diesem Augenblick hatte Machno nur 30 Mann und ein Maschinengewehr bei sich. Ihm blieb nichts anderes übrig, als sich zurückzuziehen und zwischen den zahlreichen Feinden zu lavieren. Als Machno in den Dibriwsker Wald geraten war, erwies sich seine Lage als überaus schwierig. Alle Rückwege hatte der Feind besetzt Es war unmöglich, sich mit der Abteilung durchzuschlagen, doch hielt es Machno für unter seiner revolutionären Würde, allein seine Rettung zu suchen. Nach einigem Überlegen beschloß er am nächsten Tage wieder ins Dorf Groß-Michailowka (Dibriwki) zurückzukehren. Am Waldesrande kamen den Freischärlern einige Bäuerinnen entgegen, die sie warnten: in Dibriwki habe der Feind sehr große Streitkräfte zusammengezogen, und sie müßten nun zusehen, daß sie auf der anderen Seite eiligst hinauskämen. Diese Mitteilung konnte aber Machno und seine Leute nicht an ihrem Vorhaben hindern. Obwohl die weinenden Frauen alles aufboten, um sie zurückzuhalten, rückten sie dennoch gegen Groß-Michailowka vor. Unter Beobachtung der gebotenen Vorsichtsmaßregeln ritten sie nahe ans Dorf heran; Machno selber ritt mit einigen seiner Gefährten auf Kundschaft aus; auf dem Kirchplatz hatte der Feind sein Lager aufgeschlagen; da gab es Dutzende von Maschinengewehren, hunderte von gesattelten Pferden und Kavalleristen, die dort gruppenweise biwakierten. Von den Bauern erfuhren sie, daß ein österreichisches Bataillon und eine Abteilung der Gutsbesitzerwehr im Dorf stünde. An einen Rückzug war nicht mehr zu denken. Da wandte sich Machno mit der ihm eigenen Festigkeit und Entschlossenheit an seine Truppe mit diesen Worten: »Nun, Freunde! Hier werden wir alle gleich unser Leben lassen.« Das war ein ernster Augenblick, voller seelischer Spannung und voller Schwung. Alle dreißig Mann hatten nur einen Weg, den sie beschreiten konnten - nämlich vorwärts gegen den Feind, d.h. gegen etwa tausend gut bewaffnete Kämpfer, und alle waren sich dessen bewußt, daß nun ihr Ende gekommen war. Alle waren erregt, ließen aber den Mut nicht sinken. In diesem Augenblick nun richtete einer der Freischärler - namens Stschussj - an Machno diese Worte:

»Von nun ab sei du der Batjka über uns alle; wir schwören, wir wollen zusammen mit dir in den Reihen der Aufständischen sterben.« Hier war es auch, wo die ganze Abteilung den Schwur ablegte, nie die Reihen der Aufständischen zu verlassen, Machno aber als den Batjka der gesamten revolutionären Aufstandschaft zu betrachten. Hierauf gingen sie zum Angriff vor. Stschussj sollte mit einem Trupp von sechs oder sieben Mann seitwärts vorstoßen und dem Feind in die Flanke fallen. Machno selber unternahm mit den übrigen einen Frontalangriff. Mit lautem »Hurrah« stürzten sich die Freischärler mitten in den Feind, mit Säbeln, Flinten und Revolvern angreifend. Der Überfall hatte eine verheerende Wirkung.

Der Feind, der auf gar nichts gefaßt war, wurde sofort über den Haufen gerannt; die Flucht war panikartig; jeder rettete sich, wie er gerade konnte; Waffen und Maschinengewehre blieben liegen; die Pferde ließ man stehen. Die Aufständischen ihrerseits gaben dem Feind nicht Zeit, sich zu besinnen und etwa festzustellen, wie stark der Angreifer war, um zum Gegenangriff vorzugehen; vielmehr wurden sie in getrennten, einzelnen Trupps in die Flucht gejagt und in voller Karriere niedergemacht. Ein Teil der Gutsbesitzerwehr flüchtete in den Fluß Woltschja, wo sie von den herzueilenden ortseingesessenen Bauern ersäuft wurden. Kurz – die Niederlage war eine vollständige.

Die ortseingesessene Bauernschaft wie auch hier zusammengekommene Abteilungen aufständischer Revolutionäre begrüßten die Helden in feierlicher Weise. In vollem Einvernehmen wurde hier der Beschluß gefaßt, Machno als den Batjka der gesamten ukrainischen revolutionären Aufstandschaft zu betrachten.

Zwei Tage nach diesem Ereignis rückte eine Menge österreichischer und deutscher Truppen, desgleichen Abteilungen der Gutsbesitzer- und Großbauernwehr, die aus allen Rayons zusammengezogen wurden, vor, Groß-Michailowka einschließend. Um den 5. Oktober begannen die deutschen Truppen das Dorf heftig zu beschießen; nachdem sie es zur Genüge mit ihren Geschossen zerstört hatten, führten sie ihre Infanterie und Großbauernabteilungen ins Dorf, die mit Exekutionen gegen die Einwohner vorgingen und schließlich das Dorf an allen vier Ecken in Brand steckten. Zwei Tage lang brannte Groß-Michailowka und zwei Tage lang währten die unerhörten Repressalien der Großbauern und der deutschen Truppen gegen die armen Bauern.

Diese Sache trug noch mehr dazu bei, die Bauernschaft des Rayons fest zusammenzufügen und steigerte deren revolutionäres Bewußtsein bedeutend.

Die große Masse der Bauernschaft, die Kernbevölkerung der Flecken und Dörfer gehörte den Abteilungen natürlich nicht als Freischärler an, stand aber dennoch in engster Fühlung zu den einzelnen Trupps. Diese Bauernschaft war es, die ihnen Lebensmittel, Pferde und Fourage verschaffte, die ihnen nötigenfalls Nahrung in den Wald brachte, die Freischärler über alle Bewegungen des Gegners unterrichtete und sich gelegentlich in großen Massen den

Abteilungen anschloß, um gemeinsam irgendeine bestimmte revolutionäre Aufgabe durchzuführen; in solchen Fällen kämpften sie im Verlauf etlicher Tage Schulter an Schulter mit den Freischärlern, um dann wieder zu ihrer gewohnten Arbeit zurückzukehren.

Bemerkenswert ist in dieser Hinsicht die Besetzung von Gulai-Pole durch die Freischärler kurz vor dem Sturz des Hetmans und vor der Zersetzung der österreichischen und deutschen Truppen. Machno hatte Gulai-Pole mit einer kleiner Abteilung besetzt. Die Österreicher die in Pologi standen, hatten ihre Truppen dorthin geschickt. Im Verlauf des Tages erhielt Machno keine Hilfe und mußte das Dorf wieder aufgeben. Doch gegen Abend kamen ihm einige hundert Bauern aus Gulai-Pole zu Hilfe, und so gelang es ihm, sich gegen eine ganze österreichische Abteilung zu halten. Bei anbrechendem Morgen gingen die Bauern wieder heim, weil sie fürchteten von irgend einem Mitbewohner etwa, der sie tagsüber in der Freischärlerabteilung hätte sehen können, verraten zu werden. Und so mußte denn Machno, dank der numerischen Überlegenheit seines Gegners, für die Dauer des Tages wieder aus dem Dorf abziehen. Gegen Abend ging er wieder zum Angriff über, nachdem ihm die Bauern hatten sagen lassen, daß sie bei eintretender Dunkelheit ihm zu Hilfe eilen würden. Wieder besetzte er das Dorf und vertrieb die Österreicher mit Hilfe der ortseingesessenen Bauern. So ging das drei oder vier Tage lang, bis Gulai-Pole schließlich endgültig an die Aufständischen überging. Eine derartig lebendige Verbindung der großen Massen der Bauernschaft mit Machnos revolutionären Freischärlern bestand allerorten. Dieser Verbindung kam insofern die größte Bedeutung zu, als sie es war, die der revolutionären Aufstandschaft das Ausmaß und den Charakter einer allgemeinen Bauernbewegung verlieh.

4. Der Sturz des Hetmans – Petljura – Der Bolschewismus

Die Konterrevolution der Gutsbesitzer in der Ukraine, die im Hetmanat ihren Ausdruck fand, war ohne Zweifel ein Kunstprodukt und vom deutschen und österreichischen Imperialismus großgezogen worden. Die ukrainischen Großgrundbesitzer und Kapitalisten hätten sich im stürmischen Jahre 1918 wohl keinen einzigen Tag halten können, wenn sie nicht von der deutschen Armee gestützt worden wären. Nach ungefährer Schätzung war die Ukraine von einer mindestens fünf mal hunderttausend Mann starken deutschen und österreichisch-ungarischen Armee besetzt worden. Vielleicht war diese Armee auch noch stärker. Diese ganze Truppenmasse war planmäßig über die ganze Ukraine verteilt und zwar in den jeweilig revolutionärsten und unruhigsten Rayons. Sofort nach ihrem Einrücken in die Ukraine ließ sie es sich durchaus angelegen sein, die Interessen der Konterrevolution in Obacht zu nehmen, was aber die werktätige Bauernschaft betraf, so verhielt sie sich zu ihr, wie sich ein Sieger im besetzten Land zu verhalten pflegt. So hatte denn die ukrainische Bauernschaft im Verlauf der Konterrevolution nicht nur gegen diese, sondern gegen die ganze Masse der deutschen und österreichischen Armee anzukämpfen. Trotz dieser Stütze aber konnte die Konterrevolution keinen Augenblick festen Boden unter den Füßen finden und begann sich mit zunehmender Entwicklung des Bauernaufstandes zu zersetzen. Aber auch die österreichischen und deutschen Truppen begannen sich unter den Stößen dieses Aufstandes zu zersetzen. Als sie unter dem Anhauch der revolutionären Aufstandschaft einerseits und unter dem Einfluß des politischen Umsturzes in Österreich und in Deutschland andererseits ihre Bedeutung eingebüßt hatten und wieder in die Heimat abgeschoben wurden, zeigte es sich, daß die ganze ukrainische Konterrevolution gleichsam in der Luft hängen blieb. Die Tage, ja die Augenblicke ihres Daseins waren gezählt. Ihre Schwäche und ihre Feigheit war dabei so groß, daß sie sich überhaupt zu keinem Widerstand aufzuraffen vermochte. Der Hetman suchte auf dem Weg über die durch die Bauernaufstände am wenigsten gefährdeten Ortschaften dorthin zu entkommen, wo ihn der deutsche Imperialismus künstlich ins Leben gerufen hatte. Die Gutsbesitzer hatten aber noch vor dem Hetman das Weite gesucht.

Mit diesem Augenblick beginnen in der Ukraine drei grundlegende, doch voneinander durchaus verschiedene gesellschaftliche Kräfte wirksam zu werden: die Petljurowstschina, der Bolschewismus und die Machnowstschina. Jede dieser Kräfte nahm im Lauf der Zeit den beiden anderen gegenüber eine ausgesprochen unversöhnliche, feindliche Haltung ein. Um das Wesen der Machnobewegung möglichst genau zu schildern, müssen wir zuvor einige Worte über die klassenmäßige und soziale Natur der Petljurowstschina sagen. Es war eine Bewegung der nationalen ukrainischen Bourgeoisie, die nach der politischen und wirtschaftlichen Herrschaft im Land strebte. Etwa die französische oder die Schweizer Republik galten ihr als Musterbeispiel für den politischen Aufbau eines Landes. Zur Zeit kann diese Bewegung durchaus nicht als sozial bezeichnet werden, vielmehr ist sie ausschließlich politischer und nationalistischer Art. Die Versprechungen, die soziale Lage der Werktätigen zu verbessern, wie sie in ihrem Programm zu finden sind, sind recht eigentlich nur ein Tribut, der der revolutionären Zeit gezollt wird, die Fahne unter der es leichter scheinen mochte, bestimmte Ziele zu erreichen.

Bereits in den ersten Tagen der Märzrevolution 1917 trat an die liberale ukrainische Bourgeoisie die bedeutsame Frage einer nationalen Loslösung von Rußland heran. Weite Kreise des Großbauerntums, die liberale Intelligenz, die gebildeten Kreise der Ukrainer schlossen sich dieser Bewegung an und legten so den Grund zu der Bewegung, die nach politischer Unabhängigkeit strebte. Ihre Führer richteten alsbald ihr Augenmerk auf die große Masse der ukrainischen Soldaten, die an der Front und in der Etappe waren. Sie wurden in nationaler Weise zu besonderen ukrainischen Regimentern umformiert.

Im Mai 1917 war von den Führern der Bewegung ein richtiger militärischer Kongreß organisiert worden, der ein oberstes militärisches Komitee (Generalkriegskomitee) kreierte, das zum eigentlich leitenden Organ der ganzen Bewegung wurde. Dann wurde das Komitee umbenannt und erhielt den Namen »Rada«. In der Folge wurde dann im November 1917 auf dem allukrainischen Kongreß die Zentralrada als Parlament der ukrainischen demokratischen Republik organisiert und bestätigt. Und genau nach einem Monat wurde vom »Universal« dieser Rada die Selbständigkeit und Unabhängigkeit der Ukrainischen Demokratischen Republik proklamiert. Auf diese Weise entstand zur Zeit des Kerenskiregimes in der Ukraine ein neues, selbständiges Staatswesen, das sich im ganzen Gebiet als herrschende Macht festzusetzen begann. Das war das Petljura-Regime, die Petljurowstschina, so genannt nach Ssemjon Petljura, einem der aktiven Führer der Bewegung.

Die Entwicklung und Verankerung der Petljurowstschina als der staatlichen Macht in der Ukraine war für den Bolschewismus, der die Macht in Großrußland bereits an sich gerissen und sie auf die Ukraine auszudehnen begonnen hatte, ein harter Schlag. Seine Lage in Großrußland ohne die ganze Ukraine hätte sich auch in der ersten Zeit als recht schwierig erwiesen. So rückten denn die Bolschewiki mit ihren Truppen in Eilmärschen gegen Kiew an. Vom 11. bis zum 25. Januar 1918 wurde zwischen den Bolschewiki und den Petljuratruppen hart um Kiew gekämpft. Am 25. Januar eroberten die Bolschewiki Kiew und begannen dann von hier aus, ihre Herrschaft über die ganze Ukraine auszudehnen. Die Petljuraregierung und die Politiker dieser Bewegung zogen in den Westen des Landes ab und protestierten von dort aus gegen die Besetzung der Ukraine durch die Besatzungsarmee der Bolschewiki.

Diesen gelang es indessen diesmal nicht, sich lange in der Ukraine zu halten, – nur etwa zwei bis drei Monate; im März/April 1918 zogen sie wieder nach Großrußland ab, wodurch sie die Ukraine der deutschen und österreichischen Besatzungsarmee freigaben. Dies machten sich die Putljurowzi zunutze: Ihre Regierung kehrte in Gestalt der Zentral-Rada und des Ministerkabinets wieder nach Kiew zurück. Diesmal nannte man die Republik nicht demokratische, sondern Ukrainische Volksrepublik. Die Regierung dieser Republik stützte sich natürlich wie jede Regierung vor allem Dingen auf die Truppen und fragte das Volk bei ihrem Einzug in Kiew gar nicht, ob sie ihm erwünscht käme oder nicht. Sie hatte die Gelegenheit beim Schopf ergriffen, war einfach ins Land eingerückt und erklärte, sie wäre die nationale Regierung. Als Beweis hierfür diente in erster Linie das Bajonett.

Aber auch dieses Mal war es Petljura und seinem Anhang nicht beschieden, lange an der Spitze des Staates zu stehen. Dem österreichischen und deutschen Oberkommando, das die Ukraine besetzt hatte, erschien es vorteilhafter, mit den ehemaligen Herren der Ukraine, nämlich den Generälen und Gutsbesitzern, zu tun zu haben als mit Petljura und seinem Anhang. Daher verfuhren sie sehr einfach: Mit Hilfe ihrer Militärmacht beseitigten sie die Regierung der Petljura-Republik und setzten an deren Stelle die autokratische Regierung des Hetmans Skoropadski. Mit diesem Augenblick beginnt die Reaktion der Großgrundbesitzer und Generäle in der Ukraine. Im Hinblick auf diese Reaktion nahmen Petljura und sein Anhang eine politisch revolutionäre Stellung ein. Sie warteten auf deren Zusammenbruch, um sich dann wieder an die Spitze des Staates zu stellen. Petljura selber wurde verhaftet und alsdann gezwungen, seine politische Laufbahn aufzugeben. Doch schon nahte das Ende der Konterrevolution des Hetmans und deren Zusammenbruch unter den Schlägen der überall aufflammenden Bauernaufstände deutete sich an. Die Petljurowzi fühlten das und begannen, noch vor dem endgültigen Sturz des Hetmans, ihre Macht an verschiedenen Orten in der Ukraine zu organisieren und Truppen zu formieren. Dieses Vorhaben wurde durch die ganze Lage wesentlich begünstigt. In der Bauernschaft regte es sich; hunderttausende von Unzufriedenen warteten nur auf das erste Zeichen, um sich gegen den Hetman und seine Regierung zu erheben. Noch war der Hetman in Kiew, während eine Reihe von größeren Städten im Süden der Ukraine sich in den Händen der Petljuratruppen befanden. Ebenda – in der Provinz – war das Zentralorgan der Petljuraregierung – das Direktorium – gebildet worden. Petljura und sein Anhang hatten Eile, ihre Machtstellung zu erweitern und zu befestigen, indem sie sich den Umstand zu nutze machten, daß es zur Zeit andere starke Prätendenten in der Ukraine nicht gab und vor allen Dingen die Bolschewiki nicht da waren. Im Dezember 1918 floh Skoropadski und eben um dieselbe Zeit traf das Petljura-Direktorium mit Petljura und den übrigen Regierungsvertretern der Volksrepublik an der Spitze in Kiew ein.

Der Aufschwung in den Massen der Bevölkerung war enorm. Die Petljuraleute ließen es sich angelegen sein, in ihrer Eigenschaft als nationale Vorkämpfer mitten im Zentrum dieser Bewegung zu stehen. Binnen kurzem erstreckte sich ihre Macht über den größten Teil der Ukraine. Nur im Süden im Rayon der Machnoschen Bauernbewegung hatten sie keinen Erfolg, im Gegenteil, sie stießen auf Widerstand und erlitten sogar empfindliche Schläge. In allen großen Zentren des Landes aber triumphierten die Petljurowzy, und stolz wehte ihr Banner durch die Lüfte. Es schien, als beginne die separatistische ukrainische Bourgeoisie festen Boden unter den Füßen zu gewinnen. Doch erwies sich das als ein Irrtum.

* * *

Noch hatte die neue Regierung nicht Zeit gefunden sich festzusetzen, als sich bereits rings um sie her als eine Folge der Klassengegensätze Zersetzungserscheinungen bemerkbar machten. Millionen von Bauern und Arbeitern, die in den Tagen der Niederwerfung des Hetmans sich in der Einfluß-Sphäre und unter der Führung der Petljurowzy befunden hatten, begannen nun in großen Massen sich zurückzuziehen und waren darauf bedacht, für ihre Volksinteressen und Bestrebungen einen passenden Rückhalt zu finden. Die Mehrheit der Masse zog sich in Dörfer und Flecken zurück und nahm dort eine feindliche Stellung zu der neuen Regierung ein. Viele schlossen sich den revolutionären aufständischen Abteilungen Machnos mit dessen Kampflosungen gegen die Ideen und gegen die Macht der Petljurowzy an. So kam es, daß diese letzteren durch den Gang der Ereignisse ebenso schnell entwaffnet wurden, wie sie unerwartet und schnell zu Waffen gekommen waren. Ihre Idee von einer bourgeoisen Selbständigkeit, von einer bourgeoisen Einheit der Nation, hatte sich im revolutionären Volk nur einige Stunden lang erhalten können. Der heiße Atem der Volksrevolution fegte diese trügerische Idee hinweg und brachte die Träger dieser Idee in eine ganz hilflose Lage. Inzwischen rückte aber von Norden her der kriegerische Bolschewismus in Eilmärschen heran; in allen Methoden der Klassenagitation war er wohl erfahren und vom festen Willen beseelt, in der Ukraine die Macht zu ergreifen. Genau einen Monat nach dem Eintreffen des Petljura-Direktoriums in Kiew rückten bolschewistische Truppen in die Stadt ein. Seit dieser Zeit setzte sich im größten Teil der Ukraine die kommunistische Macht der Bolschewiki wiederum durch.

Der Bolschewismus. Seine klassenmässige Natur

Wir hatten bereits im ersten Kapitel darauf hingewiesen, daß der ganze sogenannte sozialistische Aufbau, der gesamte staatliche Sowjetapparat für die Regierung des Landes, die neuen gesellschaftlichen und politischen Verhältnisse - mit einem Wort alles, was der Bolschewismus in der russischen Revolution durchsetzt, - nichts anderes ist, als die Verwirklichung der Lebensinteressen der sozialistischen Demokratie und Durchsetzung ihrer Klassenherrschaft im Land. Die Arbeiter und Bauern, deren Name unendlich oft im Verlauf der ganzen russischen Revolution mißbraucht wurde, sind nichts anderes als eine Brücke, die als solche von einer neuen Kaste, nämlich vom vierten Stande, benutzt wird, um zur Macht zu gelangen.

Dieser Stand hatte in der russischen Revolution im Jahre 1905 eine Niederlage erlitten. Nachdem es ihm gelungen war, die Führung der Arbeiterbewegung zu ergreifen, beabsichtigte er damals, seine Ideen auf gut eingefahrenem politischem Weg zu verwirklichen und mit dem überall bekannten Minimalprogramm zu beginnen. Geplant wurde in der ersten Zeit, das zaristische Regime zu stürzen und die republikanische Regierungsform im Land durchzusetzen. Alsdann wollte man auf parlamentarischem Weg, wie das von der Demokratie in Westeuropa und in Amerika gemacht wird, die Macht an sich zu bringen suchen. Bekanntlich erlitt diese 1905 geplante Demokratie eine völlige Niederlage, weil sie den erforderlichen Rückhalt bei den Arbeitern und Bauern nicht fand. Nicht richtig ist es, wenn die Niederlage der Revolution des Jahres 1905 von einigen als Folge der gewalttätigen und rohen zaristischen Macht dargestellt wird. Die Ursachen für diese Niederlage lagen viel tiefer - im Charakter der Revolution selbst begründet.

Bereits in den Jahren 1900 bis 1903 war es im Süden Rußlands, dann auch im Norden und in anderen Teilen des Landes zu riesigen wirtschaftlichen Massenstreiks gekommen. Die Bewegung hatte zunächst ihre Ziele nicht klar präzisiert, doch offenbarte sich der Charakter dieser Bewegung von vornherein seiner klassenmässigen, seiner sozialen Natur nach. Die sozialistische Demokratie schloß sich von außen her dieser Bewegung an und war darauf bedacht, sie auf den Weg eines rein politischen Kampfes zu rücken. Dank ihrer zahlreichen, vortrefflich organisierten Parteien, die den gesamten Bereich der politischen Propaganda beherrschten, war es ihr gelungen, alle lebendigen, sozialen Losungen aus der Bewegung auszumerzen und die politischen demokratischen Losungen an deren Stelle zu setzen. Diese Losungen waren es auch, die die Revolution von 1905 beherrschten. Eben darum aber, weil die Revolution sich Losungen angeeignet hatte, die dem Volk fremd waren, erlitt sie auch ihre Niederlage. Nachdem die sozialen Elemente aus der Revolution vertrieben worden waren, desgleichen das soziale Programm der Werktätigen ausgemerzt war, hatte die Demokratie eben hierdurch die Revolution entkräftet und den gewaltigen Drang des Volkes zur letzteren abgewürgt. Die Revolution von 1905 mißlang nicht etwa darum, weil der Zarismus zu mächtig gewesen wäre, sondern weil sie dank ihrer engen politischen Einstellung nicht imstande war, die großen Massen des Volkes mitzureißen. Nur ein Teil des städtischen Proletariats hatte sich ihr angeschlossen, während die Bauern in der großen Masse sich überhaupt kaum vom Flecke rührten. Der Zarismus, der schon zu Konzessionen bereit gewesen war, fand sich alsbald wieder zurecht, als er die wahre Sachlage erkannte, und schlug diese halbe Revolution nieder. Die Vertreter der revolutionären Demokratie, die die Bewegung geführt hatten, flüchteten ins Ausland. Eine solche Lehre aber, wie diese Niederwerfung der Revolution, konnte an ihnen nicht spurlos vorüber gehen. Der linke Flügel der Demokratie, nämlich die Bolschewisten, hatten sie sich wohl gemerkt. Sie hatten wahrgenommen, daß in Rußland von einer rein politischen Revolution keine Rede sein könne, daß die soziale Frage in den Massen herangereift war, und daß eine siegreiche Revolution in Rußland nur als soziale Bewegung der Arbeiter und Bauern möglich wäre, sofern diese Bewegung darauf ausging, sowohl das politische als auch das wirtschaftliche Regime der bestehenden Ordnung zu stürzen. Der imperialistische Krieg 1914 bis 1917 konnte eine solche Einstellung der Revolution nur noch verstärken und befestigen. Er enthüllte das wahrhafte Antlitz der Demokratie und zeigte, daß die Monarchie der Demokratie, und die Demokratie der Monarchie wohl wert war; daß die eine wie die andere sich als Ausbeuter und Mörder der Volksmassen erwiesen. Hatte es schon vor Ausbruch dieses Krieges in Rußland an jedem Grund für eine rein politische Revolution gefehlt, so erstickte der imperialistische Krieg selbst die Idee einer solchen Revolution.

Wie durch eine Feuerzone ist die Welt und die heutige Gesellschaft schon längst in zwei grundlegende, einander feindliche Lager gespalten - in Kapital und Arbeit; die politischen Unterschiede der einzelnen Ausbeuterstaaten sind ausgeglichen. Der Sturz des Kapitals als die Grundlage der Knechtschaft, - das ist der Gedanke, von dem die Massen einzig und allein beherrscht sind, so oft sie ihre Blicke auf die Revolution lenken. Sie verhalten sich zu den politischen Umwälzungen der vergangenen Jahre vollkommen gleichgültig So sieht die Wirklichkeit in Rußland aus. Dasselbe gilt aber auch von Westeuropa und von Amerika. Dieses nicht sehen und nicht erkennen wollen - wäre gleichbedeutend mit nicht wieder gut zu machender Rückständigkeit.

Der Bolschewismus hat diese Seite der Wirklichkeit richtig erkannt und sein politisches Programm rasch umgebaut. Er gewahrte die kommende Massenrevolution in Rußland, die es auf die Grundfesten der zeitgenössischen Gesellschaft abgesehen hatte - auf das Agrar-, Industrie- und Handelskapital, - er gewahrte die vom Schicksal gezeichnete Klasse der Eigentümer in Stadt und Dorf und zog hieraus seine Folgerungen: Ist dem so, ist eine gewaltige soziale Explosion in Rußland nicht zu vermeiden, so muß die Demokratie ihre historischen Aufgaben auf Grundlage dieser Explosion verwirklichen. Sie muß die revolutionären Kräfte des Volkes zu benutzen verstehen, muß bei der Niederwerfung der Bourgeoisie an des Volkes Spitze marschieren, die Regierungsgewalt an sich reißen und das Gebäude ihrer Herrschaft auf den Grundlagen des staatlichen Sozialismus errichten. Das war es auch, was der Bolschewismus mit Erfolg im Verlauf der revolutionären Voroktober- und Oktoberbewegung der Massen durchführte. Seine gesamte fernere Tätigkeit im Rahmen der russischen Revolution wird nichts weiter sein als eine detaillierte Verwirklichung einer staatlichen Vorherrschaft der Demokratie.

Ohne Zweifel ist der Bolschewismus eine historische Erscheinung im russischen und im internationalen Leben. Er bringt nicht nur den sozialen, sondern auch den psychologischen Typus zum Ausdruck. Er hat eine numerisch starke Gruppe von Persönlichkeiten in den Vordergrund gerückt, die zäh sind, gebieterisch auftreten, denen jede gesellschaftliche oder moralische Sentimentalität fern liegt und die im Kampf um ihren Sieg überhaupt vor keinem Mittel zurückschrecken. Er hat auch einen Führer, der dieser Gruppe entsprach, in den Vordergrund gerückt. Lenin ist nicht nur Parteiführer, er ist, was ungleich wichtiger ist, der Führer eines ganz bestimmten psychologischen Typus von Menschen. In ihm ist dieser Typus am vollkommensten und machtvollsten vertreten, und hiernach wird die Auswahl und Gruppierung der offensiven Kräfte der Weltdemokratie vorgenommen. Der grundlegende Zug der Psychologie des Bolschewismus ist: Behauptung seines eigenen Willens durch gewaltsame Beseitigung des Willens aller anderen; absolute Unterdrückung der Persönlichkeit und deren Gleichsetzung mit einem seelenlosen Gegenstande. Unschwer läßt sich an diesen Merkmalen die alte Herrschernatur der Menschen erkennen. Und tatsächlich, - der Bolschewismus dokumentiert sich im Verlauf der ganzen russischen Revolution ausschließlich mit gewalttätigen Gesten. An ihm ist auch nicht eine Spur davon zu finden, was das grundlegende Merkmal der künftigen, wahrhaft sozialen Revolution der Werktätigen ausmachen wird - nämlich der Arbeitshunger, das Verlangen, zu arbeiten, ohne Arme, Schultern und Rücken zu schonen, zu arbeiten mit allen zur Verfügung stehenden Kräften, so daß man um des Volkswohles willen alles andere um sich her vergißt. Alle seine zu Zeiten gewaltigen und hartnäckigen Anstrengungen beschränkten sich auf die Tatsache, Organe der Macht zu schaffen, die im Hinblick auf das Volk sich in gar nichts von den ehemaligen, befehlshaberischen Drohungen und dem Geschrei unterscheiden. Wir wollen einen Augenblick bei den Umgestaltungen verweilen, die der Bolschewismus im Leben der Arbeiter und Bauern, entsprechend seiner kommunistischen Ideologie, vorgenommen hat. Die Nationalisierung der Industrie, des Landes, der städtischen Wohnungen, des Handels und das Wahlrecht der Arbeiter und Bauern - das sind die Grundlagen des reinen bolschewistischen

Kommunismus. Die »Nationalisierung« prägte sich konkret in der absoluten Verstaatlichung aller Formen des Volkslebens aus. Nicht nur die Industrie, das Transportwesen, das Bildungswesen, die Versorgungsstellen usw. wurden zum Eigentum des Staates, sondern auch die gesamte Arbeiterklasse, jeder Arbeiter im einzelnen, seine Arbeit und Energie, die gewerkschaftlichen und kooperativen Organisationen der Arbeiten und Bauern wurden desgleichen verstaatlicht. Der Staat ist alles, der einzelne Arbeiter nichts. Das ist das vornehmste Gebot des Bolschewismus. Personifiziert wird der Staat aber durch Beamte, und faktisch haben sie alles zu bedeuten, die Arbeiterklasse aber nichts.

Die Nationalisierung der Industrie befreite die Arbeiter aus den Händen einzelner Kapitalisten, lieferte sie aber den noch zäher zugreifenden Händen eines allgegenwärtigen Ausbeuter-Kapitalisten, nämlich des Staates, aus. Die Beziehungen zwischen dem Arbeiter und diesem neuen Arbeitergeber sind genau dieselben, wie sie früher zwischen Arbeit und Kapital bestanden haben, nur mit dem Unterschied, daß der kommunistische Arbeitgeber, d.h. der Staat, die Werktätigen nicht nur ausbeutet, sondern sie auch selber straft, da diese beiden Funktionen – Ausbeutung und Strafe – in ihm allein verbunden sind. Der Verkauf der Arbeitskraft blieb genau in derselben Form wie früher bestehen und nahm den Charakter einer staatlichen Verpflichtung an. Die Gewerkschaftsverbände verloren alle ihre natürlichen Rechte und wurden zu polizeilichen Kontrollorganen der Arbeitermassen. Die Festsetzung der Tarife, des Arbeitslohnes, Anstellung und Entlassung von Arbeitern, die allgemeine Leitung der Unternehmungen, die Arbeitseinteilung in den einzelnen Betrieben usw., alles das ist Monopol der Partei, ihres Organe oder ihrer Agenten. Die Rolle der Gewerkschaftverbände auf diesem wie auf allen übrigen Gebieten der Produktion ist eine rein kultische: Sie müssen die bereits fertiggestellten Parteiresolutionen, gegen die nicht protestiert werden darf, die auch nicht mehr verändert werden dürfen, unterschreiben.

Es liegt auf der Hand, daß hier einfach anstelle des privaten Kapitalismus der staatliche Kapitalismus getreten ist. Die kommunistische Nationalisierung der Industrie stellt einen neuen Typus der Produktionsverhältnisse dar, wobei die wirtschaftliche Knechtung, die wirtschaftliche Abhängigkeit der Arbeiterklasse in einer Faust, nämlich im Staate, konzentriert erscheint. Hierdurch wird die Lage der Arbeiterklasse durchaus nicht zum Besseren gekehrt. Allgemeine Arbeitspflicht (der Arbeiter natürlich) und Militarisierung der Arbeit, das ist der Geist der nationalisierten Fabrik. Ein Beispiel mag das erläutern. Im August 1918 herrschte Erregung unter den Arbeitern der ehemaligen Prochorowschen Manufakturwarenfabrik in Moskau wegen unzureichender Löhne und wegen des auf der Fabrik herrschenden Polizeiregimes; die Arbeiter drohten mit einer Revolte. Sie veranstalteten einige Versammlungen in der Fabrik, trieben das Fabrikkomitee, das gleichzeitig Keimzelle der Partei war, auseinander und nahmen sich a conto ihres Arbeitslohnes einen Teil der von ihnen verfertigten Manufakturwaren. Die Mitglieder der Zentralverwaltung des Textilverbandes betrachteten die Frage, nachdem die Arbeitermasse jede Auseinandersetzung mit ihnen abgelehnt hatte, folgendermaßen: Das Betragen der Prochorowschen Arbeiter wirft einen Schatten auf die Autorität der Sowjetregierung; ein noch schärferes Auftreten der Arbeiter würde die Sowjetregierung in den Augen der Arbeiter anderer Unternehmungen schänden; dieses darf nicht geduldet werden, darum muß die Prochorowsche Manufaktur geschlossen, die Arbeiter müssen entlassen und auf der Fabrik müsse eine Kommission eingesetzt werden, die dort ein festes Regime organisieren solle; dann erst müßte ein neuer Stamm von Arbeitern eingestellt werden. So geschah es auch. Es erhebt sich die Frage, wer waren denn diese drei, vier Menschen, die über das Schicksal einer vieltausendköpfigen Arbeitermasse frei entscheiden konnten? War ihnen ihre Stellung von der Masse zugebilligt worden? Hatte sie ihnen diese große Macht verliehen? Nicht im Entferntesten. Sie waren von der Partei ernannt worden, und darauf beruhte auch ihre Macht. Das angeführte Beispiel ist nur eines von tausenden. In ihm spiegelt sich wie in einem Tropfen Wasser die Rechtslage der Arbeiterklasse bei nationalisierter Produktion wieder.

Was verbleibt nun den Arbeitern und deren Organisationen? Ein sehr dürftiger Anteil – das Recht, für diesen oder für jenen Abgeordneten der Sowjets, die der Partei vollkommen unterstellt sind, zu stimmen.

Die Lage der Werktätigen im Dorf ist noch um vieles schlimmer. Die Bauern haben die Nutznießung der Ländereien der ehemaligen Gutsbesitzer, der Fürsten und anderer Großgrundbesitzer. Doch war es nicht die Kommunistische Regierung, sondern die Revolution, die ihnen diesen Segen zuteil werden ließ. Jahrzehntelang hatten sie stürmisch nach Land verlangt, und im Jahre 1917 hatten sie davon Besitz ergriffen, noch ehe die Sowjetregierung organisiert war. Wenn der Bolschewismus in der Frage der, Landenteignung zu den Bauern hielt, so tat er das nur darum, weil es für ihn keine andere Möglichkeit gab, die grundbesitzende Bourgeoisie zu stürzen. Keineswegs folgt aber hieraus daß die nun folgende kommunistische Regierung die Absicht hatte, den Bauern Land zuzuteilen. Ganz im Gegenteil: Das Ideal dieser Regierung ist Organisierung einer einheitlichen agraren Wirtschaft, die immer wieder dem einen Arbeitgeber, nämlich dem Staat gehört; Sowjetlandwirtschaften, die von gemieteten Arbeitern und Bauern bestellt werden – das ist das Muster, nach welchem die kommunistische Regierung verfährt, um die verstaatlichte Landwirtschaft im ganzen Land zu organisieren. Sehr klar und einfach haben sich die bolschewistischen Führer lange nach den ersten Revolutionstagen hierüber ausgesprochen. In der Nummer 13 der »Kommunistischen Internationale« werden in der die Agrarfrage betreffenden Resolution (auf Seite 2435-2445 der russischen Ausgabe) genaue Hinweise betr. der Organisierung der staatlichen Landwirtschaft im angeführten Sinne gegeben. In derselben Resolution heißt es, daß man sich an die Organisierung von kollektiver Landbewirtschaftung (soll heißen staatlich-kapitalistischer) stufenweise und mit größter Vorsicht zu machen habe. Das ist ohne weiteres verständlich, würde doch der schroffe Übergang von vielen Millionen Bauern aus dem Stande selbständiger Besitzer in den Stand von Mietlingen des Staates einen gefährlichen Sturm heraufbeschwören, der den kommunistischen Staat einer Katastrophe zutreiben könnte. Die konkrete Aufbauarbeit der kommunistischen Regierung im Dorf beschränkte sich zur Zeit ausschließlich auf die zwangsweise Ausfuhr von Lebensmitteln und Rohstoffen aus Flecken und Dörfern und auf den Kampf gegen die Bauernbewegung, die aus diesem Grunde entbrannt war. Die politischen Rechte der Bauernschaft beschränken sich auf die Verpflichtung, Dorf- und Kreissowjets zu organisieren, die der Partei ganz untergeordnet sind. Außerdem stehen den Bauern keine anderen Rechte zu. Die nach Millionen zählende Bauernschaft eines beliebigen Gouvernements würde, auf die politische Wage gelegt, leichter wiegen, als jedes beliebige Gouvernementskomitee der Partei. Kurz gesagt, statt irgend welcher Rechte können wir nur eine gen Himmel schreiende Rechtlosigkeit der Bauern feststellen. Der staatliche Sowjetapparat ist so beschaffen, daß alle führenden Fäden dieses Apparates in den Händen der Demokratie zusammenlaufen, die sich fälschlicherweise als die Vorhut des Proletariats ausgibt. Ganz gleich welchem Gebiet der Staatsverwaltung wir uns zuwenden mögen, überall werden wir in führender Stellung immer den unwandelbaren, allgegenwärtigen Demokraten vorfinden.

Wer ist es, der entscheidenden Einfluß auf Zeitungen, Zeitschriften und sonstige Editionen hat? Politiker sind es, die der privilegierten demokratischen Schicht entstammen.

Wer ist es, der in 50 zentralen Blättern, die sich die Führung des Weltproletariats anmaßen, schreibt, wie es die »Iswestija« der allrussischen zentralen Exekutive, der »Kommunistitschesky International« oder das Organ des zentralen Komitees der Partei sind? Ausschließlich Gruppen, die sich aus stark gesiebten intelligenten Demokraten zusammensetzen.

Von wem werden die politischen Organe geleitet, die, wie schon ihr Name besagt, nicht für Arbeitszwecke, sondern für die Politik für die Herrschaft organisiert wurden? In wessen Händen befinden sich das Zentralkomitee der Partei, der »Sownarliom« (Sowjet der Volkskommissare); der »Wzik« (Allruss. zentrale Exekutive) usw? Ganz und gar in den Händen derer, die in der Politik, abseits von aller Arbeit, groß geworden sind, und die das Wort Proletariat so aussprechen, wie etwa ein ungläubiger Priester den leeren Namen Gottes ausspricht. Und in ihren Händen befinden sich auch alle wirtschaftlichen Organe des Landes, angefangen vom »Sownarchos« bis hinunter zu den geringeren Komitees und Zentralen. So sehen wir denn, daß die ganze soziale Gruppe der Demokratie die führenden Stellungen im Staate inne hat. Die Geschichte der Menschheit kennt kein Beispiel, daß eine bestimmte soziale Gruppe, die ihre eigenen Klasseninteressen und ihren Klassenweg verfolgt hätte, den Werktätigen genaht wäre, um ihnen zu helfen. Nein, immer noch nahten solche Gruppen dem Volke, um es sich gefügig zu machen. Die Gruppe der Demokratie bildet in diesem allgemeinen sozialen Gesetz keine Ausnahme. Im Gegenteil - sie bestätigt es in vollkommener Weise.

Wenn sich im kommunistischen Staat einige Arbeiter in leitender Stellung befinden, so geschieht es ja nur zur Förderung des Knechtssystems: Sie sind es, welche der demokratischen Regierung die Illusion des Volkstümlichen verleihen und denen zementierende, verkittende Bedeutung in dem herrschaftlichen Bau der sozialistischen Demokratie zukommt. Ihre Rolle ist nebensächlicher, hauptsächlich exekutiver Art. Zudem werden ihnen auf Kosten der übrigen geknechteten Masse Privilegien zuerteilt, und sie werden aus der Mitte der sogenannten »bewußten Arbeiter« angeworben, d.h. solcher Arbeiter, welche die Grundlagen des Marxismus und der sozialistischen Bewegung der Intelligenz ohne jede Kritik übernommen haben.

Die Arbeiter und Bauern im kommunistischen Staat werden sozial geknechtet, wirtschaftlich ausgebeutet und sind politisch rechtlos. Das ist aber noch nicht alles. Nachdem sich der Bolschewismus zum Prinzip der allgemeinen Verstaatlichung bekannt hatte, mußte er unweigerlich seine Hand auch auf das geistige Leben der Werktätigen legen. Und tatsächlich dürfte es schwer halten, ein Land ausfindig zu machen, wo das Denken der Werktätigen so absolut unterdrückt wird, wie im kommunistischen Staat. Unter dem Vorwand des Kampfes gegen Bourgeoise und konterrevolutionäre Ideen wird die gesamte Presse nicht kommunistischer Observanz vernichtet, wenn diese Presse auch von den breiten Massen des Proletariats herausgebracht und unterstützt werden sollte. Es ist niemandem gestattet, laut auszusprechen, was er denkt. Wie der Bolschewismus das soziale wirtschaftliche Leben des Landes entsprechend seinem Programm organisiert hat, so hat er auch das geistige Leben des Volkes in den Rahmen dieses Programms hineingezwängt. Das lebendige Gefilde des volkstümlichen Denkens, des volkstümlichen Suchens ist zu einer düsteren Kaserne geworden, wo Parteidrill und Parteidoktrin herrschen. Denken und Fühlen des Proletariats wurde in die Parteischule getan. Jedes Bestreben, über die Mauer dieser Schule hinwegzublicken, wird für schädlich und konterrevolutionär erklärt.

Aber auch das ist noch nicht alles. Eine solche Entstellung der

Revolution und ihrer Perspektiven, wie sie vom Bolschewismus aus mit seiner Diktatur gefördert wurde, konnte nicht ohne Proteste seitens der Massen und ohne deren Streben, gegen diese Entstellungen anzukämpfen, durchgehen. Diese Proteste führten aber nicht etwa zu einer Abschwächung des politischen Druckes, sondern nur zu dessen Befestigung. Es begann die langwährende Episode des Regierungsterrors, durch den ganz Rußland in ein einziges Kolossalgefängnis verwandelt wurde, wo die Furcht als Tugend galt und die Lüge zur Pflicht wurde. Unter dem Druck des politischen Terrors, den die Regierung ausübt, lügen die Erwachsenen, lügen die lernenden Halbwüchslinge, lügen Kinder von 5-7 Jahren.

Es entsteht die Frage, wie konnte es kommen, daß sich im kommunistischen Staat eine so unmögliche soziale, politische und moralische Lage gebildet hat? Sollte die sozialistische Demokratie tatsächlich schlimmer sein als ihre Vorläuferin, die kapitalistische Bourgeoisie? Sollte sie wirklich nicht einmal jene trügerischen Freiheiten gestatten wollen, die es der Bourgeoisie Europas und Amerikas ermöglichen, den Schein des Gleichgewichts in ihren Staaten aufrecht zu erhalten? Hier handelt es sich um andere Dinge. Obwohl die Klasse der Demokratie ihr selbständiges Dasein führt, war sie in materieller Hinsicht bis zum letzten Augenblick blaß, richtiger gesagt bettelarm. Dank diesem Umstand konnte sie seit den ersten Tagen ihres politischen Auftretens in sich jene Einheit und Allgemeinheit nicht finden, die den herrschenden Klassen dank ihrer privilegierten materiellen Lage sonst wohl gegeben ist. Die Demokratie hatte nur eine Kampftruppe der Partei vorrücken können, und zwar in Gestalt der kommunistischen Partei – diese Partei nun war im Verlauf von mehr denn drei Jahren gezwungen, im gewaltigen Werke des Aufbaus des neuen Staatswesens mit ihren eigenen Kräften auskommen zu müssen. Da nun die kommunistische Partei keinen natürlichen Rückhalt hatte, weder in einer der Klassen der zeitgenössischen Gesellschaft, noch in den Arbeitern, noch in den Bauern, noch im Adel oder in der Bourgeoisie (die Demokratie selber kam, da sie wirtschaftlich nicht organisiert war, nicht in Frage) – mußte sie notgedrungen zu terroristischen Maßnahmen greifen und ein Regime allgemeiner Knechtung einführen.

Im Zusammenhang mit dem hier angeführten terroristischen Vorgehen des Bolschewismus in Rußland wird begreiflich, warum die kommunistische Regierung so unverhüllt und überstürzt in Gestalt der kommunistischen Partei, der Spitzen der Beamtenschaft und des Kommandobestandes der Armee, die neue Bourgeoisie zu vermehren und zu konsolidieren trachtet. Der letzteren bedarf sie als des natürlichen Grund und Bodens, aus dem sie lebendige Säfte schöpft, als eines ständigen klassenmäßigen Rückhaltes im Kampf gegen die werktätigen Massen.

Die ganze, von uns hier genannte kommunistische Aufbauarbeit, die den Arbeitern und Bauern nichts außer Knechtung bringt, erklären wir nicht mit den Fehlern und Verirrungen des Bolschewismus, sondern mit seinem bewußten Bestreben, die Massen zu knechten und mit seiner machthaberischen, ausbeuterischen Wesenheit.

Es fragt sich nun, was war es eigentlich, was dieser, den werktätigen Massen fremden und feindlich gesinnten Gruppe ermöglichte, die Führung über die revolutionären Kräfte des Volkes zu übernehmen, in seinem Namen an die Macht zu gelangen und die eigene Herrschaft auch wirklich zu verankern?

Hierfür sind zwei Gründe maßgebend: der zerstäubte, unorganisierte Zustand der Massen in den Revolutionstagen und der Betrug dieser Massen durch die Losungen des Sozialismus.

Die bis 1917 existierenden Gewerkschaftsorganisationen der Arbeiter und Bauern blieben hinter der aufbegehrenden revolutionären Stimmung der letzteren weit zurück. Das revolutionäre Überströmen der Massen reichte weit über die Grenzen dieser Organisationen hinaus; es überflutete sie und brauste über sie hinweg. Die Arbeiter und Bauern in ihrer ganzen Masse standen nun vor der sozialen Revolution, ohne den erforderlichen Rückhalt in ihren Klassenorganisationen zu haben. Seite an Seite mit ihnen wirkte aber die vortrefflich organisierte sozialistische Partei (die Bolschewiki). Zusammen mit den Arbeitern und Bauern beteiligte sie sich unmittelbar an der Niederwerfung der industriellen und agraren Bourgeoisie, rief die Massen hierzu auf und versicherte, diese Revolution würde die letzte soziale Revolution sein, die allen Geknechteten das freie Reich des Sozialismus und Kommunismus erschließen würde. Der in der Politik unerfahrenen großen Masse schien das die lauterste Wahrheit zu sein. Der Umstand aber, daß die Kommunistische Partei an der Zerstörung des kapitalistischen Regimes teilgenommen hatte, erzeugte ein gewaltiges Zutrauen zu ihr. Die Schicht der Geistesarbeiter, die Träger der Ideale der Demokratie waren, war stets so gering, daß die Massen nie von deren Existenz als von einer bestimmten wirtschaftlichen Kategorie gewußt hatten. So kam es denn, daß sie im Augenblick des Zusammenbruchs der Bourgeoisie niemanden sahen außer sich selber, die an deren Stelle hätten treten können. In Wirklichkeit aber trat ihr zufälliger und betrügerischer Führer an diese Stelle, und das war der in der politischen Demagogie wohl erfahrene Bolschewismus. Ohne Gewissensbisse bediente sich der Bolschewismus des revolutionären Strebens der Arbeiter und Bauern nach Freiheit, Gleichheit und sozialer Unabhängigkeit und verstand es, mit außerordentlicher Meisterschaft anstelle dieser Ideen die Ideologie der Sowjetmacht zu rücken.

An vielen Orten des revolutionären Rußlands wurde in den ersten Tagen des Oktoberumsturzes die Idee von der Sowjetmacht von den Werktätigen so aufgefaßt, als handle es sich um eine lokale, gesellschaftlich-wirtschaftliche Selbstverwaltung.

Dank der revolutionären Energie und der demagogischen Verquikkung der revolutionären Idee der Werktätigen mit seiner eigenen politisch machthaberischen Idee zog der Bolschewismus die Massen zu sich heran und nutzte ihr Vertrauen in weitestem Sinne aus. Das Unglück der Massen bestand darin, daß sie die Lehre des Sozialismus und Kommunismus als ein Ganzes schlicht hinnahmen, so wie das Volk nun einmal immer die Ideen von Wahrheit, Gerechtigkeit und vom Guten aufnimmt. Inzwischen war die Wahrheit in diesen Lehren nichts anderes als ein Köder nur, ein schönes, die Volksseele erregendes Versprechen. Die Hauptsache in diesem System wie auch in allen anderen Staatssystemen. war, die Volkskraft und die Volksarbeit unter eine kleine, doch gut organisierte Gruppe von Müßiggängern zu bringen und zu verteilen.

Im Sturm des Geschehens der Ereignisse in Rußland und in der Ukraine, in der Unzahl von politischen, militärischen und anderen Operationen wurde die Tatsache, daß eine neue Gruppe von Ausbeutern an die Macht gekommen war, von der breiten Volksmasse zunächst nicht sogleich richtig erfaßt. Das kam daher, daß diese Tatsache selber etlicher Jahre bedurfte, um sich endgültig durchzusetzen. Zudem kam es, daß sie in räumlicher Beziehung weit hinaus reichte und recht kunstvoll von der daran interessierten Gruppe versteckt gehalten wurde. Es bedurfte einer gewissen Zeit, ehe sie den breiten Massen wirklich zum Bewußtsein kam. Zur Zeit der großen französischen Revolution, als der Feudalismus, die Monarchie der Könige und des Adels mit Entschlossenheit zertrümmert wurde, dachten die Massen, sie verrichteten dieses große Zerstörungswerk im Namen ihrer Freiheit, und die führenden politischen Parteien in dieser Angelegenheit wären nicht mehr als nur ihre Gehilfen und Freunde. Erst nach Ablauf einiger Jahre besann sich das werktätige Volk und wurde gewahr, daß nur ein Wechsel der Machthaber stattgefunden habe, daß, anstelle des Adels und des Königs ein neuer herrschender Ausbeuterstand, nämlich die industrielle und Handel treibende Bourgeoisie getreten war. Solche historischen Tatsachen bedürfen stets einer gewissen Zeit, um von den breiten Massen wirklich begriffen zu werden.

* * *

In allgemeinen Zügen haben wir hier die politische und soziale Wesenheit des Bolschewismus, sein echtes Inneres gezeigt. Im Verlauf der ersten anderthalb Jahre seiner Diktatur in Rußland hat er seine Natur vollkommen offenbart. Zunächst wurde sie von einzelnen Gruppen von Arbeitern und Bauern, dann aber auch von den breiten Massen richtig aufgefaßt Diese junge, von machtgierigen Wünschen strotzende Macht strebt nun nach dem Zusammenbruch des Hetmanats wieder der Ukraine zu und hat den unerschütterlichen Willen, dort um jeden Preis die Macht an sich zu bringen.

Zur Zeit der »Skoropadstschina« hatten die Bolschewiki in der Ukraine nicht genug Kräfte zur Verfügung, um im Augenblick des Sturzes des Hetmans die sofortige Übernahme der Regierungsgewalt zu organisieren.[1] Fast ihre gesamten Kräfte waren in Groß-

---

[1] Allerdings versuchten die Bolschewiki zur Zeit des Hetmanats, ihre eigenen Freischärlerabteilungen zu organisieren, die auf Grund von Parteidirektiven arbeiten sollten. Eine Abteilung dieser Art war Kolossoffs Truppe im Pawlogradschen Rayon. Diese Abteilungen waren aber sehr dünn gesät und sie verschwanden ganz in der großen Masse der Aufständischen, die unabhängig von der Partei operierte. Zudem waren

rußland konzentriert, und von dort beobachteten sie die Ukraine in Erwartung des Augenblicks, da sie würden eindringen und sich als herrschende Macht erklären können. Eben dort in Großrußland hielt sich in der Stadt Kursk ihre präsumptive Regierung in Person von Pjatakoff, Kwiring u.a. auf. Sie mochten nun noch so scharf nach der Ukraine spähen, so gelang es ihnen doch nicht, im Augenblick des Sturzes von Skoropadski dorthin zu gelangen, und so kam es, daß die Petljurowzy als Erste die Macht an sich brachten. Dieser Umstand aber nötigte sie, desto energischer militärisch vorzugehen. Die Atmosphäre war revolutionär und die Gesamtlage infolge der massenhaften Bauernaufstände äußerst verwirrt. Unter solchen Verhältnissen konnten die sechs Wochen, welche die Petljurowzy voraus hatten, recht wohl vom Gange der Ereignisse überholt werden. Es mußte nur schleunigst gehandelt werden, und das taten die Bolschewiki.

Während ihre Regierung, die sich bis dahin in Kursk aufgehalten hatte, nach Charkow hinüberzog (das zum ersten Mal vom Aufständischentrupp des Anarchisten Tscherednjakow[2] befreit und besetzt worden war) und sich dort daran machte, das Zentrum der Zivilregierung zu organisieren, rückten ihre Divisionen durch die schon befreiten Rayons mitten ins Herz der Ukraine vor und begründeten dort auf militärischem Weg kommunistische Regierungsorgane. Wir sprachen von befreiten Rayons. Tatsächlich war das gesamte Gebiet der Ukraine vom Gouvernement Kursk bis

---

sogar diese wenig zahlreichen Parteitrupps vom allgemeinen Geist der revolutionären Aufstandschaft angesteckt worden. Die Abteilung Kolossoffs sonderte ihr aufständisches Wirken nur wenig von Machnos Operationen ab; auch ging sie häufig mit Machno zusammen vor.

[2] Tscherednjakoff, Bauer, Anarchist. Wurde sehr bald von den bolschewistischen Machthabern für vogelfrei erklärt und schloß sich mit seiner Abteilung der allgemeinen aufständischen Armee Machnos an; zusammen mit dieser Armee kämpfte er gegen Denikin an der Asowschen Front. Als die Denikintruppen in den Gulai-Polsker Rayon Anfang Juni 1919 einbrachen, wurde er gefangen genommen und erhielt über dreihundert Rutenhiebe. Es gelang ihm, zu entkommen. Im Sommer 1919 wurde er wieder von Denikins Leuten im Gouvernement Poltawa festgenommen und erschossen.

zum Asowschen und bis zum Schwarzen Meer durch die Revolutionären aufständischen Abteilungen der Bauern bereits vom Hetman und seinem Anhang gesäubert worden. Nach dem Sturz des Hetmans zerstreuten sich diese Abteilungen zum Teil in die Dörfer, während ein anderer Teil an die Küste des Asowschen Meeres rückte, von wo bereits ein neuer Revolutionsfeind – der General Denikin, anrückte.

Im größten Teil der Ukraine blieb den Bolschewiki nichts mehr zu tun übrig. Dort, wo es Zusammenstöße mit Petljura-Truppen gab, schlugen die Bolschewiki die letzteren, und nahmen ihre Stelle ein. Der entscheidende Zusammenstoß der Bolschewiki mit den Petljuratruppen erfolgte im Rayon Kiew, der sofort nachdem das Direktorium dort seinen Einzug gehalten hatte, zum Zentrum der politischen Tätigkeit der Petljura-Anhänger und zum Sammelpunkt ihrer Truppen geworden war. Ende Januar 1919 unternahmen die Bolschewiki einen Generalangriff gegen Kiew. Anfang Februar wurde Kiew von ihnen erobert. Die Regierung der ukrainischen Volksrepublik zog sich, ihrer Gewohnheit entsprechend, an die Westgrenzen der Ukraine zurück. Nun hatten die Bolschewiki die Staatsmacht in ihren Händen.

Es muß hierbei vermerkt werden, daß die kommunistische Regierung sowohl dort, wo die Bolschewiki den betreffenden Rayon im Kampf erobert und die Petljuratruppen vertrieben hatten, als auch dort, wo der Rayon frei war und die Bauern unbehindert leben konnten, mit Militärgewalt eingeführt wurde. Die Arbeiter- und Bauernsowjets, die diese Regierung angeblich gebildet hatten, kamen erst viel später, als die Regierung schon festen Fuß gefaßt hatte. Vor ihnen hatte es parteipolitische Revolutionskomitees gegeben und vor den Revolutionskomitees einfach Armeedivisionen.

5. Die Machnowstschina

Die revolutionäre Aufstandsbewegung der Bauern und Arbeiter in der Ukraine glich zunächst einem sturmbewegten Meere. Im ganzen Riesenbassin der Ukraine tobten die Massen und stürmten in Kampf und Aufstand. Sie töteten die anmaßenden Gutsbesitzer, die Vertreter der Regierung und vertrieben sie aus ihrem Lande. Vorherrschend war das zerstörende Element in der Bewegung. Es schien, als könne von einem positiven, aufbauenden Element überhaupt keine Rede sein. Einen klaren, bestimmten Aufbauplan für ein freies Leben der Arbeiter und Bauern schien die Bewegung noch nicht zu haben. Jedoch brachte sie allmählich im weiteren Verlauf ihrer Entwicklung ihre ausgesprochene Eigenart heraus. Mit dem Augenblick der Vereinigung der Mehrzahl der aufständischen Strömungen unter Machnos Führung gewann die Bewegung an Einheitlichkeit und hatte nun ihr festes Rückgrat gefunden. Von diesem Augenblick an wird sie zu einer durchaus abgerundeten, deutlich ausgeprägten sozialen Bewegung die über ihre bestimmte Ideologie und über ihren eigenen Aufbauplan des Volkslebens verfügte. Es war das die gewaltigste und größte Periode der revolutionären Aufstandsbewegung, unter dem Namen »Machnowstschina« bekannt.

Besonders charakteristische und spezifische Seiten dieser Bewegung waren: tiefes Mißtrauen zu den nicht werktätigen oder privilegierten Gruppen der Gesellschaft; mißtrauisches Verhalten zu den politischen Parteien; Ablehnung der Diktatur irgend welcher Organisation über das Volk, Ablehnung des Prinzips der Staatlichkeit, vollkommene Selbstverwaltung der Werktätigen an jedem Orte. Als konkrete und primäre Form dieser Selbstverwaltung sollten freie, werktätige Sowjets der Arbeiter- und Bauernorganisationen organisiert werden. Das Wort »frei« bedeutete, daß sie durchaus in keiner Abhängigkeit, ganz gleich von welcher zentralen Macht, zu stehen hätten und auf Grund des Prinzips der Gleichheit dem allgemeinen Wirtschaftssystem angegliedert sein sollten. Das Wort »Werktätige« bedeutete, daß sie auf der Grundlage der Arbeit auferbaut werden sollten, nur Werktätige zu Mitarbeitern haben dürften und deren Interessen und Willen dienen müßten, ohne irgendwelchen politischen Organisationen in ihrer Mitte Platz zu gewähren (vgl. »Die allgemeinen Grundsätze der Machnowzy über den Freien Rat der Arbeiter- und Bauernorganisationen«). Das war das Banner, welches von der Machnowstschina im sozialen Kampf aufgerollt wurde.

Die Machnowstschina entstand in stürmischen Zeiten der ukrainischen Geschichte, nämlich im Sommer 1918, als die gesamte Bauernschaft sich im Aufstand befand. Seit den ersten Tagen ihres Entstehens und bis in die letzte Zeit hinein hat sie keinen einzigen Tag im Frieden zugebracht. Infolgedessen entfaltete sich ihr Wachstum und ihre Entwicklung auf ganz besondere zweifache Weise – erstens dadurch, daß ihre grundlegenden Ideen in der breiten Masse Wurzel faßten, und zweitens durch ständiges Anwachsen und durch Ausbau der Streitkräfte. Seit dem Zusammenschluß aller revolutionären Truppenabteilungen zu einer Armee wurde diese zu einer einheitlichen revolutionären Armee der Massen. Die kriegerische Lage der Ukraine bewirkte, daß die tüchtigsten organisatorischen Elemente der Bewegung der Armee zuflossen. Diese Letztere wurde unwillkürlich gleichzeitig auch zum bewaffneten Selbstschutz der Bauern und zum Führer der ganzen Bewegung und der revolutionären Vorhut überhaupt. Sie eröffnete den Angriff gegen die Konterrevolution der Großgrundbesitzer, sie war es, die den Plan zu dieser Offensive ausgearbeitet hatte und die Losung für den gegebenen Augenblick fand. Hierbei aber war sie niemals eine Kraft, die sich selbst genügte. Stets schöpfte sie die revolutionären Ideen aus den breiten Massen, deren Interessen sie schütze. Und die Massen der Bauernschaft ihrerseits hielten sie in allen Lebenslagen für das eigentliche führende Organ.[1]

---

[1] Charakteristisch sind in dieser Hinsicht folgende Vorkommnisse jener Zeit: Mehrfach kam es vor, daß die Bauern verschiedener Dörfer im Asowschen Rayon Lebensmittelzüge anhielten und sich die Passierscheine vorzeigen ließen. Wenn nun hierbei keine Dokumente aus dem Stab der Machnoarmee vorhanden waren, so wurden die Züge in Erwartung weiterer Aufklärung von den Machnowzy aufgehalten. Häufig kam es auch vor, daß bolschewistische Organisationen Aufrufe

Das Verhältnis der Machnowstschina zur Reichsregierung, zu den politischen Parteien, zu den nicht werktätigen Gruppen wurde gleichzeitig auch zum Verhältnis der Bauernschaft zu allen genannten Organisationen. Und umgekehrt – die Interessen des ärmsten Teiles der Bauernschaft und der Arbeiter, ihre Schmerzen und ihre Sorgen wurden gleichzeitig auch zu den Schmerzen und Sorgen der Machnowstschina. So entwickelte sich denn unter gegenseitiger Beeinflussung die Machnobewegung, die bald darauf zu einer gewaltigen, sozialen Erscheinung des russischen Lebens werden sollte.

Machnos Abteilungen unternahmen im Oktober und November 1918 allerorten einen Angriff gegen des Hetmans Skoropadski Konterrevolution. Um diese Zeit waren die Truppen der Deutschen und der Österreicher unter dem Einfluß der politischen Ereignisse, die sich in ihrer Heimat abgespielt hatten, schon hinreichend zersetzt und hatten ihre Energie und Kraft verloren. Diesen Umstand wußte sich Machno zunutze zu machen. Er unterhandelte in neutralem Sinne mit jenen Teilen dieser Armeen, an die der revolutionäre Geist gerührt hatte. Solche Truppenteile waren stets leicht zu entwaffnen, was die Machnowzy ihrerseits dazu benutzten, um sich selber auf deren Kosten zu bewaffnen. Wollte es nicht im Guten gelingen, mit den Österreichern und mit den Deutschen sich ins Einvernehmen zu setzen, so drängte sie Machno mit Gewalt aus dem Rayon heraus. Nach hartnäckigem, drei Tage währendem Kampf eroberte er als letzteren Gulai-Pole. Hier nun setzte er sich endgültig fest und organisierte seinen Armeestab. Überall empfand man es, daß des Hetmans Macht bald zusammenbrechen würde, und in Massen strömten die jungen Bauern Machno zu. Um diese Zeit bestand seine Armee schon aus einigen Infanterie- und Kavallerieregimentern, verfügte über eine eigene Batterie und über zahlreiche Maschinengewehre.

In dem Rayon gab es keine Hetmanstruppen. Die Reichslandeswehr, die sogenannte »Warta«, flüchtete, als sie das ungemeine

---

erließen, in denen die Bevölkerung aufgefordert wurde, dem Reich Korn zu festen Preisen zu liefern. Hierauf erfolgte seitens der Bauern vieler Dörfer die Erklärung, daß sie bereit wären, Korn zu liefern, Wem die Machnoorganisation die Genehmigung hierzu erteilen würde.

Wachstum der Aufstandsarmee wahrnahm. So blieb denn letztere allein in dem gewaltigen Rayon. Doch hielt sich der Hetman noch in Kiew. Hierauf rückte Machno mit seinen Truppen gen Norden, besetzte die Eisenbahnknotenpunkte Tschaplino, Grischino, Sinelnikowo, rückte alsdann bis Pawlograd vor und wandte sich hierauf nach Westen in der Richtung nach Jekaterinoslaw. In diesem Raum nun erfolgte ein Zusammenstoß mit den Petljuratruppen.

Die Petljurowzy, die in einer Reihe von Städten die Macht an sich gebracht hatten, hielten sich selber für die eigentlichen Herren im Lande. Aus einer ganzen Anzahl von Bauerntruppen formierten sie ihre eigene Armee, ordneten dann eine Generalmobilmachung an, um eine reguläre Armee im Dienste des Staates zu schaffen. Die Machnobewegung wurde von ihnen als Episode der allgemeinen ukrainischen Revolution betrachtet, und sie hofften sie in ihre Einfluß-Sphäre einbeziehen und unter ihre Führung bringen zu können. Sie schickten Machno eine Reihe von politischen Fragen zu: wie er die »Petljurowstschina« beurteile und was er von deren Regierung hielte, wie er sich die politische Gestaltung der Ukraine gedacht habe, ob er es nicht für wünschenswert und für nützlich hielte, zusammen mit ihnen den Aufbau einer unabhängigen Ukraine vorzunehmen. Die Antwort Machnos und seines Stabes war kurz genug: Die Petljurowstschina war hiernach eine Angelegenheit der ukrainischen nationalistischen Bourgeoisie, mit der sie, die Bauern und Revolutionäre nämlich, durchaus nichts gemein hätten. Die Ukraine müsse auf Grundlage des Prinzips der Arbeit und der Unabhängigkeit der Bauern und Arbeiter von jeder politischen Macht aufgebaut werden. Nicht eine Vereinigung, sondern nur Kampf könne es geben zwischen der Volksbewegung der Machnowstschina und der bourgeoisen Bewegung der Petljurowstschina.

Bald darauf rückte Machno gegen Jekaterinoslaw vor, um die Petljuraregierung von dort zu vertreiben. Letztere verfügte über bedeutende Streitkräfte. Außerdem hatten die Petljurowzy den Dnjepr zur Verteidigungslinie und konnten in dieser Stellung wohl für unangreifbar gelten. Machnos Truppen lagerten zunächst in Nischni-Dnjeprowsk. Dort selbst befand sich auch das städtische Komitee der Partei der Kommunisten-Bolschewiki, die über die bewaffneten Streitkräfte des Ortes verfügten. Machno war als Persönlichkeit um diese Zeit im ganzen Bezirk bekannt und zwar als verdienter revolutionärer Held und hochbefähigter Kriegsführer. Das Komitee der Kommunisten-Bolschewiki trug ihm an, das Oberkommando über ihre Arbeiter- und Parteiabteilungen zu übernehmen. Machno nahm diesen Vorschlag an.

Wie es bei ihm früher oder auch später häufig vorzukommen pflegte, nahm er auch diesmal zu einer Kriegslist seine Zuflucht. Nachdem er einen Militärzug mit seinen Truppen gefüllt hatte, lies er ihn angeblich als Arbeiterzug über die Dnjeprbrücke direkt in die Stadt fahren. Das Wagnis war ungeheuer groß. Wären die Petljurowzy nur einige Augenblicke vor der Einfahrt des Zuges hinter diese Kriegslist gekommen, so hätten sie ihn ohne weiteres anhalten und beschlagnahmen können. Dieses Wagnis war es aber andererseits, was den Machnowzy den Sieg ermöglichte. Der Zug hatte freie Einfahrt in den städtischen Bahnhof, wo die revolutionären Truppen sofort den Bahnhof und den angrenzenden Stadtteil besetzten. In der Stadt kam es zu einem heftigen Kampf, der mit der Niederlage der Petljurowzy endete.

Infolge unzureichender Wachsamkeit der Machno-Garnison mußte die Stadt allerdings nach wenigen Tagen wieder den Petljura-Truppen, die mit neuen Streitkräften vom Saporoger Gebiet her herangeeilt waren, überlassen werden. Beim Rückzug wurden in Nischni-Dnjeprowsk zwei Anschläge auf Machno unternommen. In beiden Fällen aber explodierten die geschleuderten Bomben nicht.

Die Machnoarmee zog sich in den Ssinelnikowo-Rayon zurück. Von diesem Augenblick an hatte sich an der nordwestlichen Grenze des Machnorayons eine Frontlinie zwischen Machno- und Petljuratruppen gebildet Die letztgenannten Truppen aber, die zumeist aus aufständischen und gewaltsam mobilisierten Bauern bestanden, zerfielen bald, wenn sie mit den Machnotruppen in Berührung kamen. Binnen kurzem konnte diese Front als erledigt gelten. Das gewaltige Gebiet war nun von allen Regierungen und Truppen gesäubert.

* * *

Die Anhänger des Staates fürchten sich vor dem freien Volk. Sie behaupten, daß ein Volk ohne Regierung den Anker der Gesellschaftsordnung verlieren müsse, und daß es infolgedessen zerfallen und verwildern würde. Das ist natürlich purer Unsinn. Verbreitet wird er von Müßiggängern, von Leuten, die auf die Macht oder auf fremder Leute Arbeit versessen sind, oder von verblendeten Anhängern der bourgeoisen Ordnung. Die Befreiung des Volkes ist tatsächlich gleichbedeutend mit Entartung und Verwilderung, doch nicht des Volkes etwa, sondern jener, die, weil sie über die Macht und über Privilegien verfügen, von anderer Leute Arbeit, von ihrem Herzblut leben. Am Beispiel der russischen Revolution ist zu ersehen, wie Tausende von Familien der privilegierten Stände, die früher so gut gepflegt, so sauber und so satt waren, nun verfielen und verwilderten. Durch die Revolution gingen sie ihres Dienstpersonals verlustig, und es dauerte nicht lange, vielleicht zwei Monate, so waren sie schon schmutzbedeckt und verkommen. Die Befreiung des Volkes führt zur Verwilderung jener, die durch dessen Knechtung groß wurden. Das Volk beginnt aber erst mit dem Augenblick seiner Befreiung zu leben und sich kräftig zu entwickeln. Die Bauernschaft des Gulai-Polsker Rayons beweist dies aufs beste. Im Verlauf von mehr als sechs Monaten, d.h. vom November 1918 bis zum Juli 1919 lebte sie ohne jede äußere politische Regierungsgewalt – dabei verlor Sie keineswegs den gesellschaftlichen Zusammenhang in der eigenen Mitte, – im Gegenteil, sie schuf eine neue, höhere Gesellschaftsform, nämlich die freie Werktätigen-Kommune und die freien Sowjets der Werktätigen.

Nach Vertreibung der Gutsbesitzer war das Land tatsächlich in der Hand der Bauernschaft. Viele unter den Bauern erkannten aber recht wohl, daß es damit nicht sein Bewenden haben könne, daß es nicht genüge, ein Stück Land mit Beschlag zu belegen und sich damit zufrieden zu geben. Das rauhe Leben lehrte sie. daß sie von Feinden rings umlagert waren, und daß sie sich zusammenschließen müßten. An manchen Orten wurden Versuche unternommen, das Gesellschaftsleben kommunal zu gestalten. Trotz des feindlichen Verhaltens der Bauern zu den staatlichen Kommunen entstanden im Gulai-Polsker Gebiet vielfach Bauernkommunen, die sich »werktätige« und »freie« Kommunen nannten. So entstand in der Nähe des Dorfes Pokrowskoje die erste freie Pokrowsker Kommune, genannt die Rosa-Luxemburg-Kommune. Teilnehmer dieser Kommune waren durchweg die Ärmsten der Armen. Zunächst schlossen sich ihr einige Dutzend an, dann wuchs die Zahl auf dreihundert und noch mehr. Diese Kommune war von den ärmsten ortseingesessenen Bauern begründet worden, und die Benennung zu Ehren des Andenkens Rosa Luxemburgs weist darauf hin, daß die Begründer von keinerlei Parteigeist beseelt waren. In volkstümlicher Schlichtheit und Großzügigkeit ehrten die Bauern das Andenken einer Revolutionärin, die sie nicht kannten, die aber als Märtyrerin im Revolutionskampf ihr Leben gelassen hatte. Das innere Leben der Kommune hatte aber nichts mit jener Lehre gemein, für die Rosa Luxemburg gekämpft hatte. Dieses Leben gründete sich auf Prinzipien, die von keiner Regierungsgewalt wußten. Je mehr es sich entwickelte und wuchs, desto größeren Einfluß hatte es auf die ortseingesessene Bauernschaft. Die Kommunistische Regierung machte den Versuch, in das interne Leben der Kommune einzudringen, doch wurde ihr der Zutritt verwehrt. Die Kommune nannte sich ausdrücklich eine freie, werktätige Kommune, die von keinen Machthabern etwas wissen wollte.[2]

Sieben Kilometer von Gulai-Pole entfernt hatte sich auf einem ehemaligen Gut eine Kommune gebildet, in welcher die armen Bauern von Gulai-Pole sich zusammengetan hatten. Diese Kommune hieß einfach Kommune Nr. 1 der Gulai-Polsker Bauern. Zwanzig Werst weiter folgte dann Kommune Nr. 2 und Kommune Nr. 3 – auch in vielen anderen Orten entstanden Armenkommunen. Natürlich gab es deren im allgemeinen nicht viele, und diese faßten eine Minderheit der Bevölkerung zusammen, vor allen Dingen diejenigen, die nicht ihre eigenen festen und bequemen Wirtschaften hatten. Das wertvolle daran war aber, daß sie auf Anregung der armen Bauern selber entstanden waren. Spuren der Arbeit der Machnowzy waren an ihnen nur insofern wahrzunehmen, als die Machnowzy im Rayon überhaupt für freie Kommunen Propaganda gemacht hatten.

---

[2] Zwischen dem 9. und 10. Juni 1919, während des Feldzuges der Bolschewiki gegen den Machnoschen Rayon, wurde diese Kommune von den bolschewistischen Truppen zerstört. Bei dieser Gelegenheit wurden der Genosse Kirjakoff u.a. Führer der Kommune, für vogelfrei erklärt. Als dann einige Tage darauf die Denikintruppen ins Dorf Pokrowskoje einrückten, vernichteten sie die Kommune vollständig; Kirjakoff aber, ein hervorragender ortseingesessener Revolutionär und Bauer, wurde von ihnen standrechtlich erschossen.

Die Kommunen entstanden nicht etwa aus Eigensinn oder um ein Beispiel damit zu geben, sondern ausschließlich, weil sie den Bauern lebensnotwendig waren, jenen Bauern nämlich, die vor der Revolution nichts besessen hatten und nun nach dem Sieg sich daran machten, ihre Wirtschaften auf kommunaler Grundlage einzurichten. Das waren nicht künstliche Kommunen der kommunistischen Partei, in denen gewöhnlich ein zufällig gesammeltes Element arbeitet, das Saat und Acker nur verschandelt, die größtmögliche Hilfe des Staates in Anspruch nimmt und auf diese Weise auf Kosten des Volkes lebt, dem es richtige Arbeit beibringen will. Hier handelte es sich um wirkliche Bauernkommunen, die aus der Arbeit heraus geboren waren und gerade diese Arbeit an sich selber und an anderen zu schätzen wußten. In diesen Kommunen arbeiteten die Bauern vor allen Dingen und waren darauf bedacht, sich ihren täglichen Lebensunterhalt zu verschaffen. Außerdem fand jeder in ihnen die erforderliche moralische und physische Unterstützung. Das tiefe Prinzip der Kameradschaftlichkeit und Brüderlichkeit wurde in den Kommunen durchgeführt. Männer und Frauen und Halbwüchsige, kurz alle waren verpflichtet, nach Maßgabe ihrer Kräfte zu arbeiten. Die Organisationsarbeiten wurden einem oder zwei Genossen übertragen, die, wenn sie diese Arbeiten erledigt hatten, nun zusammen mit den anderen Mitgliedern der Kommune ihr Tagwerk verrichten mußten. Ohne Zweifel haben die Kommunen diese Merkmale, weil sie von den Werktätigen selber begründet worden waren, und weil sich ihre Entwicklung auf natürlichem Weg vollzog.

Doch aus den Keimen des freien Kommunismus setzte sich noch lange nicht der ganze wirtschaftliche und gesellschaftliche Aufbau der Bauern zusammen. Im Gegenteil – diese Keime begannen sich nur zu entfalten. Unabhängig hiervon forderte die politische Lage von den Bauern gemeinschaftliche Anstrengungen und gemeinsames Schaffen auf einem anderen verwandten Gebiete. Es war erforderlich, einen Zusammenschluß nicht nur in diesem oder in jenem Dorf, sondern in ganzen Kreisen und Gouvernements, die dem Bestande des freigewordenen Gebiets angehörten, zu erreichen. Unbedingt mußte ein gemeinschaftlicher Entschluß, in vielen Fragen gefaßt werden, die auf das ganze Gebiet in gleicher Weise Bezug hatten. Zu diesem Zweck mußten entsprechende

Organe gebildet werden, und die Bauern zögerten nicht, dies zu tun. Die Rayonkongresse der Bauern, Arbeiter und Aufständischen wurden zu solchen Organen. Solange die Freiheit bestand, haben drei solcher Kongresse im Rayon stattgefunden. Hier gelang es der Bauernschaft, sich zusammenzuschließen, einen Blick auf die Gesamtlage zu werfen und sich über die bevorstehenden wirtschaftlichen und politischen Aufgaben schlüssig zu werden.

Gleich auf dem ersten Rayonkongreß, der am 23. Januar 1919 im Dorf Groß-Michailowka tagte, richteten die Bauern ihr Hauptaugenmerk auf die drohende Gefahr der Konterrevolution Petljuras und Denikins.

Die Petljurowzy organisierten im Land eine neue Staatlichkeit. Unter der betrügerischen Losung, das Land müsse verteidigt werden, ordneten sie eine Generalmobilmachung an, wodurch sie dem Volk die Schlinge einer neuen Knechtschaft um den Hals warfen. Die revolutionäre Bauernschaft des ganzen Asow-Gebietes beschloß, energisch gegen diese Gefahr anzukämpfen. Sie organisierte einige Abteilungen und Kommissionen und entsandte sie in den Rayon des Petljuradirektoriums, um dort den breiten Volksmassen den ganzen Betrug der neuen demokratischen Regierung zu enthüllen, die Massen zur Auflehnung gegen die Regierung, zum Boykott der angeordneten Mobilmachung und zur Weiterführung des Aufstandes bis zur völligen Niederwerfung dieser Regierung aufzurufen.

Eine noch größere Gefahr für das freie Gebiet waren Denikin und seine Truppen. Diese griffen überhaupt die russische Revolution in allen ihren Erscheinungsformen an und bildeten einen der Ströme jener allgemeinen Konterrevolution, die es sich zur Aufgabe gemacht hatte, die zusammengebrochene Monarchie wieder zu errichten. Diese Konterrevolution hatte sofort nach Niederwerfung des Zarismus, als der Adel wieder einigermaßen zur Besinnung gekommen war und Zeit gefunden hatte, Umschau zu halten, das Licht der Welt erblickt. Die Generäle Kornilow, Kaledin, Kraßnow, Alexejew, Koltschak und Denikin waren Führer der allgemeinen monarchistischen Konterrevolution in Rußland. Sie waren lebendige Stücke der gestürzten Monarchie. Obwohl nun viele von ihnen zu demokratischen Losungen ihre Zuflucht nahmen und Einberufung der Konstituante auf ihre Fahnen geschrieben hatten, so taten sie das doch nur aus taktischen Gründen. Indem sie der Zeit ihren Tribut entrichteten, hofften sie auf diese Weise erfolgreicher die ersten Schritte zur Wiedererrichtung der Monarchie tun zu können. Republikanischer Geist ging ihnen vollkommen ab.

Der zweite Rayonkongreß der Bauern, Arbeiter und Aufständischen tagte drei Wochen nach dem ersten, und zwar am 12. Februar 1919 im Dorf Gulai-Pole. Auf diesem Kongreß wurde über die anrückende Gefahr der Denikinschen Konterrevolution eingehend gesprochen. Des Letzteren Armee setzte sich aus konterrevolutionären Elitetruppen zusammen, nämlich aus Berufsoffizieren und der alten Kosakenschaft. Die Bauern wußten vortrefflich, in welcher Weise der Streit zwischen ihnen und dieser Armee geschlichtet werden würde. Darum trafen sie sofort Maßnahmen zur Verstärkung ihres Selbstschutzes. Die aufständische Machnoarmee hatte damals eine Gefechtsstärke von etwa 20.000 freiwilligen Kämpfern. Viele unter ihnen waren ganz erschöpft und stark mitgenommen, da sie doch im Verlauf von fünf bis sechs Monaten ununterbrochen hatten kämpfen müssen. Inzwischen vermehrte sich die Macht Denikins zusehends und näherte sich wie eine gewaltige drohende Gewitterwolke dem freien Gebiet. In Anbetracht dieses Umstandes wurde auf dem zweiten Kongreß der Bauern, Arbeiter und Aufständischen beschlossen, eine freiwillige, ausgleichende Rayonmobilmachung der letzten zehn Jahrgänge zu organisieren. Geplant war eine freiwillige Mobilmachung und man rechnete mit dem Gewissen und dem guten Willen eines jeden Einzelnen. Die Resolution des Kongresses betreffs dieser Mobilmachung hatte nur den Sinn, daß der Kongreß mit seiner Autorität die Notwendigkeit hervorhob, der aufständischen Armee neue Kämpfer zuzuführen.[3] Wenn von einer »ausgleichenden« Mobilmachung die Rede war, so hatte das zu bedeuten, daß die Bauern der verschiedenen Dörfer

---

[3] Einige Mitglieder der Armee wie auch einige Bauern deuteten in der Folge diese Mobilmachung als für jeden verpflichtend, der einem der genannten zehn Jahrgänge angehörte. Ihre Ansicht ging dahin, daß der Beschluß des Kongresses, der den Willen der Werktätigen des ganzen Gebietes zum Ausdruck brachte, selbst dann, wenn er nur als Wunsch ausgedruckt worden war, doch vollkommen ausgeführt werden müsse Dies ist ein Irrtum und eine Verirrung einzelner Personen. Der Kongreßbeschluß betr. der Mobilmachung hatte nur den Sinn, allerorten dazu aufzufordern. sich der Armee freiwillig anzuschließen.

und Bezirke die Verpflichtung übernahmen, die Armee mit Kämpfern auf annähernd gleicher Grundlage zu unterstützen.

Kaum waren unter den Bauern die Kongreßresolutionen über die freiwillige Mobilmachung verbreitet worden, als auch jedes Dorf es sich angelegen sein ließ, Massen von freiwilligen Kämpfern nach Gulai-Pole zu entsenden, die den Wunsch hatten, an die Denikinfront zu kommen. Die Zahl solcher Kämpfer war enorm. Indessen gab es im Gebiet nicht soviel Waffen, und darum gelang es auch nicht, rechtzeitig neue Aufstandsabteilungen zu formieren. In verhängnisvoller Weise wirkte das dann auf das Schicksal des Gebietes ein, als Denikin im Juni 1919 gegen das Gebiet vorrückte. Davon wird aber weiter unten zu reden sein.

Zur allgemeinen Führung des Kampfes gegen die Petljurowzy und die Denikintruppen, ferner für Aufrechterhaltung der inneren Verbindung, Information und Rechenschaftslegung, zur Durchführung der verschiedenen Kongreßbeschlüsse wurde auf dem zweiten Kongreß ein revolutionärer Kriegssowjet des Rayons der Bauern, Arbeiter und Aufständischen organisiert. Diesem Sowjet gehörten Abgeordnete von 32 Bezirken (Wolostji) des Jekaterinoslawschen und Taurischen Gouvernements und der aufständischen Truppen an. Dieser Sowjet umfaßte das ganze freie Gebiet und behandelte, hierzu von den Kongressen beauftragt, sämtliche sozial-politischen und militärischen Angelegenheiten und war in gewissem Sinn das oberste Organ der ganzen Bewegung. In keiner Weise aber handelte es sich hierbei um ein autoritäres Organ. Ihm kamen nur Funktionen ausübender Art zu. Seine Rolle bestand darin, Aufträge und Beschlüsse der Arbeiter- und Bauernkongresse auszuführen. In jedem Augenblick konnte er von eben diesem Kongreß aufgelöst werden und damit zu bestehen aufhören.

Nach Bildung des Rayonsowjets ging die soziale Arbeit im Rayon intensiver vonstatten. In allen Dörfern wurden Fragen gestellt und gelöst, die auf den ganzen Rayon Bezug hatten. Die Hauptfragen waren: militärische, Versorgungsangelegenheiten und das Problem der örtlichen Selbstverwaltung. Wir sprachen bereits von den militärischen Maßnahmen, die die Bauern im Zusammenhang mit der Lage des Augenblicks und des Ortes getroffen hatten. Die Versorgungsfrage wurde einstweilen nicht im vollen Maßstab für die gesamte Bevölkerung des Rayons gelöst. Ein umfassender

Beschluß sollte auf dem vierten Rayonkongreß der Bauern, Arbeiter, Aufständischen und Rotgardisten gefaßt werden, der zum 15. Juni 1919 einberufen wurde, indessen von der Sowjetregierung für ungesetzlich erklärt wurde. Hierüber wird später zu reden sein. Was nun die aufständische Armee betrifft, so übernahm es die Bauernschaft, für deren Versorgung aufzukommen. In Gulai-Pole wurde eine Zentralabteilung für Armeeversorgung eingerichtet, und hierher wurden von allen Enden Lebensmittel und Fourage geschafft, die dann von hier aus an die Front weitergingen.

Was die Organe der gesellschaftlichen Verwaltung betrifft, so hielten die Arbeiter und Bauern des ganzen Gebietes an der Idee der Freien Werktätigensowjets fest. Im Unterschied von den politischen Sowjets der Bolschewiki und der anderen Sozialisten sollten die Bauern- und Arbeitersowjets Organe der gesellschaftlich-wirtschaftlichen Selbstverwaltung sein. Ein jeder dieser Sowjets war als Vollstrecker des Willens der ortseingesessenen Werktätigen und ihrer Organisationen gedacht. Untereinander nehmen die Sowjets die erforderliche Fühlung auf und bilden in wirtschaftlicher und territorialer Hinsicht höhere Organe der Volksverwaltung.

Allein infolge des überall im Rayon herrschenden Kriegszustandes war die Schaffung solcher Organe erschwert und deren Organisation ist in vollendeter Form kein einziges Mal durchgeführt worden. Die allgemeinen Grundsätze über den Freien Bauern- und Arbeitersowjet konnten erst im Jahre 1920 gedruckt werden. Bis zu diesem Zeitpunkt aber waren in der »Deklaration« des revolutionären Kriegssowjets der Machnoarmee im Kapitel über die Freie Sowjetordnung die allgemeinen Richtlinien der Arbeiter- und Bauernsowjets gegeben worden.

So sehen wir denn, wie die breiten Massen der Bauernschaft und ein Teil der Arbeiter - nach der Befreiung vom Regime des Hetmans und anderer Machthaber - mit Überlegung und Sachlichkeit daran gingen, das gewaltige Werk des Aufbaus eines neuen Lebens zu beginnen; wie sie von verschiedenen feindlichen Mächten umringt, doch gesunde und richtige Maßnahmen trafen, um ihr vom Licht der Freiheit beschienenes Gebiet vor diesen Mächten zu bewahren. Die Gründung von freien werktätigen Kommunen, das Streben, Organe für soziale und wirtschaftliche Selbstverwaltung zu schaffen - das waren die ersten Schritte, die von den Arbeitern und Bauern unternommen wurden, um den Aufbau eines freien und unabhängigen Lebens einzuleiten. Es kann kein Zweifel darüber bestehen, daß die ganze Masse der Werktätigen, vorausgesetzt, daß sie frei geblieben wäre, eben diesen Weg beschritten hätte, daß sie mit ihrem Aufbau viel Gesundes, Eigenartiges und Weises verbunden und auf diese Weise das Fundament zu einer wirklich freien, werktätigen Gesellschaft gelegt hätte.

Doch rückte schon gegen das Gebiet der uralte Feind jeder Arbeit und jeder Freiheit, nämlich die Macht an. Von Norden her kam die Reichsarmee der Kommunisten-Bolschewiki, von Südosten her die Armee General Denikins.

Als erste rückten die Denikinzy an. Bereits in der Periode des Kampfes der Bauern gegen den Hetman, besonders aber in den ersten Tagen nach dessen Sturz, waren vom Don und Kuban her einzelne konterrevolutionäre Freischärlertrupps General Schkuros in die Ukraine durchgeschlüpft, die nun gegen Pologi und Gulai-Pole anrückten. Dieses war die erste Bedrohung des befreiten Gebietes durch die neue Konterrevolution. Naturgemäß wandte sich die Armee der aufständischen Machnowzy zunächst gegen die von hier andringenden Feinde. Sie setzte sich um diese Zeit aus einigen vortrefflich organisierten Infanterie- und Kavallerieregimentern zusammen. Die Infanterie der Machnoarmee war eine außergewöhnlich eigenartige Erscheinung. Wie die Kavallerie, so rückte auch sie mit Pferden vor, doch waren die Mannschaften nicht beritten, sondern fuhren in leichten Federwagen, die man in der Südukraine »Tatchanki« zu nennen pflegt. Gewöhnlich zog diese Infanterie in einer oder in zwei Reihen auf und rückte in raschem Trab zusammen mit der Kavallerie vor, wobei sie im Durchschnitt 60 bis 70 Werst am Tage und nötigenfalls auch 90 bis 100 Werst zurücklegte.

Denikin rechnete auf die verworrene Lage in der Ukraine, auf den Kampf des Petljuradirektoriums mit den Bolschewiki und hoffte, ohne besondere Mühe den größten Teil der Ukraine besetzen und seine Frontlinie, wenigstens in der ersten Zeit, nördlich vom Gouvernement Jekaterinoslaw ziehen zu können. Unerwarteterweise stieß er aber auf die gut organisierte, hartnäckige Armee der aufständischen Machnowzy. Die Denikintruppen zogen sich nach einigen Kämpfen in der Richtung nach dem Don und Asowschen

Meer zurück. Binnen kurzem war das ganze Gebiet von Pologi bis zum Meer von ihnen befreit. Die Machnotruppen besetzten eine Reihe von wichtigen Eisenbahnknotenpunkten und die Städte Berdjansk und Mariupol. Seit jener Zeit, d.h. seit dem Januar 1919 bildete sich hier die erste Anti-Denikinfront, – eine Front, an der die Machnoarmee sechs Monate lang dem Anprall der vom Kaukasus her anrückenden Konterrevolution stand hielt. Späterhin zog sich diese Front auf etwa hundert Werst in die Länge, von Mariupol nach Osten und nach Nordosten.

Der Kampf an dieser Front wurde hartnäckig und erbittert geführt. Die Denikintruppen ahmten die Kriegführung Machnos nach und führten ebenfalls einen Freischärlerkrieg. Mit einzelnen Kavallerietrupps drangen sie tief in die Etappenstellungen des Rayons ein, zerstörten, mordeten und brannten nieder, was ihnen dort in den Weg kam, um dann rasch zu verschwinden und an einem anderen Ort wieder zu erscheinen, wo dann in gleicher Weise gewütet wurde. Unter diesen Attacken hatte ausschließlich die werktätige ansässige Bevölkerung zu leiden. An dieser Bevölkerung wurde Rache genommen für die Unterstützung der aufständischen Armee, für feindliches Verhalten gegen die Denikintruppen, wodurch eine Reaktion gegen die Revolution erzeugt werden sollte. Unter diesen Überfällen hatte auch die jüdische Bevölkerung zu leiden, die seit alters her in selbständigen Kolonien im Asowschen Rayon angesiedelt war. Bei jedem Überfall der Denikintrupps wurden Judenpogrome veranstaltet, wobei man bestrebt war, künstlich eine antisemitische Bewegung großzuziehen, um auf diese Weise den Boden für das Vorrücken der Denikinarmee in der Ukraine vorzubereiten. Besonders war es General Schkuro, der sich durch konterrevolutionäre Überfälle dieser Art ausgezeichnet hat.

Allein in Verlauf von über vier Monaten konnten die Denikintruppen trotz ihres Elitebestandes und trotz aller Erbitterung, mit der sie vorgingen, der aufständischen Armee nicht Herr werden, die von revolutionärem Feuer beseelt und im Freischärlerkampf nicht minder erfahren war, als die Denikintruppen. Im Gegenteil – häufig genug mußte General Schkuro unter den Schlägen der Aufständischen beschleunigte Rückzüge nach Taganrog oder Rostow, also 80 bis 120 Werst weit vornehmen, um sich vor einer völligen Niederlage zu retten. Im Verlauf dieser Zeit haben die

Machnotruppen nicht weniger als fünf oder sechs Mal vor den Mauern von Taganrog gestanden Die Erbitterung und der Haß der Denikinoffiziere gegen die Machnowzy nahmen unglaubliche Formen an. Gefangene Machnowzy wurden gefoltert, von Geschossen in Stücke gerissen, und es sind Fälle vorgekommen daß sie auf glühendem Eisenblech geröstet wurden.

Im Verlauf dieses hartnäckigen, vier Monate langen Kampfes hat sich die kriegerische Begabung Machnos deutlich gezeigt. Selbst seine Feinde, die Denikinzy mußten zugeben, daß er ein begabter Feldherr war. Das konnte den General Denikin natürlich nicht daran hindern, eine halbe Million Rubel dem zu versprechen, der Machno töten würde.

Die revolutionäre Aufstandschaft war der Versuch der Volksmassen, noch nicht verwirklichte Ideen der russischen Revolution ins Leben umzusetzen. Sie war die organische Fortsetzung der Massenbewegung der Arbeiter und Bauern im Oktober 1917 und war auf das Tiefste durchdrungen von der Gemeinschaftlichkeit der Ziele mit dieser Bewegung und vom tiefsten Gefühl der Brüderlichkeit der Werktätigen aller Nationalitäten und Distrikte.

Vermerkt sei folgende charakteristische Tatsache: Die aufständischen Machnowzy hatten nach einer Reihe von Kämpfen zu Beginn des Jahres 1919 die Denikintruppen an das Asowsche Meer zurückgeworfen und bei dieser Gelegenheit ca. 100 mit Korn beladene Waggons erbeutet. Der erste Gedanke Machnos und des Stabes der aufständischen Armee war, sämtliche erbeuteten Lebensmittel an die hungernden Arbeiter Moskaus und Petersburgs abzuschicken. Dieser Gedanke wurde von den aufständischen Massen mit Begeisterung aufgegriffen. Hundert Waggons Getreide wurden in Begleitung einer Machnodelegation nach Petersburg und Moskau abgeschickt, wo sie von dem Moskauer Sowjet auf des herzlichste empfangen wurden.

* * *

Die Bolschewiki rückten viel später als die Denikintruppen ins Machnowstschina-Gebiet ein. Die aufständischen Machnowzy hatten bereits drei Monate gegen Denikin gekämpft, hatten ihn aus ihrem Gebiet vertrieben und die Frontlinie östlich von Mariupol gezogen. Dann erst traf in Ssinelnikowo die erste bolschewistische Division mit Dybenko an der Spitze ein.

Machno selber und die revolutionäre Aufstandschaft waren den Bolschewiki nicht näher bekannt. Bislang war in der kommunistischen Presse – in Moskau und in der Provinz – über Machno als von einem kühnen Aufständischen geschrieben worden, der viel für die Zukunft verspräche. Sein Kampf erst gegen den Hetman Skoropadski, dann gegen Petljura und Denikin hatte im voraus bolschewistische Führer für ihn eingenommen. Es mochte ihnen unzweifelhaft erscheinen, daß die revolutionären Machnoabteilungen, die gegen so verschiedene Revolutionsfeinde in der Ukraine angekämpft hatten, mit der Roten Armee sich verschmelzen würden. So kam es, daß sie, ohne Machno an Ort und Stelle kennen zu lernen, ihn im vorhinein priesen und auch die Spalten ihrer Residenzblätter dafür zur Verfügung stellten. Im Geist dieser Lobeserhebungen fand auch die erste Begegnung des bolschewistischen Kommandos mit Machno im März 1919 statt. Ihm wurde sofort der Vorschlag gemacht, sich mit seinen Truppen der Roten Armee anzuschließen, um Denikin mit gemeinsamen Kräften niederzuwerfen. Die ideellen und politischen Besonderheiten der revolutionären Aufstandschaft wurden als selbstverständlich hingenommen und jedenfalls so, als könnten sie in keinem Fall eine Vereinigung zur Erreichung eines gemeinsamen Zieles verhindern. Sie sollten unangetastet bleiben.

Machno und der Stab der Aufstandsarmee sahen sehr gut, daß das freie Gebiet durch das Eintreffen der kommunistischen Machthaber aufs Neue bedroht würde, daß dies der Vorbote eines Bürgerkrieges, doch vom anderen Ende her, wäre. Allein weder Machno, noch der Armeestab, noch der Rayonsowjet wünschten diesen Krieg, hätte er doch auf das Schicksal der ganzen ukrainischen Revolution verhängnisvoll einwirken können. Vor allen Dingen wurde in Betracht gezogen, daß eine wohlorganisierte, offenkundige Konterrevolution vom Don und vom Kuban her anrückte, und mit der ließ sich nur mit den Waffen in der Hand verhandeln. Diese Gefahr wuchs mit jedem Tage. Die Aufständischen hofften, daß der Kampf gegen die Bolschewiki sich auf das ideelle Gebiet beschränken würde. In dieser Hinsicht waren sie aber für ihr Gebiet vollkommen ruhig, da die Macht der revolutionären Ideen, der revolutionäre Instinkt und das Mißtrauen der Bauern zu allen

Fremden die besten Verteidiger des Rayons waren. Die Führer der Aufstandschaft waren alle der Meinung, daß alle Kräfte gegen die monarchistische Konterrevolution gerichtet werden müßten und erst nach deren Niederwerfung dürfte an das ideelle Auseinandergehen mit den Bolschewiki gedacht werden. In diesem Sinn fand die Vereinigung der Machnoarmee und der Roten Armee statt. Wir werden weiter sehen, daß die Führer der Machnowstschina sich geirrt hatten, wenn sie hofften, die Bolschewiki würden nur ihre ideellen Gegner sein. Sie ließen außer Acht, daß sie es mit vollendeten Vergewaltigern und Anhängern des Staatsgedankens zu tun hatten. Fehler sind nützlich, wenn sie nicht zum Untergange führen. Auch dieser Fehler war den Machnowzy von Nutzen.

Die Aufständische Armee schloß sich auf folgender Grundlage der Roten Armee an: a) ihre innere Ordnung bleibt unangetastet; b) die Armee nimmt politische Kommissare auf, die von der kommunistischen Regierung ernannt werden; c) sie unterstellt sich dem roten Oberkommando nur in operativer Hinsicht; d) die Armee wird von der Denikinfront nicht fortgeführt; die Armee erhält ihre Kriegsausrüstung und wird unterhalten ebenso wie die Truppen der Roten Armee; f) die Armee behält die Bezeichnung »revolutionäre Aufstandsarmee« bei und behält auch ihre schwarzen Fahnen.

Die Armee der aufständischen Machnowzy war auf Grundlage von drei Prinzipien organisiert: freiwilliger Beitritt, Wahl der Kommandeure und Selbstdisziplin.

Was den freiwilligen Beitritt betrifft, so bedeutet das, daß die Armee sich nur aus revolutionären Kämpfern zusammensetzte, die ihr freiwillig beigetreten waren.

Das Wahlprinzip bedeutete, daß die Kommandeure aller Truppenteile, die Glieder des Stabes und des Sowjets der Armee wie überhaupt alle Personen, die verantwortliche Posten in der Armee bekleideten, gewählt werden, oder von den Aufständischen der entsprechenden Truppenteile oder von der Versammlung sämtlicher Truppenteile bestätigt werden sollten.

Die Selbstdisziplin bedeutete, daß alle Regeln der Armeedisziplin von gewählten Kommissionen der Aufständischen ausgearbeitet, von allgemeinen Versammlungen der Armeetruppenteile bestätigt und unter strengster Verantwortung jedes einzelnen Aufständischen und Kommandeurs eingehalten werden sollten.

Beim Anschluß an die Rote Armee blieben diese Grundsätze der Machnoarmee erhalten Zuerst wurde sie »dritte Brigade« genannt, später »erste revolutionär-aufständische ukrainische Division« und noch später erhielt sie den Namen »Revolutionär-aufständische Ukraine-Armee (Machnowzy)«. Im Übereinkommen waren politische Fragen nicht berührt worden. Das Übereinkommen war lediglich militärischer Art. Dank dieses Umstandes veränderte sich das Leben im Rayon, seine soziale und revolutionäre Entwicklung nicht, d.h. die Selbsttätigkeit der Werktätigen, die die Einführung irgendeiner äußeren Gewalt im Rayon nicht duldeten, wurde beibehalten. Wir werden weiter sehen, daß dieses der einzige Grund war, warum die Bolschewiki mit Waffen in der Hand gegen den Rayon vorgingen.

Seit Bildung des Rayonsowjets im Februar 1919 hatte sich das Gebiet fest zusammengeschlossen. Die Idee von freien, werktätigen Sowjets war auch bis in die entferntesten Dörfer des Rayons vorgedrungen. Infolge der schwierigen Gesamtlage kamen die Bauern nur langsam dazu, solche Sowjets zu organisieren, hielten aber überall an der Idee fest, weil sie wohl fühlten, daß sie hier einen gesunden Boden unter den Füßen hatten, einen Boden, auf dem allein der Aufbau eines freien Gemeinschaftslebens möglich war. Gleichzeitig wurde auch die Frage einer unmittelbaren Vereinigung mit den Arbeitern der benachbarten Städte in hohem Maß aktuell. Diese Verbindung sollte direkt in die städtische Arbeitermasse hineinreichen, in die Betriebe, in die Gewerkschaftsorganisationen der Arbeiter, und zwar unter Umgehung der staatlichen Organe. Sie war unerläßlich für die Festigung und weitere Entwicklung der Revolution. Man erkannte im Gebiet, daß eine derartige Verbindung zum Kampf mit der Staatspartei führen würde, da diese Letztere ihre Macht über die Massen nicht so ohne weiteres aufgeben würde. Dieses schien aber nicht so gefährlich zu sein, da die vereinigten Arbeiter und Bauern eine jede Regierung leicht zur Vernunft gebracht hätten. Vor allen Dingen aber konnte es keine anderen Formen eines Zusammenschlusses mit den Arbeitern geben, als die ganz direkten, die zur Abdankung der Macht und zu deren Widerstand führen mußten. Eben in einem solchen Bündnis des Dorfes mit der Stadt lag auch die Möglichkeit einer Befestigung und Weiterentwicklung der Revolution »Reich deine Hand,

Arbeiter«, – so lautete die Stimme der Gulai-Polsker revolutionären Bauern an die Stadt. Seitens der Bauern des befreiten Rayons war das wohl das einzig Vernünftige. In ihrem eigenen Gebiet waren sie absolut frei; über sich selber und über die Produktion ihrer Arbeit verfügten sie selbständig. Natürlich wünschten sie, die städtischen Arbeiter in einer ähnlichen Lage zu sehen und, wenn sie eine Annäherung zu ihnen suchten, so umgingen sie natürlich alle die politischen, staatlichen und sonstigen nicht produzierenden Organisationen, unter denen sie ja genug in der Vergangenheit zu leiden gehabt hatten. Gleichzeitig wünschten sie, daß auch der Arbeiter ihnen ebenso unmittelbar begegnete.

So wurde in dem Rayon die Frage nach dem Zusammenschluß mit den städtischen Arbeitern aufgefaßt. Diese Frage wurde überall verbreitet und diskutiert und wurde zur Losung des Tages im aufständischen Rayon.

Es versteht sich, daß die politischen Parteien mit ihren Losungen überhaupt keinen Erfolg im Rayon haben konnten. Wenn sie im Gebiet mit Plänen, die den staatlichen Aufbau betrafen, hervortraten, begegnete man ihnen gewöhnlich kalt, häufig mit Spott, wie man wohl Leuten begegnen mag, die mit ihren eigenen Satzungen sich in eine fremde Wirtschaft drängen. Die kommunistische Regierung, die von verschiedenen Seiten her in das Gebiet einzudringen begann, erwies sich tatsächlich als ein fremder Eindringling in diesem Gebiet.

In der ersten Zeit hoffte sie, der Bolschewismus würde die Machnowstschina aufsaugen. Dieses erwies sich als ein leeres Unterfangen. Die aufständische Masse verfolgte hartnäckig ihren eigenen Weg. Sie ignorierte die staatlichen Organe der Bolschewiki vollkommen. Es war eine übliche Erscheinung, daß die Bauern die außerordentlichen Kommissionen mit den Waffen in der Hand auseinandertrieben. Die Regierung hat es kein einziges Mal gewagt, in Gulai-Pole selber irgendeine ihrer Institutionen zu organisieren. An anderen Orten waren diese Institutionen Ursache für blutige Zusammenstöße zwischen der Bevölkerung und der Regierung. Die Lage der Regierung im Gebiet wurde außerordentlich schwierig. Hierauf nun führten die Bolschewiki einen organisierten Kampf gegen die Machnowstschina als Idee wie auch als soziale Bewegung.

Zunächst regte sich ihre Presse. Die Machnobewegung wurde hartnäckig als Großbauernbewegung gebrandmarkt, ihre Losungen wurden als konterrevolutionär verschrieen und ihre Handlungen galten als revolutionsfeindlich.

In den Zeitungen, aber auch seitens zentraler Regierungsstellen wurden die Führer der Machnowstschina mit Drohungen überschüttet.

Das Gebiet wurde regelrecht blockiert. Alle revolutionären Arbeiter, die nach Gulai-Pole wollten oder von Gulai-Pole kamen, wurden unterwegs aufgefangen. Die Versorgung der aufständischen Armee mit Munition wurde um das fünf- bis sechsfache verringert.

Dies alles ließ nichts Gutes ahnen.

Der revolutionäre Kriegssowjet hatte für den 10. April 1919 den dritten Rayonkongreß der Bauern, Arbeiter und Aufständischen einberufen. Der Kongreß sollte die aktuellen Aufgaben und die weitere Richtung des revolutionären Lebens im Rayon festlegen. Zum Kongreß waren Abgeordnete von 72 Bezirken erschienen, die insgesamt eine Masse von zirka zwei Millionen vertraten. Die Arbeit ging sehr lebhaft vonstatten. Leider haben wir die Arbeiten des Kongresses nicht zu Händen. Man hätte daraus entnehmen können, wie die Volksmassen vorsichtig und vorsorglich nach ihrem Weg in der Revolution, nach ihren eigenen Lebensformen suchte.

Als die Arbeiten ihrem Ende entgegengingen, erhielt der Kongreß ein Telegramm des Divisionschefs Dybenko, in welchem die Einberufer des Kongresses für außerhalb des Gesetzes stehend, der Kongreß selber aber für konterrevolutionär erklärt wurde.

Dieses war der erste offene Anschlag der Bolschewiki auf das freie Gebiet. Der ganze Kongreß verstand natürlich den eigentlichen Sinn dieses Anschlages und faßte eine Protestresolution, in der er seinem Unwillen Ausdruck gab. Diese Protestkundgebung des Kongresses wurde sofort gedruckt und unter den Bauern und Arbeitern des Rayons verbreitet. Einige Tage darauf aber gab der revolutionäre Kriegssowjet des Rayons der kommunistischen Regierung (in der Person Dybenkos) eine würdige Antwort, in der darauf hingewiesen wurde, was der Gulai-Polsker Rayon für die Revolution bedeute, und wer sich tatsächlich mit konterrevolutionären Umtrieben befasse. Diese Antwort beleuchtet typisch die eine wie die andere Seite, und wir bringen sie wie folgt in extenso:

Konterrevolutionär?

Der »Genosse« Dybenko hat den zum 10. April d. J. nach Gulai-Pole einberufenen Kongreß für konterrevolutionär, die Veranstalter dieses Kongresses aber für vogelfrei erklärt, dergestalt, daß ihnen gegenüber, seinen Worten zufolge, die schärfsten Repressivmaßnahmen anzuwenden sind. Wir geben den wörtlichen Text seiner Depesche:
»Aus Nowoalexejewka No. 283 am 10. 2 Uhr 45. Nach Auffindung dem Genossen Batjko Machno, Divisionsstab Alexandrowsk. Kopie Wolnowacha, Mariupol, nach Auffindung dem Genossen Machno. Kopie an den Gulai-Polsker Sowjet:
Alle Kongresse, die von dem auf Grund meines Erlasses aufgelösten, revolutionären Militärstab einberufen werden, gelten als ausgesprochen konterrevolutionär und gegen die Veranstalter solcher Kongresse werden die stärksten Repressivmaßnahmen angewandt werden einschließlich bis zur Erklärung, daß sie außerhalb des Schutzes der Gesetze stehen. Ich befehle, sofortige Maßnahmen anzuordnen, daß derartige Vorkommnisse sich nicht wiederholen. Divisionschef Dybenko«.
Der »Genosse« Dybenko hat sich aber, ehe er den Kongreß für konterrevolutionär erklärte, nicht darum bemüht, in Erfahrung zu bringen, in wessen Namen und zu welchem Zweck eben dieser Kongreß einberufen wurde; infolgedessen erklärt er denn auch, der Kongreß wäre vom aufgelösten Gulai-Polsker Revolutionären Militärstab einberufen worden während er in der Tat von der Exekutive des revolutionären Kriegssowjets einberufen wurde. Daher weiß letzterer als schuldiger Urheber der Einberufung des Kongresses nicht, ob der »Genosse« Dybenko ihn für außerhalb des Gesetzes stehend erachtet.
Wenn ja, so sei gestattet, »Eure hochgestellte Person« darüber aufzuklären, wer diesen (Ihrer Meinung nach ausgesprochen konterrevolutionären) Kongreß einberufen hat und zu welchem Zwecke das geschah; dann durfte er Ihnen vielleicht nicht so schrecklich erscheinen, wie er von Ihnen geschildert wird.
Wie oben bemerkt, wurde der Kongreß von der Exekutive des Revolutionären Kriegssowjets des Gulai-Polsker Rayons für den 10. April im Dorf Gulai-Pole (als einem zentral gelegenen Dorfe) einberufen. Der Kongreß hieß: der dritte Gulai-Polsker Rayonkongreß. Einbe-

rufen wurde er zwecks Festlegung der weiteren Richtlinien für den Revolutionären Kriegssowjet (sehen Sie »Genosse« Dybenko, schon drei solcher »konterrevolutionären« Kongresse hat es gegeben). Doch ist die Frage: Woher kommt und zu welchem Zwecke wurde der Revolutionäre Rayon-Kriegssowjet gegründet? Sollten Sie, »Genosse« Dybenko, das nicht wissen, so werden wir Sie hierüber aufklären. Der Revolutionäre Rayon-Kriegssowjet ist auf Grund einer Resolution des zweiten Kongresses, der am 12. Februar d. J. im Dorf Gulai-Pole tagte (sehen Sie, wie lange es her ist, – damals waren Sie noch gar nicht hier), gegründet worden, um die Frontkämpfer zu organisieren und eine freiwillige Mobilmachung durchzuführen, da ringsum Kadetten waren, die aufständischen Truppen aber, die aus den ersten Freiwilligen formiert waren, nicht genügten, um eine breite Frontlinie zu besetzen. Es gab in unserem Rayon keine Sowjettruppen, auch erwartete die Bevölkerung des Rayons keine sonderliche Hilfe von ihnen, erachtete vielmehr den Selbstschutz für ihre Pflicht. Eben zu diesem Zweck wurde der Revolutionäre Kriegssowjet des Gulai-Polsker Rayons gebildet, dem entsprechend einer Resolution des zweiten Kongresses – die ein Abgeordneter von jedem Bezirk (Wolostj) angehörte, insgesamt aber 32 Abgeordnete der Bezirke des Jekaterinoslawschen und Taurischen Gouvernements.

Über den so entstandenen Revolutionären Kriegssowjet werden weiter unten Erklärungen folgen, – nun aber entsteht bei uns die Frage: Woher kam der zweite Rayonkongreß, und wer hatte ihn einberufen? Wer hatte die Erlaubnis dazu erteilt, und hat der Einberufer für vogelfrei zu gelten, wenn aber nicht, so fragen wir, warum? Der zweite Rayonkongreß in Gulai-Pole wurde von einer Initiativgruppe einberufen, die sich aus fünf Mitgliedern zusammensetzte, die auf dem ersten Kongreß gewählt worden waren. Der zweite Kongreß fand am 12. Februar d. J. statt, und zu aller Erstaunen wurden die Einberufer nicht für vogelfrei erklärt, da es um jene Zeit keinen solchen Helden gab, der es gewagt hätte, an die Rechte des Volkes, die mit dem eigenen Blut erkämpft waren, zu tasten. Nun erhebt sich wieder die Frage: Woher kommt der erste Rayonkongreß, und wer war dessen Einberufer, wurde er für vogelfrei erklärt, wenn aber nicht, so warum? Sie, »Genosse« Dybenko, sind, wie man sieht, noch jung in der revolutionären Bewegung der Ukraine, und so müssen wir Sie denn mit den ersten Anfängen der revolutionären Bewegung in der Ukraine vertraut machen. Nun, so wollen wir Sie denn damit vertraut machen, und Sie werden sich vielleicht nach erfolgter Unterweisung ein wenig bessern.

Der erste Rayonkongreß tagte am 23. Januar d. Js. im ersten aufständischen Lager im Dorf Groß-Michailowka und setzte sich aus Vertretern der Bezirke zusammen, die in der Nähe der Front lagen. Damals waren die Sowjettruppen noch irgendwo weit, weit in der Ferne. Damals war der Rayon von der ganzen Welt abgeschnitten: von der einen Seite – von den »Kadetten«[4], von der anderen Seite – von den Petljurowzy. Und um diese Zeit waren es nur die aufständischen Truppen mit Batjko-Machno und Stschussj an der Spitze, die den Kadetten und Petljurowzy einen Schlag nach dem andern versetzten. Die Organisationen und sozialen Institutionen in den Flecken und Dörfern waren verschieden benannt. In einem Flecken war es ein Sowjet, im anderen eine Volksverwaltung, im dritten ein revolutionärer Militärstab, im vierten eine Landesverwaltung usw. Doch war der Geist bei allen revolutionär, und zur Stützung der Front, zur Einführung einer gewissen Einheitlichkeit im Rayon war auch der Kongreß einberufen worden. Niemand hatte ihn einberufen, er war mit Einverständnis der Bevölkerung von selber zusammengetreten. Auf dem Kongreß wurde die Frage laut, wie man aus der Petljuraarmee die Brüder, die gewaltsam mobilisiert worden waren, herausreißen könnte, und es wurde zu diesem Zweck eine aus fünf Mitgliedern bestehende Abordnung gewählt der der Auftrag gegeben wurde, durch den Stab des Batjko-Machno und nötigenfalls anderer sich in die Armee des ukrainischen Petljura-Direktoriums zu begeben, um dort ihren mobilisierten Brüdern zu erklären, daß man sie betrogen habe, und daß sie von dort wieder zurückkehren müßten. Eben dieser Abordnung war auch aufgetragen worden, nach ihrer Rückkehr einen umfassenderen Kongreß einzuberufen, um den von konterrevolutionären Banden gesäuberten Rayon zu organisieren und eine stärkere Front zu schaffen. Nach ihrer Rückkehr beriefen die Abgeordneten den zweiten Rayonkongreß ein und zwar unter Außerachtlassung aller Parteien, Regierungen und Gesetze, da Sie, »Genosse« Dybenko, und Gesetzesleute von Ihrem Schlage damals noch sehr weit weg waren, während die Helden, die Führer der aufständischen Bewegung, nicht danach strebten, das Volk, das die Ketten der Knechtschaft mit eigenen Händen zerrissen hatte, zu knechten; darum auch wurde der Kongreß nicht für konterrevolutionär und dessen Einberufer nicht für vogelfrei erklärt.

Kehren wir zum Rayonsowjet zurück. Seit der Revolutionäre Kriegssowjet des Gulai-Polsker Rayons das Licht der Welt erblickte brach die

---

[4] Denikin-Truppen.

Sowjetregierung in den Rayon ein. Doch hatte der Rayonsowjet nicht das Recht, beim Erscheinen der Sowjetregierung die Angelegenheiten unerledigt zu lassen, entsprechend der auf dem zweiten Kongreß gefaßten Resolution. Er mußte den ihm vom Kongreß erteilten Auftrag ausführen, ohne von den gegebenen Richtlinien abzuweichen, zumal der revolutionäre Kriegssowjet nicht ein anordnendes, sondern nur ein ausführendes Organ ist. Und er fuhr fort, nach Maßgabe seiner Kräfte zu arbeiten, und er führte diese Arbeit ausschließlich in revolutionärer Richtung. Allmählich begann die Sowjetregierung den Arbeiten des revolutionären Kriegssowjets Hindernisse in den Weg zu legen. Die Kommissare und sonstigen Kreaturen der Sowjetregierung aber begannen auf den Revolutionären Kriegssowjets wie auf eine konterrevolutionäre Organisation zu blicken. Da nun beschlossen die Sowjetmitglieder einen dritten Rayonkongreß für den 10. April nach Gulai-Pole einzuberufen um dem Sowjet weitere Richtlinien zu geben oder ihn, falls es der Kongreß für notwendig halten sollte, aufzulösen. So trat denn der Kongreß zusammen. Nicht Konterrevolutionäre erschienen zum Kongreß, sondern Leute, die als erste das Banner des Aufstandes in der Ukraine, das Banner der sozialen Revolution erhoben hatten, um den gemeinsamen Kampf gegen alle Unterdrücker zu organisieren. Zum Kongreß erschienen Abgeordnete von 72 Bezirken, aus verschiedenen Kreisen und Gouvernements und von etlichen Heeresabteilungen. Sie fanden, daß der Revolutionäre Kriegssowjet des Gulai-Polsker Rayons unbedingt notwendig wäre, sie ergänzten die Exekutive des Sowjets und gaben ihm den Auftrag, im Rayon eine ausgleichende freiwillige Mobilmachung durchzuführen. Der Kongreß war höchst erstaunt über das Telegramm des »Genossen« Dybenko, der den Kongreß für »konterrevolutionär« erklärte, während doch gerade dieser Rayon als erster das Banner des Aufstandes erhoben hatte; als Antwort auf das Telegramm wurde eine lebhafte Protestresolution gefaßt.

Das ist der Tatbestand, »Genosse« Dybenko, der Ihnen die Augen öffnen sollte. Besinnen Sie sich! Überlegen Sie doch! Steht Ihnen, einem einzelnen Menschen, das Recht zu, mehr als eine Million des Volkes für konterrevolutionär zu erklären, ein Volk, das mit seinen schwieligen Händen die Knechtschaft zerbrochen hat und nun selber nach eigenem Ermessen sein Leben aufbaut?

Nein! Wenn Sie ein echter Revolutionär sind, so müssen Sie ihm in seinem Kampf gegen die Bedrücker, beim Aufbau eines neuen, freien Lebens helfen.

Kann es denn Gesetze einzelner Menschen, die sich für Revolutionäre ausgeben, geben, die das Recht verleihen, ein revolutionäres Volk für vogelfrei zu erklären? (Die Exekutive des Sowjets personifiziert die ganze Masse des Volkes.)

Ist es erlaubt, und ist es vernünftig, Gesetze der Vergewaltigung im Land eines Volkes einzuführen, das eben erst alle Vertreter des Gesetzes und alle Gesetze abgeschüttelt hat?

Gibt es ein solches Gesetz, demzufolge einem Revolutionär das Recht zustünde, die strengsten Strafmaßnahmen auf die revolutionäre Masse in Anwendung zu bringen, für die er kämpft, und dafür, daß die Volksmasse ohne Erlaubnis sich das Gute – nämlich die Freiheit und Gleichheit – genommen hat, die der Revolutionär versprochen hatte? Wie könnte die revolutionäre Volksmasse schweigen, wenn der Revolutionär ihr die erlangte Freiheit wieder nimmt?

Soll man nach dem Gesetz der Revolution einen Abgeordneten dafür erschießen, weil er dafür sorgt, daß der Auftrag, den er von der revolutionären Masse erhalten hat, auch wirklich ausgeführt wird?

Wessen Interessen hat der Revolutionär zu vertreten: die der Partei oder jenes Volkes, das mit seinem Blute die Revolution vorwärts bringt?

Der Revolutionäre Kriegssowjet des Gulai-Polsker Rayons steht außerhalb der Abhängigkeit und der Einflüsse aller Parteien; er steht nur unter dem Einfluß des Volkes, das ihn erwählt hat. Darum ist es seine Pflicht, das ins Leben umzusetzen, was ihm von dem Volk, das ihn erwählt hat, aufgetragen wurde und nicht alle linken sozialistischen Parteien daran zu verhindern, ihre Ideen zu verkünden. Wenn darum die bolschewistische Idee unter den Werktätigen Erfolg haben wird, so würde der Revolutionäre Kriegssowjet, eine vom Standpunkt der Bolschewiki aus gesehene ausgesprochen konterrevolutionäre Organisation, durch eine andere »revolutionäre« bolschewistische Organisation ersetzt werden. Inzwischen aber solltet Ihr uns nicht stören und vergewaltigen.

Wenn Sie, »Genosse« Dybenko, und ihre Sippschaft auch in Zukunft dieselbe Politik wie früher fortsetzen werden, und wenn Sie glauben, daß diese Politik gut und gewissenhaft ist, so mögt Ihr nur in Euren schmutzigen Geschäften fortfahren. Fahrt fort, die Einberufer von Rayonkongressen und von jenen Kongressen, die damals einberufen wurden, als Sie und Ihre Partei noch in Kursk saßen, für außerhalb der Gesetze stehend zu erklären. Fahrt fort, alle für konterrevolutionär zu erklären, die als erste das Banner des Aufstandes, das Banner der sozialen Revolution in der Ukraine aufgerollt haben und ohne Eure Erlaubnis überall vorrückten, und zwar nicht genau nach Eurem Programm, sondern ein wenig mehr nach links. Fahrt fort, auch alle jene für vogelfrei zu erklären, die ihre Vertreter auf die Rayonkongresse, die Ihr für konterrevolutionär erklärtet, entsandt haben. Erklärt auch alle gefallenen Kämpfer für vogelfrei, die ohne Eure Erlaubnis an der Aufstandsbewegung für die Befreiung des ganzen werktätigen Volkes teilgenommen haben. Erklärt alle revolutionären Kongresse, die ohne Eure Erlaubnis tagen, für konterrevolutionär und ungesetzlich, wisset aber, daß die Gewalt von der Wahrheit besiegt wird, und der Sowjet wird trotz Eurer Drohungen auf die Erfüllung der ihm auferlegten Pflichten nicht verzichten, da ihm hierzu kein Recht zusteht, und da ihm auch nicht das Recht zusteht, die Rechte des Volkes zu usurpieren.

Der Revolutionäre Kriegssowjet des Gulai-Polsker Rayons:

Vorsitzender: Tschernoknishny.

Stellvertretender Vorsitzender: Kogan.

Schriftführer: Karabet.

Mitglieder: Kowal, Petrenko, Dozenko u a.«

Nach dieser Entgegnung wurde das Problem der Machnowstschina in den obersten bolschewistischen Sphären als akut empfunden. Die offizielle Presse, die auch bisher entstellend über die Machno-Bewegung berichtet hatte, begann sie nun systematisch zu schmähen und ihr bewußt fälschlich jeden Unsinn, jede Gemeinheit und jedes Verbrechen zuzuschreiben. In dieser Hinsicht mag das folgende Beispiel die Bolschewiki hinreichend charakterisieren. Ende April oder Anfang Mai 1919 schickte General Schkuro, der von einem gefangenen Machnokämpfer zum Besten gehalten worden war, einen Brief an Machno, in welchem er dessen angeborenes militärisches Talent lobt und wehklagt, daß dieses Talent auf so falschem, revolutionärem Weg begriffen sei; er macht ihm den Vorschlag, sich um der Rettung des russischen Volkes willen mit der Denikinarmee zu vereinigen. Die revolutionären Aufständischen die diesen Brief gelegentlich einer Vollsitzung zu lesen bekamen, lachten natürlich über die Naivität und Stumpfheit des konterrevolutionären Generals der nicht einmal das ABC der russischen und ukrainischen Revolution zu kennen schien. Sie ließen den Brief in ihrer Zeitung »Putj k swobode« abdrucken, wo er verhöhnt wurde, und zwar in Nr. 3 eben der genannten Zeitung. Was taten nun die Kommunisten-Bolschewiki? Sie nahmen diesen Brief aus der Machno-Zeitung, veröffentlichten ihn in ihrer Presse und erklärten mit unglaublicher Schamlosigkeit, sie hätten diesen Brief unterwegs aufgegriffen, und zwischen Machno und Schkuro würde über ein Bündnis verhandelt; auch wäre dieses Bündnis bereits zustande gekommen.

In dieser Art spielte sich überhaupt der ganze ideelle Kampf zwischen den Bolschewiki und der Machnowstschina ab.

* * *

Seit Mitte April 1919 wurde das Aufstandsgebiet von den obersten Chargen der kommunistischen Regierung sorgfältigst inspiziert. Am 29. April traf der Kommandeur der Südfront Antonoff in Gulai-Pole ein, um Machno selber, die Machnosche Front und die Stimmung der Aufstandschaft kennenzulernen. Am 4. und 5. Mai aber traf der außerordentliche Bevollmächtigte des Landesverteidigungssowjets der Republik L. Kameneff nebst Beamten der Charkowschen Regierung ebenda ein.

Äußerlich betrachtet war die Reise Kameneffs nach Gulai-Pole durchaus freundschaftlicher Natur und ließ scheinbar nichts zu wünschen übrig. Er begrüßte die Bauern und Aufständischen, die sich versammelt hatten, als Helden, die durch eigne Kraft den Rayon vom Hetman befreit und ihn vor Petljura und Denikin geschützt hätten. Es sah so aus, als hätte die revolutionäre Selbstaktivität der Bauern in der Person Kameneffs einen flammenden Lobredner gefunden. Allein in einer offiziellen Unterredung mit Machno, den Mitgliedern des Stabes und des Rayonsowjets äußerte sich Kameneff durchaus nicht in so sympathischem Sinne über das selbständige Vorgehen der Werktätigen. Es wurde die Frage betreffs des revolutionären Kriegssowjets im Rayon erhoben. Kameneff hielt das Bestehen dieses Sowjets neben der Sowjetregierung für absolut unstatthaft und machte den Vorschlag, ihn aufzulösen.

Wie von einem Anhänger des Staatsgedankens nicht anders zu erwarten, hatte Kameneff zwei verschiedene Organe miteinander verwechselt, und zwar den revolutionären Kriegssowjet der Republik, der von der regierenden Partei geschaffen wird, und den revolutionären Kriegssowjet der werktätigen Masse, der von ihr selber unmittelbar als ihr Vollzugsorgan gebildet wurde. Der erstgenannte Sowjet kann tatsächlich ganz einfach durch einen Erlaß des Zentralkomitees der Partei aufgelöst werden, der zweite Sowjet aber kann von niemandem als von der Masse selber, die ihn ja auch geschaffen hat, aufgelöst werden. Unter Umgehung der Masse kann er nur von einer konterrevolutionären Macht, keinesfalls aber von Revolutionären aufgelöst werden.

In diesem Sinn wurde Kameneff geantwortet. Diese Antwort erwies sich als recht unangenehm und hatte hitzige Debatten zur Folge. Trotzdem nahm Kameneff bei seiner Abreise, wie auch Antonoff, in herzlichster Weise Abschied von den Machnowzy, sprach ihnen seine Dankbarkeit aus und wünschte ihnen das Beste; er umarmte Machno beim Abschied und versicherte, daß die Bolschewiki mit den Machnowzy, da sie echte Revolutionäre wären und einerlei Sprache redeten, zusammen arbeiten müssen und auch können.

Ob nun die Reisen der bolschewistischen Volkskommissare nach Gulai-Pole wirklich so freundschaftlicher Natur waren, wie man das wohl nach ihren herzlichen Wünschen hätte glauben können, oder sollte schon damals hinter der äußerlich zur Schau getragenen Freundschaft der Volkskommissare deren unversöhnliche Feindschaft zum Aufstandsrayon verborgen gewesen sein? Wahrscheinlicher ist es das Letztere. Die Ereignisse, die sich alsbald im Rayon abspielten, zeigten deutlich, daß bei den Bolschewiki längst schon der Gedanke eines Kriegszuges gegen die unabhängige Aufstandschaft heranreifte. Die Reise Antonoffs und Kameneffs nach Gulai-Pole kann als sorgfältige Nachrichtenermittelung der Bolschewiki vor dem Überfall auf den Rayon betrachtet werden. Nach diesen Besuchen veränderte sich zunächst nichts in den Beziehungen der Bolschewiki zur Machnowstschina. Ihre Agitation in der Presse wurde nicht schwächer, sondern im Gegenteil stärker. Verleumderische Erfindungen, eine gemeiner und niederträchtiger als die andere, wurden immer wieder über die Machnowzy verbreitet. Alles deutete an, daß die Bolschewiki darauf bedacht waren, die Stimmung der Arbeiter und der Roten Armee für einen geplanten bewaffneten Überfall auf das freie Gebiet vorzubereiten. Einen Monat vorher war ihrerseits der Versuch unternommen worden,

Machno hinterrücks zu ermorden. Padalka, Kommandeur eines Regiments hatte, von den Bolschewiki bestochen, den »Auftrag« übernommen, von Pokrowskoje aus Gulai-Pole zu überfallen, wenn Machno dort sein würde, ihn und seinen Stab gefangen zu nehmen. Diese Verschwörung wurde von Machno selber aufgedeckt, als er sich gerade in Berdjansk befand und im Begriff stand nach Gulai-Pole abzufahren. Es gelang nur darum, dieser Verschwörung vorzubeugen, weil Machno zufällig ein Flugzeug zur Verfügung hatte, in dem er die Strecke von Berdjansk nach Gulai-Pole in zwei Stunden und einigen Minuten zurücklegen konnte. Es gelang auch die Verschwörer zu überraschen. Sie wurden verhaftet und hingerichtet.

Recht häufig wurde Machno von Genossen, die in bolschewistischen Institutionen arbeiteten, gewarnt, er solle auf keinen Fall auf Aufforderung hin weder nach Jekaterinoslaw noch nach Charkow kommen, da jede offizielle Vorladung nur ein Hinterhalt wäre, um ihm den sicheren Tod zu bereiten. Mit einem Wort, jeder neue Tag bestätigte, daß die Bolschewiki den Streit über den ideellen Einfluß in der ukrainischen Revolution, wenn nicht heute, so morgen, mit den Waffen in der Hand würden entscheiden wollen. Grigorjews Rebellion nötigte sie unerwarteterweise, äußerlich ihr Verhältnis zur Machnowstschina für einige Zeit zu ändern.

6. Die Machnowstschina

(Fortsetzung)

Grigorjews Rebellion – Der erste Überfall der Bolschewiki auf Gulai-Pole

Am 12. Mai 1919 traf im Hauptstab Machnos, der sich in Gulai-Pole befand, ein Telegramm folgenden Inhalts ein:

»Gulai-Pole, Batjko Machno nach Auffindung
Der Lump Grigorjew hat die Front verraten. Er hat einen militärischen Befehl nicht ausgeführt und die Waffen gewendet. Der Augenblick der Entscheidung ist gekommen – entweder ihr gebt mit den Arbeitern und Bauern ganz Rußlands oder Ihr öffnet den Feinden in der Tat die Front. Ein Schwanken gibt es nicht. Teilt umgehend Dislokation Eurer Truppen mit, erlaßt Aufruf gegen Grigorjew, teilt mir Kopie nach Charkow mit. Nichtbeantwortung werde ich für Kriegserklärung halten. Ich glaube an Ihre, Arschinoffs und Weretjelnikoffs u.a. revolutionäre Ehre.

Kameneff. No. 277
Rev. Milit. Kontroll. Lobié«.

Alsbald wurde die Depesche, die von dem Ereignis Kunde gab, und das Ereignis selber vom Stab in erweitertem Bestande unter Beteiligung von Vertretern des Rev. Kriegssowjets beraten; man kam zu folgendem Schluß: Grigorjew war ehemaliger zaristischer Offizier; kurz vor dem Sturz des Hetmans gehörte er der Petljura-Armee an, wo er große aufständische Abteilungen führte, welche die Petljura-Regierung zu ihrer Verfügung hatte. Als die Petljura-Armee sich unter dem Einfluß von Klassengegensätzen zu zersetzen begann, ging Grigorjew mit allen seinen Truppen zu den Bolschewiki über, die um diese Zeit aus Zentralrußland gekommen waren und ging zusammen mit ihnen gegen die Petljura-Truppen vor, wobei er seinen Truppen eine gewisse Autonomie und Handlungsfreiheit hatte erhalten können. Im Gouvernement Cherson hatte er eine recht bedeutende Rolle bei Gelegenheit der Auflösung der Petljuraregierung gespielt. Odessa war von ihm besetzt worden. Dann hatte er bis zur letzten Zeit einen Frontabschnitt in der Richtung nach Bessarabien zu mit seinen Aufständischen inne gehabt.

Grigorjews aufständische Truppen waren sowohl in organisatorischer, vor allen Dingen aber in ideeller Hinsicht bedeutend hinter dem aufständischen Machno-Rayon zurückgeblieben. Sie entwickelten sich nicht und beharrten die ganze Zeit über in ihrem ursprünglichen Stadium. Seit Beginn des allgemeinen Aufstandes waren sie von revolutionärem Geist beseelt, hatten aber weder in sich selber noch in dem Bauernmilieu aus dem sie kamen, jene historischen Aufgaben des Schaffens und jene deutlich ausgesprochenen sozialen Losungen, wie die Machnowzy sie hatten, herausfinden können. Bei allem großen revolutionären Schwung hatten sie leider kein gefestigtes, soziales Ideal, infolgedessen gerieten sie bald unter den Einfluß der Petljurowzy, bald unter den Grigorjews, dann unter den der Bolschewiki.

Grigorjew selber war nie Revolutionär gewesen. Als er noch zu Petljura gehalten hatte, war in seinem Verhalten, auch später in den Reihen der Roten Armee, viel Abenteuerhaftes. Im Grunde genommen war er ein Haudegen, dem die russische Revolution erst die Möglichkeit gab, eine gewisse Rolle zu spielen. Seine geistige Physiognomie war bunt genug zusammengewürfelt: Man konnte in ihm einen Funken Mitgefühl fürs geknechtete Bauerntum finden, aber auch Herrschsucht und Lust am freien Räuberleben, auch Nationalismus und Antisemitismus. Was hatte ihn veranlassen können, seine Waffen gegen die Bolschewiki zu kehren? Machnos Stab war hierüber nicht unterrichtet. Gewichtige Gründe sprachen dafür, daß ihn die Bolschewiki provoziert hatten, um seine autonomen aufständischen Abteilungen aufzulösen, die, wenn sie auch nicht selbständige revolutionäre Ziele verfolgten, wie die Machnowzy, doch ihrer Form und ihrem Gehalt nach der Idee des Bolschewismus feind waren. Aber wie dem auch sei, Grigorjews Vorgehen gegen die Bolschewiki war in den Augen der Machnowzy nicht etwa ein revolutionäres Vorgehen von Werktätigen, sondern lediglich ein kriegerisches, politisches Vorgehen, dem sie nur ihre volle Verachtung zollen konnten. Besonders klar wurde das, als Grigorjew sein »Universal« veröffentlichte, das nichts anderes als nationalen Hader zwischen den Werktätigen predigte. Das Einzige an der ganzen Bewegung, das nach Ansicht der Machnowzy der Aufmerksamkeit und des Mitleidens wert war, waren die aufständischen Massen, die Grigorjew auf trügerische Weise zu einem politischen Abenteuer verleitet hatte.

Das war der Schluß, zu dem die Machnowzy kamen, nachdem sie die Angelegenheit Grigorjews beraten hatten. Dementsprechend reagierte der Stab auch auf das Ereignis. Vor allen Dingen wurde nachstehende Verfügung an die Front geschickt:

»Mariupol. Feldstab der Machnoarmee. Kopie an alle Kommandeure von Kampfabschnitten, an alle Kommandeure von Regimentern, Bataillonen, Kompanien und Zügen. Befehl, in allen Truppenteilen des Batjko Machno vorzulesen. Kopie nach Charkow an den außerordentlichen Bevollmächtigten des Landesverteidigungssowjets Kameneff.

Die energischsten Maßnahmen zur Aufrechterhaltung der Front sind zu treffen. In keinem Fall ist eine Schwächung der äußeren Revolutionsfront statthaft. Die revolutionäre Ehre und Würde nötigen uns, der Revolution und dem Volk treu zu bleiben, und Grigorjews Streit mit den Bolschewiki um die Macht können uns nicht dazu bewegen, die Frontlinie zu schwächen, wo die Weißgardisten durchzubrechen versuchen, um das Volk zu knechten. Ehe wir nicht den gemeinsamen Feind in Gestalt des weißen Don besiegt haben werden, ehe wir nicht bestimmt und fest die mit unseren eigenen Händen und Bajonetten erkämpfte Freiheit gefühlt haben, bleiben wir an unserem Frontabschnitt und kämpfen für die Freiheit des Volkes, in keinem Fall aber für die Macht oder für die Niedertracht politischer Charlatane.

Brig. Kom. Batjko Machno.
Mitglieder des Stabes (Unterschriften)«.

Gleichzeitig schickte der Stab an Kameneff folgende Antwortdepesche:

»Charkow. An den außerordentlichen Bevollmächtigten des Landesverteidigungssowjets der Republik Kameneff. Kopie Mariupol. Feldstab.

Nach Ihrer und Roschins[1] telegraphischer Benachrichtigung über Grigorjew verfügte ich umgehend, – die Front sei in unverbrüchlicher

---

[1] Gleichzeitig mit L. Kameneffs Telegramm war eine an Machno adressierte Depesche von Großmann-Roschin (Sowjet-Anarchist) eingetroffen, in der von demselben Ereignis die Rede war.

Treue zu halten, kein Fußbreit der besetzten Stellungen dürfe Denikin und der übrigen konterrevolutionären Sippe abgetreten werden und die revolutionäre Pflicht vor den Arbeitern und Bauern Rußlands und der ganzen Welt müsse gehalten werden. Ich meinerseits erkläre Ihnen hiermit, daß ich und meine Front der Arbeiter- und Bauernrevolution unwandelbare Treue wahren werden, nicht aber Vergewaltigungsinstitutionen in der Art Ihrer Kommissariate und Tschekas, die willkürlich mit der werktätigen Bevölkerung umspringen. Hat Grigorjew die Front geöffnet und Truppen zurückgezogen, um die Macht an sich zu reißen, so ist das ein verbrecherisches Abenteuer und Verrat an der Volksrevolution, und ich werde meine Meinung in diesem Sinne so breit als möglich veröffentlichen. Im Augenblick aber fehlen mir die nötigen genauen Daten über Grigorjew und die mit ihm verknüpfte Bewegung; ich weiß nicht, was er treibt, und welche Ziele er verfolgt; daher werde ich mich enthalten, einen Aufruf gegen ihn zu erlassen, ehe ich genauere Angaben über ihn habe. Als revolutionärer Anarchist erkläre ich, daß ich es in keinem Fall unterstützen kann, wenn Grigorjew oder ein anderer die Macht an sich reißt; wie früher, so werde ich zusammen mit den aufständischen Genossen auch jetzt die Denikin-Banden vertreiben und gleichzeitig bemüht sein, daß die von uns befreiten Etappenstellungen mit einem Netz von freien Arbeiter- und Bauernvereinigungen überzogen werden, die die ganze Fülle der Macht in sich selber tragen: und in dieser Hinsicht werden solche Organe des Zwanges und der Vergewaltigung wie die außerordentlichen Kommissionen und Kommissariate, die ihre vergewaltigende Parteidiktatur sogar auf anarchistische Vereinigungen und auf die anarchistische Presse ausdehnen – an uns ganz energische Gegner finden. Brig. Kom. Batjko Machno. Mitglieder des Stabes. (Unterschriften.) Vorsitzender der kulturellen Aufklärungs-Abtl. Arschinoff«

Gleichzeitig wurde aus Vertretern des Stabes und des Rev. Kriegssowjets eine Kommission gebildet und in den Grigorjewschen Operationsrayon geschickt um Grigorjew vor den Aufständischen zu entlarven und sie aufzurufen, unter den Fahnen der Machnowstschina zu kämpfen. Grigorjew aber, der inzwischen Alexandrija, Snamenka, Jelisawetgrad besetzt hatte, näherte sich nun Jekaterinoslaw, wodurch er der kommunistischen Regierung, die sich in Charkow befand, nicht geringe Sorgen bereitete. Mit großer Besorgnis schaute diese nach dem Gulai-Polsker Rayon aus. Jedes Gerücht, das von dorther kam, jedes Telegramm Machnos wurde gierig aufgegriffen und in der Sowjetpresse veröffentlicht. Diese Befürchtungen waren natürlich nichts anderes, als die Frucht der Unbildung der Sowjetregierungsbeamten, die den Gedanken aufkommen ließen, daß der revolutionäre Anarchist Machno plötzlich zusammen mit Grigorjew gegen sie vorgehen könnte. Die Machnowstschina hat immer an prinzipiellen Einstellungen gehalten – die Ideale der sozialen Revolution, die Ideale des herrschaftslosen, werktätigen Gemeinschaftslebens, waren für sie stets maßgebend. Daher hätte sie sich niemals mit vereinzelten, gegen die Bolschewiki gerichteten Bewegungen nur aus dem Grunde zusammenschließen können, weil auch die Machnowstschina gegen den Bolschewismus vorginge. Im Gegenteil, eine Bewegung wie die Grigorjews war gleichbedeutend mit einer neuen Bedrohung der Freiheit der Werktätigen und war darum der Machnowstschina genau ebenso feind wie auch der Bolschewismus. In der Tat hat sich die Machnowstschina im Verlauf ihres ganzen Bestehens mit keiner einzigen antibolschewistischen Bewegung verbündet, sondern hat mit dem gleichen Heldenmut unter den größten Opfern sowohl gegen den Bolschewismus wie auch gegen die Petljurowzi, gegen Grigorjew, Denikin, Wrangel gekämpft, da sie der Ansicht war, daß alle diese Bewegungen auf machthaberische Gruppen zurückzuführen wären, die darauf ausgingen, die werktätigen Massen zu knechten und auszubeuten Selbst die Aufforderungen einiger links-sozialrevolutionärer Gruppen zu gemeinsamem Kampf gegen die Bolschewiki wurden abgelehnt, weil die Linken Sozialrevolutionäre als politische Bewegung recht eigentlich denselben Bolschewismus darstellen, d.h. staatliche Knechtung des Volkes durch die sozialistische Demokratie.

Grigorjew selber hat im Laufe seiner Rebellion einige Mal den Versuch gemacht, sich mit Machno zu verbünden. Von allen seinen nach Gulai-Pole gerichteten Telegrammen erreichte aber nur eines seinen Bestimmungsort. Es lautete: »Batiko! Was schaust du nach den Kommunisten aus? Schlag sie tot! Ataman Grigorjew«. Dieses Telegramm wurde natürlich nicht beantwortet; einige Tage darauf aber wurde Grigorjew vom Stab unter Beteiligung von Vertretern der aufständischen Fronttruppen – endgültig das Urteil gesprochen, welches in einem besonderen, gegen ihn gerichteten Aufruf seinen Ausdruck fand. Das ist der Aufruf:

Wer ist Grigorjew?

»Bruder, Werktätige! Als wir uns vor einem Jahr zum Kampf auf Leben und Tod gegen den deutschen und österreichischen Überfall, gegen den Hetman, dann gegen die Petljurowstschina und gegen die Denikinstschina zusammentaten, gaben wir uns klare Rechenschaft über diesen Kampf, und vom ersten Tage an stellten wir uns unter das Banner, auf dem zu lesen stand: Die Befreiung, der Werktätigen ist Angelegenheit der Werktätigen selber. In diesem Kampf haben wir zahlreiche Siege erfochten, denen ein tiefer Sinn innewohnt: wir haben die Deutschen vertrieben, wir haben den Hetman gestürzt, wir duldeten nicht, daß Petljuras kleinbourgeoiser Staat Wurzeln faßte und in einem von uns selber befreiten Land machten wir uns an die schöpferische Arbeit. Gleichzeitig haben wir die breiten Volksmassen immer darauf hingewiesen, sie sollten aufmerksam alles verfolgen, was sich um sie her ereignete; zahlreiche Räuber treiben ringsum ihr Wesen, die nur auf einen glücklichen Augenblick warten, um die Macht an sich zu reißen und sich dem Volk in den Nacken zu setzen. Soeben hat sich ein neuer Räuber in Gestalt des Atamans Grigorjew aufgetan, der dem Volk von seinem Elend, von seinen Mühen und von seiner Knechtung ein Lied vorkrächzt, in Wirklichkeit aber die alte räuberische Ordnung einführen will, bei der des Volkes Arbeit geknechtet wird, seine Verelendung wächst, seine Bedrückung zunimmt und seine Rechte zusammenbrechen werden. Reden wir vom Ataman Grigorjew selber.

Grigorjew ist ein alter zaristischer Offizier In den ersten Tagen der ukrainischen Revolution kämpfte er für Petljura gegen das Sowjetregime; dann schlug er sich auf die Seite der Sowjetregierung; nun aber hat er sich sowohl gegen die Sowjetregierung, wie auch gegen die Revolution überhaupt erhoben. Was sagt Grigorjew? Gleich in den ersten Worten seines »Universal« sagt er, die Ukraine wurde von Leuten regiert, die Christum gekreuzigt hätten, und von Leuten, die aus dem »Vielfraß Moskau« gekommen wären Brüder! hört Ihr nicht in diesen Worten den düsteren Aufruf zu einem Judenpogrom? Fühlt Ihr denn nicht, wie Ataman Grigorjew danach strebt, das lebendige, brüderliche Band zwischen der revolutionären Ukraine und dem revolutionären Rußland zu zerreißen? Grigorjew redet von schwieligen Fäusten, von heiligen Werktätigen usw., - wer redete aber heute nicht von heiliger Arbeit und vom Volkswohl? Auch die Weißgardisten, die uns und unser Land vergewaltigen, sagen, daß sie für das werktätige

Volk kämpfen. Wir wissen aber recht wohl, was für einen Segen sie dem Volk bringen, wenn sie es einmal in ihre Hand bekommen haben. Grigorjew sagt, er kämpfe gegen die Kommissare für eine wirkliche Macht der Sowjets. Er schreibt aber in demselben »Universal«: »Ich, der Atman Grigorjew, ... da habt Ihr meinen Befehl – wählt Eure Kommissare«. Und während Grigorjew weiter in demselben »Universal« erklärt, er wäre gegen jedes Blutvergießen, ordnet er eine Mobilmachung an und schickt seine Stafetten nach Charkow und Kiew und schreibt: »Ich bitte, meinem Befehl nachzukommen, alles übrige will ich selber tun« – Was ist das? Ist das die echte Macht des Volkes? Aber auch Zar Nikolaus hielt seine Regierung für eine richtige Volksregierung. Oder denkt Ataman Grigorjew vielleicht, seine Befehle wären nicht eine Herrschaft über das Volk, und seine Kommissare keine Kommissare, sondern Engel? Brüder! fühlt Ihr es, wie eine Bande von Abenteurern Euch gegeneinander hetzt, Eure revolutionären Reihen veruneinigen will und darauf aus ist, unvermerkt und hinterrücks mit Hilfe Eurer eigenen Hände Euch in den Nacken zu springen? Nehmt Euch in Acht! Der Verräter Grigorjew, der der Revolution einen harten Schlag im Innern versetzt hat, bringt gleichzeitig auch die Bourgeoisie wieder auf die Beine. Unter Ausnutzung seiner Pogrombewegung strebt bereits Petljura von Galizien her und Denikin vom Don her zu uns durchzubrechen. Wehe dem ukrainischen Volk, wenn es nicht mit einem Ruck allen diesen inneren und äußeren Abenteuern ein Ende macht. Brüder! Bauern, Arbeiter und Aufständische! Viele unter Euch werden die Frage stellen: Wie soll man mit jenen zahlreichen Aufständischen verfahren, die ehrlich für die Revolution kämpften, nun aber dank Grigorjews Verrat in seinen schimpflichen Reihen stehen? Sollen sie für Revolutionsfeinde gelten? Nein. Diese Genossen sind das Opfer eines Betruges geworden. Wir sind überzeugt, daß der gesunde revolutionäre Instinkt ihnen sagen wird, daß Grigorjew sie betrogen hat, und alsdann werden sie wieder zu den Fahnen der Revolution zurückkehren.

Wir müssen hier feststellen, daß die Ursachen, aus denen die ganze Grigorjew-Bewegung entstanden ist, nicht nur in Grigorjew allein zu suchen sind, sondern in vermehrtem Maße in der Unordnung, die sich in der letzten Zeit bei uns in der Ukraine bemerkbar gemacht hat. Seit die Bolschewiki bei uns eingerückt sind, kam die Diktatur ihrer Partei. Als staatserhaltende Partei haben die Bolschewiki überall staatliche Organe eingerichtet, um das revolutionäre Volk regieren zu können. Alles muß sich ihnen unterordnen und von ihrem wachsamen Auge bewacht werden! Jeder Widerstand, jeder Protest oder gar irgendein selbständiges Unterfangen wurde von ihren außerordentlichen Kommissionen abgewürgt. Zu allem Überfluß setzen sich alle diese Organe aus Personen zusammen, die der Arbeit und der Revolution gleich fern stehen. Auf diese Weise hat sich eine Lage ergeben, bei der das ganze werktätige und revolutionäre Volk unter die Aufsicht und Regierung von Leuten gekommen ist, die den Werktätigen ferne stehen und zu Willkürakten und Vergewaltigungen dieser Werktätigen leicht geneigt sind. In dieser Art hat sich die Parteidiktatur der Kommunisten-Bolschewiki erwiesen. Dieses hat in den Massen Erbitterung, Proteste und ein feindliches Verhalten zu der bestehenden Ordnung hervorgerufen. Grigorjew hat sich in seinem Abenteuer dies zunutze gemacht. Grigorjew ist ein Verräter an der Revolution und ein Volksfeind, doch ist die kommunistisch-bolschewistische Partei nicht minder als er ein Feind der Arbeit. Durch ihre unverantwortliche Diktatur hat sie in den Massen Erbitterung großgezogen, eine Erbitterung, die heute Grigorjew zugute kommt, morgen aber einem beliebigen anderen Abenteurer. Wenn wir daher den Ataman Grigorjew als einen Verräter an der Revolution brandmarken, so fordern wir gleichzeitig auch Rechenschaft für die Grigorjewsche Bewegung von der kommunistischen Partei.

Erneut bringen wir es dem werktätigen Volk in Erinnerung, daß das Volk eine Befreiung vom Joch, von der Unterdrückung, von der Verarmung nur durch seine eigenen Anstrengungen erreichen können wird. Hierbei wird ihm kein Regierungswechsel helfen. Nur durch ihre eigenen freien Arbeiter- und Bauernorganisationen werden die Werktätigen ans Ufer der sozialen Revolution, volle Freiheit und wahrhafte Gleichheit erreichen können. Tod und Untergang allen Verrätern und Volksfeinden! Fort mit dem nationalen Hader! Fort mit den Provokateuren! Es lebe die allgemeine Vereinigung der Arbeiter und Bauern! Es lebe die freie werktätige Weltkommune!

Unterschrieben vom Kollegium des Div.-Stabes der Batjko-Machno-Truppen. Mitglieder des Kollegiums: Batjko Machno, A. Tschubenko, Michaleff-Pawlenko, A. Olchowik, J. M. Tschutschko, E. Karpenko, M. Pusanow, W. Scharowski, P. Arschinoff, B. Weretelnikoff.
Dem schlossen sich an: Die Mitglieder der Exekutive des Sowjets der Arbeiter-, Bauern- und Roten Armeedeputierten der Stadt Alexandrowsk: Vors. der Bezirksexekutive Andrjustschenko, Vorsteher der Verwaltungs-Abtlg. Spota, Abtlg.-Vorsitzender Gawrilow, Mitglied des Gorispolkom pol. Kom. A. Bondar.«

Dieser Aufruf wurde in einer ungeheuren Anzahl von Exemplaren unter den Bauern und an der Front verbreitet und im Hauptorgan der aufständischen Machnowzy »Putj k swobodje« und im Anarchistenblatt »Nabat« besonders veröffentlicht.

Das Grigorjewsche Abenteuer brach ebenso schnell zusammen, wie es emporgekommen war. Es hatte einige Judenpogrome ausgelöst, von denen eines in Jelisawetgrad kolossalen Umfang angenommen hatte. Im endlichen Ergebnis zogen sich die aufständischen Massen rasch von Grigorjew zurück. Die Bauernschaft konnte ihn nicht unterstützen, da sie ja sah, wie leer er eigentlich war. So blieb denn Grigorjew mit seiner Abteilung von einigen tausend Mann allein zurück; er verschanzte sich im Gouvernement Cherson im Alexandrisker Kreis. Trotzdem hat dieses Abenteuer den Bolschewiki viel Ungelegenheiten bereitet. Doch kaum war ihnen die Stellungnahme des Gulai-Polsker Rayons klar geworden, so atmeten sie erleichtert auf: Nun konnten sie sicher sein. Die Sowjetregierung posaunte es überall aus, daß die Machnowzy sich zum Grigorjew-Aufstand ablehnend verhielten. Sie war darauf bedacht, die Stellungnahme der Machnowzy im Sinne einer lebhaften Propaganda gegen Grigorjew auszunutzen. Machnos Name war in jeder Sowjetzeitung zu finden. Seine Telegramme wurden wiederholt veröffentlicht. Er wurde als der wahre Hüter der Arbeiter- und Bauernrevolution gefeiert. Selbst Grigorjew suchte man mit ihm zu schrecken, indem man eine Geschichte erfand, er wäre von allen Seiten von Machnotruppen umringt und würde von ihm gefangen genommen oder vollkommen vernichtet werden.

Doch waren alle diese Lobhudeleien die man Machno entgegenbrachte, heuchlerisch und sie dauerten auch nicht lange an. Kaum war die Grigorjew-Gefahr vorüber, da begann die frühere übliche Agitation der Bolschewiki gegen die Machnowstschina wieder. Trotzki, der um diese Zeit in der Ukraine eingetroffen war, gab dieser Agitation den eigentlichen Ton: Die Aufstandschaft wäre eine Bewegung reicher Großbauern, die darauf ausgingen, die Macht im Land an sich zu bringen. Alles Gerede der Machnowzy und Anarchisten von einem regierungslosen Gemeinschaftsleben wäre nichts weiter als eine List. In Wirklichkeit strebten sowohl die Machnowzy wie auch die Anarchisten nach ihrer anarchistischen Macht, die eben nichts anderes wäre als die Macht der reichen

Großbauern, der »Kulaki« (Nr. 51 der Zeitung »W Puti«, Trotzkis Artikel »Machnowstschina«). Gleichzeitig mit dieser bewußtermaßen lügnerischen Agitation wurde die Blockade des Gebietes außerordentlich verschärft. Nur mit der größten Mühe gelang es jenen revolutionären Arbeitern in den Rayon zu gelangen, die sich durch ihre Liebe zu dem unabhängigen und stolzen Rayon auch aus den entferntesten Gegenden Rußlands, so aus Iwanowo-Wosnessensk, Moskau, Petersburg, von der Wolga, aus dem Ural und aus Sibirien dorthin gezogen fühlten. Die Zustellung von Patronen und erforderlichen Waffen, wie man sie täglich an der Front brauchte, wurde ganz eingestellt. Noch zwei Wochen vorher, zur Zeit des Grigorjewschen Aufstandes, war Großmann Roschin nach Gulai-Pole gekommen; man hatte ihm die überaus schwierige Lage der Front wegen des herrschenden Munitionsmangels geschildert. Roschin hatte diese Schilderungen lebhaft aufgegriffen und die Verpflichtung übernommen, in Charkow dahin zu wirken, daß die erforderlichen Munitionsvorräte umgehend an die Front geschickt würden. Darüber waren mehr als zwei Wochen vergangen, Patronen wurden nicht geschickt und die Lage an der Front wurde katastrophal. Dieses ereignete sich zu einem Zeitpunkt, als die Denikintruppen gerade an diesem Frontabschnitt durch Zustrom der Kubanschen Plastun-Regimenter und verschiedener kaukasischer Formationen unglaublich angeschwollen waren.

Ob sich wohl die Bolschewiki darüber Rechenschaft gegeben haben, was sie taten, und über die Folgen ihres Tuns in der immer komplizierter werdenden Lage in der Ukraine?

Sicher haben sie sich Rechenschaft über ihr Tun abgelegt. Die Blockadetaktik hatten sie angewandt um die Wehrfähigkeit des Rayons auf ein Minimum zu reduzieren. Mit Unbewaffneten ist es leichter zu kämpfen als mit Bewaffneten. Die Aufständischen die keine Munition hatten, die zudem durch die schwierige Denikinfront gebunden waren, waren leichter zu entwaffnen, als Aufständische, die reichlich mit Munition versehen waren. Gleichzeitig aber haben die Bolschewiki sich überhaupt keine Rechenschaft über die Gesamtlage im Donezrayon gegeben. Die Denikinfront und die Denikinschen Streitkräfte waren ihnen vollkommen unbekannt. Auch über Denikins nächstliegende Pläne waren sie ganz im Ungewissen. Inzwischen aber waren am Don, Kuban und im Kaukasus gewaltige, gutgeschulte Truppenmengen formiert worden, um einen Generalfeldzug gegen die Revolution zu unternehmen. Da die Denikintruppen im Verlauf der ersten vier Monate auf hartnäckigen Widerstand im Gulai-Polsker Rayon stießen, konnten sie nirgend sonst ihren Angriff ernsthaft entfalten, da der Gulai-Polsker Rayon ihren linken Flügel beim Vorrücken nach Norden ernsthaft bedrohte. Im Verlauf von vier Monaten hatte General Schkuro vergebens in erbitterten Kämpfen versucht, diese Drohung aus der Welt zu schaffen. Mit desto größerer Energie bereiteten sie sich zur zweiten Kampagne vor, die dann seit Mai 1919 in gewaltigem Maßstab, der sogar den Machnowzy überraschend kam, gebührt wurde. Das alles wußten die Bolschewiki nicht, d.h. richtiger gesagt, sie wollten nicht darum wissen, weil sie sich ganz der Idee des Kampfes gegen die Machnowstschina hingegeben hatten

So rückte denn die Gefahr gegen den freien Rayon, damit zugleich aber auch gegen die ganze ukrainische Revolution von zwei Seiten heran. In Erwägung dieser Lage beschloß der Gulai-Polsker Revolutionäre Kriegssowjet einen außerordentlichen Kreiskongreß der Bauern, Arbeiter, Aufständischen und Rotgardisten der Gouvernements Jekaterinoslaw, Charkow, Taurien, Cherson und Donez einzuberufen. Der Kongreß sollte zur Gesamtlage in diesem Kreis Stellung nehmen im Hinblick auf die furchtbare Gefahr, die durch die Denikinsche Konterrevolution drohte, und in Anbetracht der Ohnmacht der Sowjetregierung irgend etwas zur Abwendung dieser Gefahr zu unternehmen; der Kongreß sollte die Aufgaben und praktischen Maßnahmen der Werktätigen im Zusammenhang mit der entstandenen Lage festlegen.

Hier folgt der Text des Aufrufes des Revolutionären Kriegssowjets an die Werktätigen der Ukraine:

»Bekanntmachung über die Einberufung des vierten außerordentlichen Kongresses der Bauern-, Arbeiter- und Aufständischen-Delegierten – Telegramm Nr. 416.

Allen Exekutiven der Bezirke: Wolostji und Flecken des Jekaterinoslawschen und Taurischen Gouvernements und der diesen benachbarten Bezirke, Wolostji und Flecken; allen aufständischen Truppen der ersten ukrainischen aufständischen Batjko-Machno-Division und den Truppenteilen der Roten Armee, die im Rayon dieses Gebietes stationiert sind. Allen. Allen. Allen.

Die Exekutive des Revolutionären Kriegssowjets hat in einer Sitzung vom 30. Mai die an der Front entstandene Lage im Zusammenhang mit dem Anmarsch weißgardistischer Banden erörtert; in Berücksichtigung der allgemeinen wirtschaftlichen und politischen Lage der Sowjetregierung ist die Exekutive der Ansicht, daß ein Ausweg aus der so entstandenen Lage nur durch die werktätigen Massen selber, nicht aber durch einzelne Personen und Parteien gefunden werden könne. Infolgedessen hat die Exekutive des Revolutionären Kriegssowjets des Gulai-Polsker Rayons beschlossen, einen außerordentlichen Kongreß des Gulai-Polsker Rayons auf den 15. Juni 1919 im Flecken Gulai-Pole einzuberufen. Abordnungsnorm: 1. Die Bauern und Arbeiter einer dreitausend Kopf starken Bevölkerung wählen je einen Vertreter. 2.Die Aufständischen und Rotgardisten entsenden je einen Vertreter für jeden einzelnen Truppenteil (Regiment, Division usw.). 3. Von den Stäben: der Batjko-Machno Division: – zwei Delegierte und der Brig: – je einen Delegierten. 4. Von den Bezirks-Exekutiven je einen Vertreter von jeder Fraktion. 5. Bezirksparteiorganisationen, die das Sowjetprinzip anerkennen, entsenden je einen Vertreter.

Anmerkung: a) Die Wahlen der Delegierten der werktätigen Bauern und Arbeiter haben auf allgemeinen Dorf-, Bezirks- und Fabrikversammlungen stattzufinden; b) keinesfalls von Einzelversammlungen von Mitgliedern des Sowjets und der Fabrikkomitees; c) da dem Revolutionären Kriegssowjet die erforderlichen Barmittel fehlen müssen die zu entsendenden Abgeordneten sich mit den erforderlichen Lebensmitteln an Ort und Stelle versehen.

Tagesordnung: a) Bericht der Exekutive des Revolutionären Kriegssowjets und von den Orten her; b) die Gesamtlage; c) Ziel, Bedeutung und Aufgaben des Gulai-Polsker Rayonsowjets der Bauern-, Arbeiter-, Aufständischen- und Rotgardisten-Abgeordneten; d) Umbildung des Rev. Rayon-Kriegssowjets; die militärische Organisation im Rayon; f)die Lebensmittelfrage; g) die Agrarfrage; h) die finanzielle Frage; i) von den Verbänden der werktätigen Bauernschaft und der Arbeiter; k) vom Schutz der Gesellschaftsordnung; i) Sicherung der Rechtspflege im Rayon; m) laufende Angelegenheiten.

Die Exekutive des Rev. Kriegssowjets.
Gulai-Pole, 31. Mai 1919.«

Seit diesem Aufruf begann ein allgemeiner Kriegszug der Bolschewiki gegen Gulai-Pole.

Während die aufständischen Truppen unter dem Ansturm der Kosakenlawinen in den Tod gingen, brachen die Bolschewiki mit einigen Regimentern von Norden, d.h. von der Etappenseite her in die aufständischen Dörfer ein, griffen und erschossen an Ort und Stelle einzelne aufständische Arbeiter, zerstörten die Kommunen oder ähnliche Organisationen im Rayon. In diesem Feldzug hat ohne Zweifel Trotzki, der um diese Zeit in der Ukraine eingetroffen war, die entscheidende Rolle gespielt. Man kann unschwer erraten, was für Gefühle er gehabt haben mag als er den freien Rayon erblickte, die Reden des Volkes hörte, das unmittelbar dahinlebte und die neue Regierung absichtlich übersah, als er die Zeitungen dieses Volkes las, in denen er in schlichter, furchtloser Weise kurzweg ein Staatsbeamter genannt wurde. Er, der den Anarchismus in Rußland bedroht hatte, er würde ihn »mit eisernem Besen« aus Rußland hinwegfegen, konnte, als er das alles sah, nur das Gefühl einer wilden, blinden Gereiztheit verspüren, wie sie »Staatsbefürwortern« seiner Art eigentümlich sein muß. Zahlreiche Befehle, die er gegen die Machnowstschina gerichtet hat, geben diesem Gefühl Ausdruck.

Mit einer Ungebundenheit, die keine Grenzen kannte, machte sich Trotzki daran, die Machnobewegung zu liquidieren.

Vor allen Dingen beantwortete er den Aufruf des Gulai-Polsker Revolutionären Kriegssowjets mit folgendem Befehl:

»Befehl No. 1824 des revolutionären Kriegssowjets der Republik. 4. Juni 1919. Charkow.

An alle Militärkommissare und Exekutiven der Bezirke Alexandrowsk, Mariupol, Berdjansk, Bachmut, Pawlograd und Cherson.

Die Exekutive von Gulai-Pole versucht samt dem Stab der Brigade Machno zum 15. Juni einen Sowjet- und Aufständischen-Kongreß der Bezirke Alexandrowsk, Mariupol, Berdjansk, Militopol, Bachmut und Pawlograd einzuberufen. Der genannte Kongreß ist ganz und gar gegen die Sowjetregierung in der Ukraine und gegen die Organisation der Südfront gerichtet, zu deren Bestand die Brigade Machno gehört. Ergebnis dieses Kongresses könnte nur ein neuer abscheulicher Aufstand im Geist der Grigorjewschen Rebellion sein und Öffnung der

Front vor den Weißgardisten, vor denen die Brigade Machno stets zurückweicht, dank der Unfähigkeit, der verbrecherischen Einstellung und dem Verrat ihrer Kommandeure.

1. Der obengenannte Kongreß ist verboten und kann auf gar keinen Fall gestattet werden.

2. Die gesamte Arbeiter- und Bauernbevölkerung muß mündlich und schriftlich gewarnt werden, daß die Teilnahme am Kongreß als Hochverrat an der Sowjetrepublik und an der Sowjetfront betrachtet werden wird.

3. Alle Abgeordneten, die zu dem genannten Kongreß gewählt wurden, sind sofort zu verhaften und dem revolutionären Kriegstribunal der 14., ehemals 2. ukrainischen Armee einzuliefern.

4. Verbreiter der Aufrufe Machnos und der Gulai-Polsker Exekutive sind zu verhaften.

5. Dieser Befehl tritt telegraphisch in Kraft und muß weiteste Verbreitung im Land finden, er ist an allen öffentlichen Orten anzuschlagen und den Vertretern der Bezirks- und Dorfexekutiven auszuhändigen, ferner allen Vertretern der Sowjetregierung überhaupt, desgleichen den Kommandeuren und Kommissaren der Truppenteile.

Der Vorsitzende des revolutionären Kriegssowjets der Republik: Trotzki.

Der Oberkommandierende: – Watzetis.

Mitglied des rev. Kriegssowjets der Republik: Araloff. Charkower Bezirks-Militärkommissar: Koschkareff«

Das Dokument ist klassisch. Jeder, der sich mit dem Studium der russischen Revolutionsgeschichte abgibt, sollte es auswendig lernen. Wie treffsicher und richtig hatten doch die Gulai-Polsker Bauernrevolutionäre bereits vor etwa anderthalb Monaten in ihrer berühmten Antwort an Dybenko, die weiter oben gebracht war, diesen ganzen Befehl vorweggenommen! Geradeheraus hatten sie an die Bolschewiki folgende Fragen gerichtet:

– »Kann es Gesetze einiger Menschen geben, die erklären, sie wären Revolutionäre, die ihnen das Recht verleihen, ein revolutionäreres Volk, als sie es sind, für vogelfrei zu erklären?«

§ 2 in Trotzkis Befehl antwortet exakt, daß es solche Gesetze geben könne und daß sein Befehl ein solches Gesetz wäre.

– »Gibt es ein solches Gesetz – fragen die von Gulai-Pole weiter –, demzufolge ein Revolutionär das Recht hätte, die härtesten

Strafmaßnahmen auf jede revolutionäre Masse in Anwendung zu bringen, für die er kämpft und zwar dafür, daß die Volksmasse ohne vorherige Erlaubnis das Gute – nämlich Freiheit und Gleichheit – sich selber genommen hat, die ihm der Revolutionär versprochen hatte?«

Der nämliche § 2 in Trotzkis Befehl beantwortet das in bejahendem Sinn: Der Befehl erklärt im Voraus die gesamte Arbeiter- und Bauernbevölkerung zu Staatsverrätern, falls sie es wagen sollte, sich am freien Kongreß zu beteiligen.

– »Darf auf Grund des Revolutionsgesetzes ein Abgeordneter dafür erschossen werden, daß er für die Durchführung eines Auftrages einsteht, der ihm von der revolutionären Masse erteilt wurde?«

Die Paragraphen 3 und 4 in Trotzkis Befehl besagen, daß nicht nur die Vertreter, die sich für den Auftrag der revolutionären Masse einsetzen, sondern auch die eben gewählten Delegierten, die von der revolutionären Masse überhaupt noch keine Aufträge erhalten haben, verhaftet und erschossen werden sollen. (Einlieferung an das rev. Kriegsarmee-Tribunal ist gleichbedeutend mit Erschießung, der z.B. Kostjin, Polunin, Dobroljuboff u.a. zum Opfer fielen, die dem Armee-Tribunal eingeliefert wurden, weil sie angeklagt waren, sie hätten den Aufruf des Gulai-Polsker Revolutionären Kriegssowjets beraten).

Der ganze Befehl ist eine so glatte Usurpierung der Rechte der Werktätigen, daß die hier angeführten Erläuterungen vollauf genügen mögen.

Für den schuldigen Urheber aller Vorkommnisse in Gulai-Pole, aller revolutionären Maßnahmen im Rayon hielt Trotzki nach althergebrachter Schablone Machno. Er bemühte sich nicht einmal, sich davon zu überzeugen, daß der Kongreß nicht vom Stab der Brigade Machno und nicht von der Exekutive in Gulai-Pole einberufen wurde, sondern von einem Organ, welches von diesem ganz unabhängig war, nämlich vom Revolutionären Rayon-Kriegssowjet. Es ist bemerkenswert, daß Trotzki bereits in diesem Befehl die Idee vom Verrat der Machnoschen Kommandeure, »die sich dauernd vor den Weißgardisten zurückziehen«, lanciert. Einige Tage später werden er und die ganze kommunistische Presse zu verkünden wissen, die Machnowzy hätten Denikin ihre Front geöffnet.

Wir wissen bereits, daß diese Frontlinie ausschließlich dank der Bemühungen und Opfer der aufständischen Bauern gebildet wurde. Sie war in heroischen Augenblicken ihres Lebens entstanden, nämlich in jenen Tagen, als der Rayon von allen Machthabern befreit wurde und im Südosten gleichsam als Vorhut und Verteidiger ihrer Freiheit Stellung nahm. Länger als sechs Monate haben die revolutionären Aufständischen an dieser Front einen der gewaltigsten Ströme der monarchistischen Konterrevolution eingedämmt, haben einige Tausend ihrer besten Söhne zum Opfer gebracht, haben alle ihre Kräfte im Rayon mobilisiert und waren bereit, bis zum letzten Blutstropfen ihre Freiheit gegen den Hauptangriff der Konterrevolution zu verteidigen. In wie hohem Maße dieser Frontabschnitt vor allen Dingen von den Aufständischen gehalten wurde, sogar in der allerletzten Zeit, beweist die oben angeführte Depesche Kameneffs die auf Anlaß des Grigorjewschen Aufstandes nach Gulai-Pole geschickt wurde. In dieser Depesche richtet der außerordentliche Bevollmächtigte Moskaus an Machno die Anfrage, er möge ihm die Dislokation der aufständischen Truppen an der Denikinfront angeben. Es ist klar, daß er diese Anfrage an Machno nur darum richtete, weil er in Charkow, wo er sich damals aufhielt, nicht die erforderlichen Daten erhalten konnte, auch nicht einmal durch das Kriegskommissariat oder vom Kommandeur der Front. Eine ohne Zweifel noch geringere Vorstellung besaß Trotzki von der südlichen Anti-Denikinfront; Trotzki war in der Ukraine eingetroffen, als diese schon an allen Ecken und Enden von den Konterrevolutionären in Brand gesteckt worden war. Trotzki brauchte aber eine formale Rechtfertigung für seinen verbrecherischen Feldzug gegen das revolutionäre Volk, und mit beispiellosem Zynismus und Gemeinheit erklärte er, der zum 15. Juni einberufene Bauern-, Arbeiter- und Aufständischen-Kongreß wäre ausschließlich gegen die Organisation der Südfront gerichtet. Hieraus ergab sich folgendes: Die Bauern und Aufständischen setzen alle Kräfte daran, die Südfront zu befestigen, sie rufen alle Waffenfähigen eiligst auf, als Freiwillige gegen Denikin mitzukämpfen (Resolution des zweiten Rayonkongresses vom 19. Februar 1919 über die freiwillige, ausgleichende Mobilmachung der letzten zehn Jahrgänge). Gleichzeitig aber organisieren eben dieselben Bauern und Aufständischen eine heimliche Verschwörung gegen die eigene Front. Man könnte glauben, daß solche Behauptungen von geisteskranken Personen gemacht wurden. Aber nein, das sind Behauptungen vollkommen gesunder Leute, die sich indessen an ein unglaublich zynisches Verhalten zum Volk gewöhnt haben.

Den angeführten Befehl Trotzkis, den die Sowjetregierung dem Armeestab der Machnowzy nicht hatte zugehen lassen und von dem die Machnowzy nur durch Zufall zwei oder drei Tage später Kenntnis erhielten, beantwortete Machno umgehend mit einem Telegramm, in dem er seinem Wunsch Ausdruck gab, als Kommandeur in Anbetracht der unhaltbar gewordenen Lage seinen Abschied zu nehmen. Bedauerlicher Weise haben wir den Text dieses Telegrammes nicht zu unserer Verfügung.

Trotzkis Befehl wurde telegraphisch weitergegeben. Die Bolschewiki führten alle diese Paragraphen nach Kriegsrecht durch. Die Arbeiterversammlungen der Alexandrowsker Werkstätten, auf denen der Aufruf des revolutionären Kriegssowjets des Gulai-Polsker Rayons verhandelt wurde, wurden mit Gewalt gesprengt und für gesetzwidrig erklärt. Die Bauern wurden mit Erschießung und mit dem Galgen bedroht. An verschiedenen Orten im Rayon wurden Personen aufgegriffen, - so Kostin, Polunin, Dobroljuboff u.a., - der Verbreitung von Aufrufen des Revolutionären Kriegssowjets angeklagt und von dem parteiischen Revolutionären Kriegstribunal zum Tode verurteilt. Außer diesem Befehl hatte Trotzki noch eine Anzahl von Armeeerlassen veröffentlicht, in denen die Rote Armee aufgefordert wurde, die Machnowstschina von Grund aus zu vernichten. Außerdem hatte er den Geheimbefehl gegeben, Machno, die Mitglieder des Stabes, die kulturellen Mitarbeiter der Bewegung auf jeden Fall zu verhaften und sie dem Revolutionären Kriegstribunal, mit anderen Worten, dem Henker auszuliefern.

Nach dem Zeugnis einer verantwortlichen Persönlichkeit, welche einige Divisionen der Roten Armee kommandierte, auch einiger anderer Personen, die damals bei den Bolschewiki hohe militärische Posten bekleideten, hatte Trotzki seine Politik hinsichtlich der Machnowstschina etwa folgendermaßen definiert: Es wäre besser, die ganze Ukraine Denikin abzutreten als eine Weiterentwicklung der Machnowstschina zu dulden. Die Denikinstschina ließe sich, da sie doch offenkundige Konterrevolution sei, immer durch klassenmäßige Agitation zersetzen. Die Machnowstschina aber breite sich in den niedersten Schichten der Massen aus und bringe ihrerseits eben diese Massen gegen die Bolschewiki auf.

Einige Tage vor diesen Ereignissen hatte Machno dem Stab und dem Sowjet darüber eine Mitteilung zugehen lassen, daß die Bolschewiki einige ihrer Regimenter vom Grischinsker Frontabschnitt zurückgezogen hätten, wodurch den Denikintruppen von der Flanke, nämlich von Nordosten her, freier Zutritt in den Gulai-Polsker Rayon gewährt war. Tatsächlich brachen die Kosakenhorden in den Rayon nicht etwa von der aufständischen Front her ein, sondern vom linken Flügel her, wo die Truppen der Roten Armee standen. Infolgedessen erwies sich die Machnoarmee, welche die Linie Mariupol-Kutlinikowo-Taganrog besetzt hielt, von den Denikintruppen als umgangen. Diese Truppen strömten nun in gewaltigen Mengen mitten ins eigentliche Zentrum des Rayons. Weiter oben wurde ausgeführt, daß die Bauern im ganzen Rayon einen allgemeinen Angriff der Denikintruppen erwarteten. Sie hatten sich darauf vorbereitet und sich mit einer Mobilmachung der letzten zehn Jahrgänge einverstanden erklärt. Bereits im April hatten die Bauern verschiedener Dörfer zahlreiche frische Kämpfer nach Gulai-Pole geschickt. Doch fehlte es im Rayon an Waffen. Selbst die alten Fronttruppen hatten keine Patronen mehr und griffen die Denikintruppen häufig nur darum an, um Munition zu erbeuten. Die Bolschewiki, die sich vertraglich verpflichtet hatten, den Aufständischen Munition zu liefern, hatten bereits im April die Blockade begonnen und ließen weder Waffen noch Munition in den Rayon herein. Infolgedessen gelang es nun nicht, obwohl Freiwillige vorhanden waren, rechtzeitig neue Truppen aufzustellen, und der Rayon hatte das nun zu büßen.

Die Bauern von Gulai-Pole formierten im Laufe eines Tages ein Regiment, um ihren Flecken zu retten. Man mußte sich so einfach wie möglich bewaffnen, mit Beilen, Piken, vereinzelten Gewehren, Jagdflinten usw. Sie gingen den heranbrausenden Kosakenhorden entgegen und versuchten, diesen Strom abzudämmen. Fünfzehn Kilometer vor ihrem Flecken stießen sie beim Dorf Swjatoduchowka im Alexandrowsker Bezirk mit viel stärkeren Feinden, den Don- und Kubankosaken zusammen. Die Leute von Gulai-Pole begannen nun einen erbitterten, heroischen Kampf, doch mußten sie fast alle ihr Leben lassen, zusammen mit ihrem

Kommandeur B. Weretelnikoff, einem Arbeiter der Putiloff-Werke, der in Gulai-Pole geboren war. Die riesige Kosakenwelle wälzte sich über Gulai-Pole her und besetzte es am 6. Juni. Machno zog sich mit dem Stab der Armee nebst einer kleinen Abteilung und einer Batterie auf die Bahnstation Gulai-Pole, die sieben Kilometer vom Flecken ab lag, zurück, doch mußte er gegen Abend auch diese Stellung aufgeben. Am nächsten Tage faßte Machno alles an Streitkräften zusammen, was er nur greifen konnte und rückte gegen Gulai-Pole vor; er drängte die Denikintruppen heraus und besetzte den Flecken. Doch wurde er durch frische Kosakentruppen gezwungen, den Flecken wieder aufzugeben.

Es muß bemerkt werden, daß die Bolschewiki, nachdem sie eine Reihe von Erlassen gegen die Machnowzy bekannt gegeben hatten, sich in den ersten Tagen loyal zu ihnen verhielten, als wäre nichts zwischen ihnen vorgefallen. Das war ihre Taktik, mit der sie bezweckten, der Führer der Machnowstschina desto sicherer habhaft zu werden. Am 7. Juni schickten sie Machno einen Panzerzug, baten ihn sich so lange als möglich zu halten und versprachen, ihm Verstärkung zu senden. Tatsächlich trafen einen Tag darauf in Gjaitschur, einer 20 Kilometer von Gulai-Pole abliegenden Bahnstation, von Tschaplino her einige Echelons roter Truppen ein. Mit diesen Truppen trafen ein: der Militärkommissar Meshlauk, Woroschiloff u.a. Zwischen dem Kommando der roten Truppen und den Aufständischen wurde eine Verbindung hergestellt und eine Art gemeinsamer Stab geschaffen. Meshlauk und Woroschiloff befanden sich zusammen mit Machno im selben Panzerzug und leiteten mit ihm gemeinsam die militärischen Operationen. Woroschiloff hatte aber gleichzeitig den Befehl Trotzkis in der Tasche, Machno und alle verantwortlichen Führer der Machnowstschina zu verhaften, die aufständischen Truppen zu entwaffnen, und jeden, der sich widersetzen würde, niederzuschießen. Woroschiloff wartete nun auf einen geeigneten Augenblick. Machno war rechtzeitig gewarnt worden und überlegte, was er tun solle. Er erwog die Gesamtlage und merkte, daß es von einem Tag zum anderen zu blutigen Ereignissen kommen könne. Er suchte nach einem vernünftigen Ausweg. Am zweckmäßigsten wollte es ihm erscheinen, wenn er seinen Posten als Kommandeur der aufständischen Truppen aufgäbe. Dieses teilte er auch dem Stab der aufständischen Armee mit und fügte hinzu, daß seine Tätigkeit in den niedersten Schichten der Aufstandschaft als einfacher Aufständischer zur Zeit am nützlichsten wäre. So tat er auch. Im Zusammenhang hiermit richtete er eine motivierte Erklärung an das Sowjetkommando. Hier ist sie:

»An Woroschiloff, Stab der 14. Armee. Charkow. – An den Vorsitzenden des revolutionären Kriegssowjets Trotzki. Moskau – Lenin, Kameneff.

Mit Bezugnahme auf den Befehl des rev. Kriegssowjets der Republik sub. No. 1824 telegraphierte ich an den Stab der zweiten Armee und an Trotzki, und suchte darum nach, mich meines Amtes zu entheben. Mit Gegenwärtigem gebe ich erneut dieselbe Erklärung ab, wobei ich es für meine Pflicht halte, folgende Erläuterungen zu meiner Erklärung hinzuzufügen. Obwohl ich im Verein mit den Aufständischen ausschließlich gegen die weißen Denikinbanden gekämpft habe und dem Volk nie etwas anderes verkündete, als Liebe zur Freiheit und zum eigenen Schaffen, hat doch die ganze offizielle Sowjetpresse wie auch die Parteipresse der Kommunisten-Bolschewiki über mich Lügennachrichten verbreitet, die eines Revolutionärs nicht würdig sind. Man hat mich als Banditen, als Komplizen Grigorjews, als Verräter an der Sowjetrepublik im Sinne der Wiederherstellung kapitalistischer Ordnungen geschildert. So stellt Trotzki in seinem Artikel »Machnowstschina« in No. 51 der Zeitung »W Putji« die Frage: »Gegen wen empören sich die Machnowschen Aufständischen?« und beweist in seinem ganzen Artikel, daß die Machnowstschina im Grunde genommen nichts anderes wäre, als eine gegen die Sowjetregierung gerichtete Front, wobei er mit keinem Wort von der faktisch bestehenden weißen Front redet, die sich auf über hundert Kilometer hin erstreckt, an der die Aufstandschaft im Verlauf von mehr als sechs Monaten ungezählte Opfer gebracht hat und noch bringt. Im vorerwähnten Befehl No 1824 werde ich als Verräter an der Sowjetrepublik erklärt und als Anstifter einer Rebellion in der Art der Grigorjewschen.
Ich halte es für ein unveräußerliches, durch die Revolution erkämpftes Recht der Arbeiter und Bauern, Kongresse zwecks Beratung und Beschließung sowohl ihrer privaten wie auch allgemeinen Angelegenheiten zu veranstalten. Daher ist das Verbot solcher Kongresse durch die Zentralregierung und die Erklärung ihrer Ungesetzlichkeit (Befehl No. 1824) ein direkter, niederträchtiger Bruch der Rechte der Werktätigen.

Ich gebe mir volle Rechenschaft über das Verhalten der zentralen Staatsverwaltung zu mir. Ich bin fest davon überzeugt, daß diese Regierung die gesamte Aufstandschaft für eine Erscheinung hält, die sich mit ihrer staatlichen Wirksamkeit nicht vereinigen läßt. Gleichzeitig hält die Zentralregierung die Aufstandschaft für eng mit mir verbunden und überträgt ihren Haß gegen die Aufstandschaft auf mich. Als Beispiel hierfür kann der vorerwähnte Artikel Trotzkis gelten, in dem er außer bewußt erlogenen Mitteilungen auch zu viel Persönliches und mir Feindliches zum Ausdruck bringt.

Das von mir vermerkte feindselige, in letzter Zeit aber aggressive Verhalten der Zentralregierung zur Aufstandschaft führt in verhängnisvoller Unvermeidlichkeit zur Bildung einer neuen inneren Front, an der hüben und drüben die werktätigen Massen stehen werden, die an die Revolution glauben. Ich halte das für das größte, unverzeihlichste Verbrechen am werktätigen Volk und halte es für meine Pflicht, alles nur Mögliche zu tun, um dieses Verbrechen zu verhindern. Als richtigstes Mittel, dieses von seiten der Regierung her drohende Verbrechen zu vereiteln, halte ich meinen Abgang von dem von mir bekleideten Posten. Ich denke, daß die Zentralregierung dann aufhören wird, mich zu verdächtigen, desgleichen auch die gesamte revolutionäre Aufstandschaft, als planten wir eine Verschwörung gegen die Sowjets, und ich hoffe, daß sie sich ernsthaft und in rechter revolutionärer Weise zur Aufstandschaft in der Ukraine als zu einem aktiven, lebendigen Gebilde der sozialen Massenrevolution verhalten wird, nicht aber wie zu einem feindlichen Lager, mit dem man bisher recht zweideutige, verdächtige Beziehungen knüpfte, um jede Patrone schacherte, oder überhaupt schlechthin die erforderliche Bewaffnung und Munitionsversorgung einstellte, weshalb es dazu kam, daß die Aufstandschaft häufig ungeheuerliche Verluste an Mannschaften und an revolutionären Gebieten tragen mußte, was sich aber bei einem anderen Verhalten der Zentralregierung zur Aufstandschaft leicht hätte vermeiden lassen. Ich beantrage, meine Rechenschaftsberichte und die übrigen Angelegenheiten von mir entgegenzunehmen.

Station Gjaitschur, am 9. Juni 1919.
Batjko-Machno.«

* * *

Inzwischen hatten sich die aufständischen Truppen, die bei Mariupol standen, nach Pologi und nach der Stadt Alexandrowsk zurückgezogen. Ganz unerwartet hatte sich Machno ihnen angeschlossen, nachdem er sich aus den Fangarmen, mit denen ihn die Bolschewiki auf der Station Gjaitschur gefaßt hatten losgerissen hatte. Der Stabchef der Machnoarmee, Oseroff, die Mitglieder des Stabes, Michaleff-Pawlenko und Burbyga, sowie einige Mitglieder des Revolutionären Kriegssowjets wurden hierauf in verräterischer Weise von den Bolschewiki festgenommen und hingerichtet. Dieses war der Anfang von Hinrichtungen vieler anderer Machnowzy, die damals in die Hände der Bolschewiki fielen.

Die Lage, in der sich Machno befand, war ungemein schwierig. Entweder mußte er seine Truppen, mit denen er die schwierigsten Augenblicke der ukrainischen Revolution durchlebt hatte, gänzlich verlassen oder er mußte sie zum Kampf gegen die Bolschewiki aufrufen. Angesichts des entscheidenden Anmarsches der Denikintruppen schien ihm Letzteres unmöglich. Mit dem ihm eigentümlichen Scharfsinn und revolutionären Instinkt hat es Machno glänzend verstanden, aus dieser schwierigen Lage zu kommen. Er richtete an die aufständischen Truppen einen ausführlichen Aufruf, in dem er die entstandene Lage schilderte, seinen Abgang als Kommandeur mitteilte und die Aufständischen bat, die Front gegen die Denikintruppen mit derselben Energie wie früher zu halten, ohne sich dadurch verwirren zu lassen, daß sie sich zeitweise unter dem Kommando von bolschewistischen Stäben befinden würden.

Gut die Hälfte der Machnotruppen blieb diesem Aufruf folgend, in ihren Stellungen und unterstellte sich als Truppenteile der Roten Armee, dem roten Kommando.

Gleichzeitig aber hatten die Kommandeure der aufständischen Truppen untereinander vereinbart, den geeigneten Augenblick abzupassen, da sie sich alle wieder unter dem Oberkommando Machnos würden zusammentun können, ohne dadurch der äußeren Front Abbruch zu tun. (Wie wir später sehen werden, war dieser Augenblick von den Aufständischen mit erstaunlicher Feinheit und Genauigkeit bestimmt worden.)

Hierauf verschwand Machno mit einer kleinen Kavallerietruppe. Die aufständischen Regimenter aber, die nun zu roten Regimentern umbenannt wurden, fuhren fort, unter dem Kommando ihrer ehemaligen Kommandeure - Kalaschnikoff, Kurilenko, Klein, Dermendshi u.a. - gegen die Denikintruppen zu kämpfen und deren Anmarsch gegen Alexandrowsk und Jekaterinoslaw aufzuhalten.

Bis zur allerletzten Zeit war den bolschewistischen Spitzenbehörden das Ausmaß der Denikinischen Offensive unbekannt. Wenige Tage vor dem Fall Jekaterinoslaws und Charkows hatte Trotzki erklärt, Denikin wäre überhaupt keine Gefahr, und die Lage der Ukraine wäre gesichert. Allerdings erklärte er sehr bald darauf, er wäre genötigt, nach genauerer Kenntnisnahme der Sachlage seine Behauptungen von gestern zurückzunehmen, und er müsse die Lage Charkows als überaus gefährdet bezeichnen. Dies geschah aber zu einer Zeit, wo es jedem Menschen klar sein mußte, daß das Schicksal der ganzen Ukraine schon besiegelt war. Ende Juni fiel Jekaterinoslaw. Anderthalb oder zwei Wochen später fiel auch Charkow.

Die Bolschewiki befaßten sich nun nicht mit einer Offensive, auch nicht einmal mit einer Defensive, sondern lediglich mit der Räumung der Ukraine. Alle Truppenteile der Roten Armee waren diesem Zweck angepaßt. Die Räumung der Ukraine erfolgte im buchstäblichen Sinne des Wortes ohne einen Schwertstreich.

Da nun, als es überall klar war, daß die Ukraine von den Bolschewiki preisgegeben würde und diese lediglich darauf bedacht waren, die männliche Bevölkerung möglichst zahlreich, desgleichen auch das rollende Material mitzuführen, hielt Machno den Augenblick für gekommen, um die Initiative zum Kampf gegen die Konterrevolution in seine Hände zu nehmen und als selbständige revolutionäre Macht sowohl gegen Denikin als auch gegen die Bolschewiki vorzugehen. Den Aufständischen, die sich zeitweise unter rotem Kommando befunden hatten, wurde die Parole gegeben, die roten Kommandeure zu stürzen und sich unter dem Kommando von Machno zusammenzuschließen.

7. Der große Rückzug der Machnowzy und ihr Sieg

Grigorjews Hinrichtung – Der Kampf bei Peregonowka – Die Niederlage der Denikin-Truppen – Freiheits-Ära

Wir hatten darauf hingewiesen, daß Machno, als er seine Stellung als Kommandeur der aufständischen Armee aufgab, sich mit einem kleinen Kavallerietrupp entfernt hatte. Er war in Richtung Alexandrowsk gezogen. Hier nun gelang es ihm, obwohl die Bolschewiki an der Front im Rayon der Station Gjaitschur nach seinem Kopf fahndeten, sein Amt offiziell niederzulegen und alle Angelegenheiten der aufständischen Division dem neuen Brigade-Kommandeur, der eben erst von den Bolschewiki eingetroffen war, zu übergeben. Diese Übergabe hatte Machno vorgenommen, um seine Stellung als Kommandeur offen und ehrlich aufzugeben, damit die Bolschewiki keinen Grund hätten, gegen ihn in Dingen, die die Division betrafen, Anklage zu erheben. Das Ganze war natürlich ein feines Spiel, das Machno anzunehmen gezwungen war, und das er mit Erfolg beendete.

Inzwischen lastete Denikins Offensive mit ganzer Wucht auf der werktätigen Bevölkerung. Massen von Bauern flüchteten Rettung suchend zu Machno als zum Volksführer. Auch zahlreiche Aufständische, die im Rayon zerstreut waren, strebten zu ihm hin. In einer oder in zwei Wochen hatte sich um Machno eine ganz neue, revolutionär-aufständische Truppe gebildet. Mit dieser Truppe und mit einigen Abteilungen der ursprünglichen Aufstandsarmee, die vor Alexandrowsk eingetroffen waren, begann Machno die Denikintruppen aufzuhalten, indem er sich langsam zurückzog und bemüht war, sich ein Bild von der Lage zu machen und sich gehörig zu orientieren.

Die Denikintruppen, die die Ukraine schnell besetzten, ließen Machno keinen Augenblick außer Acht, wohl eingedenk der Opfer und gewaltigen Anstrengungen, die er ihnen im Verlauf des vergangenen Winters gekostet hatte. Sie rückten gegen ihn mit einem besonderen Korps an, das sich aus 12 bis 15 Kavallerie- und

Infanterieregimentern zusammensetzte. Hier handelte es sich aber nicht um einen Kampf gegen die Machnoarmee allein. Fast alle Flecken des Machnorayons, die von den Denikintruppen besetzt wurden, wurden verwüstet und zerstört. Die Bauern wurden beraubt, hingemordet. Die Offiziere nahmen an ihnen für die Revolution Rache.

Gleich am ersten Tage der Besetzung von Gulai-Pole durch die Denikintruppen wurden zahlreiche Bauern erschossen, die Bevölkerung auf das härteste gestraft und hunderte von Plan- und Bauernwagen, beladen mit dem Hab' und Gut der Bewohner von Gulai-Pole, von Schkuro-Kosaken an den Don und ins Kubangebiet abgeführt. Fast alle jüdischen Frauen im Flecken wurden vergewaltigt.

Darum folgten der auf dem Rückzug begriffenen Machnoarmee tausende von Bauernfamilien aus verschiedenen Dörfern, mit ihrer Habe und mit ihrem Vieh. Es hatte sich ein gewaltiger Treck gebildet, der sich hunderte von Kilometer hinzog. Dies war in der Tat eine richtige Völkerwanderung, ein ganzes »Reich auf Rädern«, das der Armee nach Westen hin folgte. Diese enorme, schwerfällige Flüchtlingsmasse blieb an den verschiedensten Orten der Ukraine hängen. Weitaus die Mehrzahl hatte ihre Habe und ihre Heimat für immer verloren; viele hatten ihr Leben lassen müssen.

Zunächst verschanzte sich Machno am Dnjepr bei der Stadt Alexandrowsk und hielt eine Zeitlang die Kitschkaßker Brücke[1] besetzt. Hierauf zog er sich vor dem in Übermacht andrängenden Feind nach Dolinskaja zurück und von dort nach Jelisawetgrad. Um diese Zeit hatten die Sowjettruppen ihre selbständige Bedeutung in der Ukraine verloren. Ein Teil dieser Truppen war nach Großrußland abgezogen, während die Truppenteile, die in der Ukraine geblieben waren, schwankend wurden, weil sie zu ihrem Kommando das Vertrauen verloren.

Für Machno war der Zeitpunkt günstig, diese Truppen in seine Armee aufzunehmen. Doch war sein Hauptaugenmerk in dieser Zeit auf etwas anderes gerichtet.

---

[1] Eine der größten Eisenbahnbrücken Rußlands führt über den Dnjepr bei Alexandrowsk.

Längst schon machte sich auf dem Hintergrund der ukrainischen revolutionären Wirklichkeit ein dunkler Fleck bemerkbar, den Machno die ganze Zeit über fest im Auge behalten hatte. Das war die »Grigorjewstschina«.

Obwohl Grigorjew gleich nach den ersten Tagen seiner Aktion gegen die Sowjetregierung einen großen Teil seines Anhanges verloren hatte, war seine Truppe doch noch nicht endgültig zersetzt; er hatte sich mit einigen Abteilungen im Chersonschen Gouvernement verschanzt und führte nun einen Guerillakrieg gegen die Bolschewiki. Die Gefechtsstärke der über das Gouvernement zerstreuten Abteilungen, die sich unter seinem Einfluß befanden, belief sich auf einige tausend Mann. Diese Abteilungen überfielen häufig kleine Kommandos der Roten Armee, entwaffneten sie, besetzten die Flecken und zerstörten die Bahnlinien. Besonders dieses letztere wurde von ihnen mit Vorliebe getan. Grigorjew hatte folgende Methode, die Gleise unbrauchbar zu machen: zwei oder drei Schienen lang wurden alle Eisenbolzen aus den Schwellen entfernt: An der Stelle nun, wo die Schienen zusammentrafen, wurden sie getrennt; an das freie Ende der Schiene wurden einige Paar kräftiger Ochsen gespannt, die dann die auf den Schwellen frei aufliegenden Schienen halbkreisförmig abbogen.

Grigorjew erwies sich als ein recht tüchtiger Führer im Guerillakrieg. Im Rayon Snamenka, Alexandria und Jelisawetgrad war viel eher er der eigentlich Herrschende, als die Bolschewiki. Doch kämpfte Grigorjew gegen die Sowjetregierung nicht aus revolutionären Gründen, sondern aus persönlichen und zudem noch revolutionsfeindlichen Motiven. Da er über keine halbwegs gefestigte Ideologie verfügte, griff er immer nach dem Zunächstliegenden: Erst war es die Petljurowstschina, dann der Bolschewismus, dann wieder die Petljurowstschina, zuletzt aber Denikin.

Ohne Zweifel war Grigorjew ein Revolutionsfeind und Abenteurer, der Rayon aber und die Masse, die er führte, waren revolutionär gesonnen. Diese letzteren nun beschloß Machno seinen revolutionären Kräften einzureihen. Das konnte nur geschehen, wenn Grigorjew und sein Stab gewaltsam entfernt wurden. Mit der ihm eigentümlichen Schroffheit und Gradheit beschloß Machno, Grigorjew öffentlich zu entlarven und zu töten. Die Bolschewiki, diese Staaatsapparatler, die im Verlauf einiger Monate mit Grigorjew gekämpft hatten, hatten nichts Besseres ausfindig machen können, als eine halbe Million Rubel dem zu versprechen, der Grigorjew töten würde; die Hälfte dieser Summe aber hatten sie auf den Kopf eines jeden seiner Gehilfen gesetzt. (Bekanntmachung der Sowjetregierung, veröffentlicht im Juni 1919, in vielen ukrainischen Zeitungen.) Unter dem Zwang der revolutionären Notwendigkeiten entschloß sich der Bauernrevolutionär Machno, Grigorjew öffentlich und revolutionär zu entlarven. Um freien Zutritt zu ihm zu haben, suchte Machno Fühlung mit ihm und mit seiner Abteilung unter dem Vorwand eines Zusammenschlusses aller Freischärler.

Auf Anregung Machnos wurde am 27. Juli 1919 im Dorf Ssentowo bei Alexandria im Gouvernement Cherson eine Tagung der Aufständischen der Gouvernements Jekaterinoslaw, Cherson und Taurien angekündigt. Entsprechend der Tagesordnung sollte der Kongreß der gesamten Aufstandschaft der Ukraine entsprechend der aktuellen Lage bestimmte Richtlinien ziehen. Eine große Masse von Bauern und Aufständischen, die Abteilungen Grigorjews und die Machnos kamen zusammen – insgesamt etwa 20.000 Mann. Als Referenten waren Grigorjew, Machno und einige andere Parteigänger der einen oder anderen Bewegung vorgemerkt Als erster trat Grigorjew auf. Er forderte die Bauern und Aufständischen auf, alle ihre Kräfte daran zu setzen, die Bolschewiki aus dem Land zu vertreiben, wobei man nicht davor zurückschrecken dürfe, sich, ganz gleich mit wem, zu verbünden. Grigorjew war nicht abgeneigt, sich deshalb mit Denikin zu vereinigen. Dann später aber, wenn man das Joch des Bolschewismus gebrochen habe, würde das Volk schon selber zusehen, wie es sich einrichten solle. Diese Erklärung erwies sich als verhängnisvoll für Grigorjew. Der Machnokämpfer Tschubenko und Machno selber, die gleich darauf das Wort ergriffen, wiesen darauf hin, daß der Kampf gegen die Bolschewiki nur in dem Fall ein revolutionärer sein könne, wenn er um der sozialen Revolution willen geführt würde. Ein Bündnis mit den schlimmsten Volksfeinden, mit den Generälen nämlich, wäre ein verbrecherisches Abenteuer und revolutionsfeindlich. Zu einer Konterrevolution dieser Art fordere nun Grigorjew auf, folglich sei er ein Volksfeind. Hierauf forderte Machno öffentlich vor dem ganzen Kongreß Grigorjew auf, sofort Rechenschaft abzulegen wegen des ungeheuerlichen Pogroms, den er im Mai 1919 in Jelisawetgrad angestiftet hatte und wegen zahlreicher anderer antisemitischer Kundgebungen: »Solche Schufte, wie Grigorjew, schänden alle Aufständischen der Ukraine, und sie haben ihren Platz jedenfalls nicht in den Reihen ehrlicher revolutionärer Kämpfer«, – mit diesen Worten schloß Machno seine gegen Grigorjew gerichtete Anklage. Dieser merkte nun, daß die Sache für ihn eine furchtbare Wendung nahm. Er griff zu den Waffen. Aber es war zu spät. Ssemjon Karetnik, einer der nächsten Gehilfen Machnos, brachte ihn mit einigen Revolverschüssen zu Fall, Machno eilte hinzu, und mit dem Ruf »Tod dem Ataman!« machte er ihm mit einem Schuß den Garaus. Grigorjews Anhang und die Mitglieder seines Stabes wollten ihm zu Hilfe eilen, wurden aber gleich an Ort und Stelle von einigen Machnoleuten, die man rechtzeitig postiert hatte, erschossen. Dies alles ereignete sich in wenigen Augenblicken vor den Augen aller Anwesenden.

Zunächst waren die Kongreßteilnehmer einigermaßen aufgeregt über das Geschehene; dann aber wurden diese Akte nach einem Bericht Machnos, Tschubenkos und anderer Vertreter der Machnowstschina vom Kongreß gebilligt und als historisch notwendig bezeichnet. Protokollarisch wurde festgelegt, daß die Machnowstschina die Verantwortung für das Geschehene und für die etwaigen Folgen übernähme. Alle Freischärlerabteilungen aber, die unter Grigorjews Führung gestanden hatten, schlossen sich auf Grund einer Resolution des Kongresses der allgemeinen aufständischen Machnoarmee an.[2]

* * *

Wir haben bereits darauf hingewiesen, daß die wenigen Sowjettruppen, die sich noch an verschiedenen Orten der Ukraine aufhielten, vom Geiste des Mißtrauens zu ihren Kommandeuren beseelt waren. Die schimpfliche Flucht der Sowjetregierung aus der Ukraine wurde von ihnen als Verrat an der Revolution betrachtet. Machno war der einzige Mittelpunkt der revolutionären Hoff-

---

[2] Die Protokolle des Kongresses wie auch die Entwürfe der Reden Machnos und Grigorjews sind 1920 nebst anderen Dokumenten in den Kriegszeiten abhanden gekommen.

nungen des Landes. Die Blicke aller derer, die an Ort und Stelle für die Freiheit kämpfen wollten, waren auf ihn gerichtet. Dieser Geist beseelte auch die roten Truppenteile, die in der Ukraine verblieben waren. Ende Juli veranstalteten die bolschewistischen Krimtruppen eine Militärrevolte und schlossen sich Machno an. Diese Revolte war von Kalaschnikoff, Dermendshi und Budanoff organisiert worden, die ehemalige Machnokommandeure waren, nun aber in den Reihen der Roten Armee kämpften. Von Nowy-Bug bis nach Pomostschnaja hin zogen riesige Truppenteile der Roten Armee, die auf der Suche nach Machno waren und ihre ehemaligen Kommandeure - Kotschergin, Diebez u.a. ihm gefangen zuführten. Die Vereinigung fand Anfang August 1919 in der Nähe der Station »Pomostschnaja« im Flecken Dobrowelitsch-kowka, Gouvernement Cherson, statt. Dieser Umschwung war für die Bolschewiki ein harter Schlag, waren doch auf diese Weise ihre Streitkräfte in der Ukraine vollkommen von der Bildfläche verschwunden.

Die Rayons um Pomostschnaja, Jelisawetgrad und Wosnessensk (bei Odessa) waren die ersten Punkte, wo Machno halt machte und Ordnung in die Truppenmassen brachte, die ihm von allen Seiten zuströmten. Hier wurden vier Brigaden Infanterie und Kavallerietruppen, ferner eine Artillerie-Division und ein Maschinengewehr-Regiment formiert, insgesamt etwa 15.000 Kämpfer. Eine einzelne berittene Hundertschaft, 150 bis 200 Mann stark, die stets um Machno war, gehörte in die Gesamtzahl der Truppen nicht herein. Mit diesen Streitkräften nun begannen die Machnotruppen dann ihren Angriff gegen Denikin. Der Zusammenstoß war erbittert. Mehr als einmal wurden die Denikintruppen 50 bis 80 Kilometer weit nach Osten zurückgeworfen. Im Verlauf der Kämpfe erbeuteten die Machnotruppen drei oder vier Panzerzüge, darunter den kolossalen »Njepobedjimy«. Doch kamen Denikin frische Truppen zu Hilfe, und so gelang es ihnen, die Machnowzy wieder nach Westen abzudrängen. Ein entschiedenes numerisches Übergewicht war auf ihrer Seite; auch waren sie viel besser bewaffnet. Inzwischen verfügte die Machnoarmee beinahe über keine Patronen mehr. Von drei Angriffen gegen Denikins Truppen waren zwei nur unternommen worden, um Patronen zu erbeuten. Außerdem mußten die Machnowzy auch gegen eine bolschewistische

Truppe operieren, die sich aus Odessa nach Norden zurückzog. Infolgedessen mußte der Raum Jelisawetgrad–Pomostschnaja–Wosnessensk aufgegeben und der Rückzug fortgesetzt werden.

Der Rückzug erfolgte unter fortwährenden Kämpfen. Die Denikintruppe, von der Machno verfolgt wurde, zeichnete sich durch ungemeine Zähigkeit und Hartnäckigkeit aus. Besonders tapfer waren die beiden Offiziersregimenter: das 1. Simferopoler und das 2. Labinsker-Regiment. Machno, der an den Kämpfen gegen diese Regimenter teilnahm, war entzückt über ihre Standhaftigkeit und Todesverachtung. Denikins Reiterei verdiente höchstes Lob. Wie Machno bezeugt, war das tatsächlich eine Reiterei, die ihrem Namen Ehre machte. Die zahlreichen Reitertruppen der Roten Armee, die späterhin entstanden, waren eigentlich nur dem Namen nach Reitertruppen. Nie wären sie imstande gewesen, Mann gegen Mann zu kämpfen; sie traten nur in Aktion, nachdem der Feind durch Artillerie und Maschinengewehrfeuer schon geworfen war. Im Verlauf des ganzen Bürgerkrieges hat die rote Reiterei keinen einzigen Säbelhieb von der Machno-Kavallerie zu spüren bekommen, obwohl sie numerisch weit stärker war als Letztere. Ganz anders die Kosaken- und Kaukasischen Kavallerie-Regimenter Denikins. Sie ließen sich stets auf den Nahkampf ein und ritten in voller Karriere gegen den Feind an, ohne abzuwarten, daß er von der Artillerie und dem Maschinengewehrfeuer in Unordnung gebracht worden wäre.

Nichtsdestoweniger hat auch diese Reiterei mehr als einmal in harten Kämpfen gegen die Machnowzy sich den Hals gebrochen. Die Führer der Denikinregimenter haben in ihren Tagebüchern, die nach den Kämpfen den Machnowzy in die Hände fielen, häufig vermerkt, daß der Kampf gegen die Machno-Kavallerie und Artillerie das Allerschwerste und Furchtbarste am ganzen Feldzug wäre. Seit Mitte August 1919 begann diese Gruppe, Machno stark zu bedrängen, wobei sie die ganze Zeit über darauf aus war, ihn von einigen Seiten her zu fassen. Machno sah, daß der kleinste Fehler seinerseits für die ganze Armee verderblich werden könnte. Darum suchte er sorgfältig nach einem günstigen Augenblick, um dem Feind ein entscheidendes Treffen zu liefern. In nördlicher Richtung waren die Denikintruppen bereits bis Kursk vorgedrungen. Machno zog diesen Umstand in Betracht und fand, je weiter sie in dieser Richtung vordringen würden, desto sicherer würde er ihre Etappenstellungen zerstören können. Dennoch mußte er trotz dieser Erwägungen sich weiter nach Westen immer noch unter dem Druck überlegener feindlicher Streitkräfte zurückziehen. In der zweiten Augusthälfte verband sich die Denikingruppe, die Machno von Osten her bedrängte, mit einer zweiten Gruppe, die von Odessa und Wosnessensk her anrückte. Die Lage verschlimmerte sich. Da gab die Aufstandsarmee den Eisenbahnrayon auf, nachdem sie zuvor alle Panzerzüge, die in ihrem Besitz waren, gesprengt hatte. Der Rückzug erfolgte nun auf Feldwegen von Dorf zu Dorf. Die Denikintruppen ließen nicht locker. Ihr Ziel war, nicht nur Machno zu schlagen, sondern seine Armee endgültig zu vernichten.

Dieser Rückzug erfolgte unter täglichen Kämpfen und dauerte über einen Monat, bis die Machnoarmee die Stadt Umanj erreicht hatte, die von Petljuratruppen besetzt war. Letztere befanden sich im Kriegszustand mit den Denikintruppen. Hier nun ergab sich die Frage ganz von selbst, wie sollte man sich zu den Petljuratruppen stellen? Sollte man mit ihnen kämpfen oder war hier eine andere Taktik angebracht? Die Machnoarmee führte damals ca. 8.000 verwundete Kämpfer mit, denen die notwendigste ärztliche Hilfe fehlte. Diese Verwundeten waren zu einem schweren Riesenzug angewachsen, der sich hinter der Armee herschleppte und ihre Bewegungen und militärischen Operationen hemmte. Nach allseitiger Erörterung der Frage wurde beschlossen, den Petljuratruppen neutrales Verhalten vorzuschlagen. Inzwischen war aus Umanj kommend eine Petljuradelegation im Machnolager eingetroffen, die die Stellungnahme des Petljurakommandos zur Lage auseinandersetzte. Diese Stellungnahme ließ sich dahin präzisieren, daß die Petljuratruppen, die gegen Denikin Krieg führten, eine neue Front nicht wünschten und Zusammenstöße mit den Machnotruppen tunlichst vermeiden wollten. Hierin kamen sie den Absichten der Machnotruppen entgegen. Die Abordnung der letzteren hatte sich nach Shmerinka begeben und dort ein endgültiges Übereinkommen ausgearbeitet, wonach beide Parteien sich verpflichteten, strengste Neutralität gegeneinander zu wahren, ohne Rücksicht auf die politische Einstellung einer jeden Partei. Außerdem übernahmen es die Petljuroffzi, alle verwundeten Machnokämpfer bei sich aufzunehmen und in Lazaretten unterzubringen.

Natürlich verschlossen sich weder Machno noch alle anderen Angehörigen der Armee der Einsicht, daß diese Neutralität nur fingiert war; daß man, wo nicht heute, so morgen mit einem Bündnis Petljuras mit Denikin rechnen müsse und damit, daß sie zusammen über die Machnotruppen herfallen würden. Letzteren war es aber von Wichtigkeit, eine oder zwei Wochen Zeit zu gewinnen, um den erwarteten Vorstoß von der entgegengesetzten Seite, nämlich von Westen her, zu verhindern, und auf diese Weise nicht in einen Sack zu geraten. Faktisch aber hatten sich die Beziehungen der Machnotruppen zu den Petljuratruppen gegen früher überhaupt nicht verändert. Zu der großen Masse der Petljuratruppen verhielt man sich freundlich, führte aber gegen die Spitzen der Petljurowstschina dieselbe revolutionäre Propaganda wie früher auch, und eben in dieser Zeit ließ der Revolutionäre Kriegssowjet der Machnoarmee einen Aufruf unter dem Titel: »Wer ist Petljura?« erscheinen, in welchem dieser als Verteidiger der besitzenden Klassen entlarvt wurde, der von der Hand der Werktätigen den Tod finden müsse. Viele unter den Petljuraschen »Ssitsch«-Mannschaften[3] gehörten dem Geist und der Tradition nach zu den Machnotruppen und wären letztere damals nicht so stark von den Denikintruppen bedrängt worden, so wäre es den Machnotruppen ohne Zweifel gelungen, viele von ihnen für sich zu gewinnen. Die Machnowzy dachten hieran, und das Petljura-Kommando mutmaßte das auch; klug geworden durch die Erfahrung mit Grigorjew verhielten sie sich äußerst vorsichtig zu den Machnowzy.

Der Verdacht der Machnowzy, daß die Petljuratruppen Verbindung mit Denikin aufnehmen könnten, um gemeinsam gegen Machno vorzugehen, begann sich zu bestätigen. Laut getroffenem Übereinkommen mit den Petljuratruppen stand es der Machnoarmee zu, ein zehn Quadratkilometer umfassendes Territorium im Rayon des Dorfes Tjekutsch bei Umanj zu besetzen. Im Norden und im Westen lagerte die Petljuraarmee; im Osten und Süden (bei Golta) waren die Denikintruppen. Diese Bedingung im Übereinkommen, die von Petljura gestellt worden war, hatte gleich verdächtig geschienen. Einige Tage später trafen Meldungen ein, daß Verhandlungen mit dem Denikinkommando über die

---

[3] Bedeutet ungefähr dasselbe wie »Woljniza«.

Bedingungen einer Einkreisung und Vernichtung Machnos mit gemeinsamen Kräften geführt würden. Eben um dieselbe Zeit, d.h. am 24. und 25. September zeigten sich von Westen her in Machnos Etappenstellungen etwa vier bis fünf Denikinregimenter. Sie hatten dorthin nur gelangen können, wenn sie ein von Petljuratruppen besetztes Terrain passierten, d.h. mit deren direkter Beihilfe bzw. Zustimmung.

Abends am 25. September waren die Machnotruppen von allen Seiten von Denikinregimentern umzingelt, wobei deren stärkste Truppenteile im Osten standen. Auch Umanj war von ihnen besetzt worden. Hier war nun der Augenblick zu raschem Handeln gekommen. Das Schicksal der ganzen aufständischen Machnoarmee mußte sich hier entscheiden.

* * *

Der Rückzug der Machnoarmee, der sich auf ca. 600 Werst erstreckte, hat insgesamt etwa vier Monate gedauert. Dieser Rückzug war ganz ungemein schwierig. Die Aufständischen hatten weder Schuhwerk noch Kleider. In der fürchterlichen Hitze, von Staubwolken eingehüllt, überschüttet von einem Regen von Kugeln und Geschossen, zogen sie aus ihrem Gebiet in eine unbekannte Ferne. Doch waren alle von der Idee beseelt, daß der Feind geschlagen werden müsse und geduldig wurden die Lasten des Rückzuges getragen. Mitunter hörte man weniger ausdauernde Leute rufen: »Zurück! an den Dnjepr!« Doch wurden sie von der unerbittlichen Notwendigkeit immer weiter vom Dnjepr fort, fort von ihrem heimatlichen stolzen Gebiet getrieben. Und wieder folgten sie mit größter Ausdauer, mit angespanntem Willen, von Kugeln überschüttet, ihrem Anführer. Der Endpunkt des Rückzuges wurde Umanj. Ein weiteres Vorrücken gab es nicht. Von allen Seiten waren sie von Feinden umringt. Hier nun erklärte Machno mit der ihm eigenen Schlichtheit, durch die er aber verstand, den Heldenmut seiner Gefährten zu wecken, daß der ganze vorausgehende Rückzug nur ein unerläßliches strategisches Manöver gewesen sei, und daß der eigentliche Krieg morgen, d.h. am 26. September beginnen würde.

Die Lage der Denikintruppen in nördlicher Richtung sowie an den anderen Fronten wurde wohl erwogen. Machno war von der

Gewißheit beseelt, daß ihm das Schicksal hier ein wunderbares Geschenk mache, indem es ihm die Möglichkeit gäbe, der gesamten Denikinschen Konterrevolution hier den Todesstoß zu versetzen. Diese Möglichkeit zeigte sich ihm hier als deutlich greifbare Tatsache. Es erübrigte sich nur, die Denikinsche Faust zu zerschmettern, die hier bei Umanj direkt gegen die Machnoarmee erhoben war.

Die Machnotruppen, die die ganze Zeit über nach Westen gezogen waren, kehrten unerwartet am 25. und 26. September alle ihre Kräfte nach Osten und rückten somit hart vor die Front der Hauptstreitkräfte Denikins. Abends am 25. September kam es beim Dorf Krutjenkoje zu einem Kampf zwischen der Machno-Brigade und den Denikintruppen. Letztere zogen sich zurück und waren bemüht sich fester zu verschanzen und den Gegner zur Aufnahme der Verfolgung zu verleiten; doch nahmen die Machnowzy die Verfolgung nicht auf. Hierdurch war die Wachsamkeit der Denikintruppen getäuscht, die der Meinung waren, daß die Aufstandsarmee immer noch in der alten Richtung weiter vorrücke, nämlich nach Westen. Inzwischen aber hatten alle Machnotruppen die in einigen Dörfern biwakierten, in tiefer Nacht Kehrt gemacht und sich wieder nach Osten gegen den Feind gewandt, der mit seinen Hauptstreitkräften bei Peregonowka lagerte, das von Machnotruppen besetzt war.

Zwischen drei und vier Uhr morgens begann die Schlacht. Ohne Unterbrechung dauerte sie an, entfaltete sich und nahm an Heftigkeit zu. Gegen acht Uhr morgens hatte sie ihren Höhepunkt erreicht. Das Maschinengewehrfeuer war zu einem einzigen Sturmgebrüll geworden. Machno selber war mit seiner Hundertschaft bereits in der Nacht verschwunden; er hatte den Feind umgangen und im Verlauf der ganzen Schlacht lagen keine Nachrichten von ihm vor. Gegen neun Uhr morgens begannen die Machnowzy sich zurückzuziehen. Bereits hatte sich der Kampf nach der Dorfperipherie hin verschoben. Die Denikintruppen hatten ihre übrigen Streitkräfte von verschiedenen Orten her zusammengezogen, und die Machnotruppen wurden nun von Kugelwellen geradezu überflutet. Die Mitglieder des Stabes der Aufstandsarmee und alle übrigen, die sich im Zentrum des Dorfes befanden und noch ein Gewehr halten konnten, rückten in Ketten vor. Der kritische Augenblick war gekommen, da die Schlacht und damit alles verloren schien. Im Dorfzentrum ertönte das Alarmkommando, daß alle, darunter auch die Frauen, die Gewehre ergreifen und sich zum Straßenkampf bereit halten sollten. Alle hatten sich auf die letzten Augenblicke des Kampfes und ihres Lebens gefaßt gemacht. Plötzlich aber schien sich das Gebrüll der Maschinengewehre und das Hurrarufen zu entfernen, verhallte immer mehr und mehr und endlich begriffen die im Dorf zurückgebliebenen, daß der Feind zurückgeschlagen war und der Kampf nunmehr in bedeutender Entfernung vor sich ginge. Den Ausgang des Kampfes hatte der plötzlich vorstürmende Machno entschieden. Bereits in dem Augenblick, als die Machnowzy zurückfluteten und der Kampf an der Peripherie des Dorfes tobte, stieß der abgequälte und staubbedeckte Machno, aus einer Schlucht vorbrechend, dem Feind in die Flanke. Schweigend, ohne jeden Zuruf, nur von brennendem Willen zum Sieg beseelt, stürmte er mit seiner Hundertschaft in voller Karriere gegen den Feind vor und brach in dessen Reihen. Als wäre alle Müdigkeit verschwunden, so schöpften die Zurückgehenden wieder Mut. »Der Batjko schlägt sie!...« ertönte es in der Masse. Und mit verhundertfachter Energie stürmten alle wieder vor, ihrem geliebten Führer nach, der dem sichern Tode entgegenzugehen schien. Es kam zu einem erbitterten Handgemenge, zu einer »Rubka« (»Gemetzel«) wie die Machnowzy es nannten. Wie standhaft das erste Simferopoler Offizierregiment auch war, es wurde doch geschlagen und begann, sich eilig zurückzuziehen, zunächst, vielleicht in den ersten zehn Minuten in voller Ordnung, Ketten bildend und darauf bedacht dem Sieger standzuhalten, dann aber einfach in panikartiger Flucht. Diesem Regiment folgten dann auch die anderen Regimenter und schließlich hatten sich alle Denikintruppen zur Flucht gewandt, dem Flusse Ssinjucha zu, den sie zu überqueren trachteten, um sich am anderen Ufer zu verschanzen.

Machno verstand den Augenblick vortrefflich zu nutzen und eilte, aus dem Sieg herauszuholen, was nur herauszuholen war. Er ließ seine ganze Kavallerie und Artillerie in voller Karriere die Verfolgung der Fliehenden aufnehmen, während er selber mit seinem schnellsten Kavallerieregiment etwas mehr nach rechts hielt, um dem Feind die Rückzuglinie abzuschneiden. Die Verfolgung zog sich auf eine Strecke von 12 bis 15 Kilometer hin. Gerade im bedeutsamsten Augenblick als die Denikintruppen an den Fluß gelangt waren wurden sie von der Machnokavallerie ereilt. Einige Hundert ertranken im Fluß. Den meisten gelang es, ans andere Ufer zu entkommen, doch wurden sie dort von Machno abgefangen. Auch der Stab der Denikintruppen und ein Reserveregiment, daß am anderen Flußufer stand, wurden dort gefangen genommen. Von allen Truppenteilen welche die Machnotruppen im Lauf der letzten anderthalb Monate so hartnäckig verfolgt hatten, gelang es nur wenigen, zu entkommen. Das erste Simferopoler Offizierregiment wie auch andere Regimenter wurden bis auf den letzten Mann niedergemetzelt. Eine Wegstrecke von zwei bis drei Kilometern war mit Leichen gefallener Feinde dicht besät. So drückend schwer dieses Schauspiel auch einigen scheinen mochte, war es doch nur die natürliche Folge des Einzelkampfes der Denikintruppen gegen die Machnoarmee. Im Verlauf der ganzen Zeit der Verfolgung der Machnoarmee war nur von deren völliger Vernichtung die Rede gewesen. Hätte Machno auch nur den kleinsten Fehler gemacht, so hätte dasselbe Schicksal die revolutionäre Aufstandsarmee betroffen; hierbei hätte man auch der Frauen nicht geschont, die notgedrungen ihren Männern in die Armee hatten folgen müssen. Darüber hatten die Machnowzy genügend Material zu ihrer Verfügung.

* * *

Unter den Bauern Großrußlands gibt es eine Sage über Pugatschew: Als er nach seinem Aufstand in die Hände der Regierung fiel, soll Pugatschew den adligen Herren, die sich um ihn geschart hatten, gesagt haben: »Ich habe Euch mit meinem Aufstand nur erschreckt.[4] Wartet aber, bald nach mir wird ein Besen kommen, der Euch alle richtig zusammenkehren wird.« Im Verlauf seiner gesamten revolutionär-aufständischen Tätigkeit, insbesondere während der Periode der Vernichtung der Denikintruppen, hat sich Machno als dieser historische Besen erwiesen.

---

[4] Pugatschew, Führer einer breiten Bauernrebellion im Süden Rußlands am Ende des 18. Jahrhunderts. »Pugat« heißt im russischen: Schrecken verbreiten; darum machte Pugatschew obigen Spaß. D. Red.

Nachdem er die stärkste Stoßtruppe der Denikinarmee geschlagen hatte, zauderte er keinen Augenblick, seine Truppen in drei Richtungen abmarschieren zu lassen. Wie ein gewaltiger Riesenbesen, so zog er durch die Dörfer, Flecken und Städte und fegte jeden Geist der Ausbeutung und der Knechtung hinaus Gutsbesitzer, Großbauern, Polizisten, Priester, Dorfälteste und Offiziere, die sich versteckt gehalten hatten, sie alle fielen den Machnotruppen unterwegs zum Opfer. Die Gefängnisse, die Polizei- und Kommissar-Reviere – diese Symbole der Volksknechtung – ließ er zerstören. Jeder, dem nachgewiesen werden konnte, daß er Bauern und Arbeiter beleidigt hatte, mußte das Leben lassen. Hauptsächlich waren es Gutsbesitzer und reiche Großbauern, die in dieser Periode umkamen. Dies mag unter anderem als Hinweis darauf dienen, was für eine Bedeutung den lächerlichen bolschewistischen Lügenberichten zukommt, die Machnowstschina wäre eine Großbauernbewegung. In Wirklichkeit lagen die Dinge so, daß die Großbauern überall dort, wo die Machnowstschina Wurzeln faßte, bei der Sowjetregierung Schutz suchten und auch fanden. Der Zug der Armee zurück an den Dnjepr vollzog sich mit märchenhafter Geschwindigkeit. Am Tag nach dem Sieg über die Denikintruppen bei Peregonowka war Machno schon über hundert Kilometer vom Schlachtfeld entfernt: Er selber zog mit seiner Hundertschaft ca. 40 Werst vor den übrigen Truppenteilen her. Einen Tag darauf hatten die Machnowzy bereits Dolinskaja und Kriwoi Rog besetzt und standen dicht vor Nikopol. Und wieder einen Tag später wurde die Kitschkasser Dnjeprbrücke im Sturm genommen und die Stadt Alexandrowsk besetzt. Die Machnotruppen jagten gleichsam durch ein verzaubertes, im Schlafe liegendes Land: Niemand wußte von ihrem Durchbruch bei Umanj, niemand hatte eine Vorstellung davon, wo sie eigentlich waren; die Regierungsstellen hatten noch gar keine Maßnahmen getroffen und verharrten im üblichen Etappenschlaf. So kam es denn, daß die Machnowzy so unerwartet wie Frühlingsgewitter allüberall in den Feind hereinbrachen. Nach Alexandrowsk wurden Pologi, Gulai-Pole, Berdjansk, Melitopol, Mariupol erobert. Im Verlauf von etwa anderthalb Wochen war der ganze Süden der Ukraine von Truppen und Regierungsstellen Denikins gesäubert.

Die Besetzung der Südukraine durch die Machnowzy, vor allen

Dingen die Besetzung des Asowschen Gebietes war eine tödliche Gefahr für die ganze antirevolutionäre Kampagne Denikins. Die Sache verhielt sich nämlich so, daß sich in der Gegend von Mariupol-Wolnowacha die eigentliche Versorgungsbasis der Denikinschen Armee befand. Bei der Besetzung von Berdjansk und Mariupol erwies es sich, daß dort unzählige Mengen von Munition und Geschossen gelagert waren. In Wolnowacha wurden ganze Stapel von Geschossen gefunden. Obwohl nun Wolnowacha von den Machnotruppen noch nicht erobert war, – fünf Tage lang wurde um den Besitz des Ortes gekämpft, – so konnte doch die Denikinarmee von hier aus nicht mehr versorgt werden, da die Haupteisenbahnlinien des ganzen Rayons sich in den Händen der Machnotruppen befanden. Denikins Etappentruppen, welche diesen Rayon zu bedienen hatten, waren aufgerieben. Auf diese Weise war die ganze riesige Artilleriebasis in den Bereich der Machnotruppen gekommen und konnte von diesem Zeitpunkt an keine einzige Patrone weder nach Norden noch an eine beliebige andere Front schicken.

In aller Eile sandte Denikin gegen Machno die Truppen aus, die in Reserve bei Taganrog lagen: Aber auch diese Truppen wurden geschlagen, und wellenartig drangen nun die Machnoabteilungen ins Donezbassin und nach Norden hin vor. Um den 20. Oktober besetzten die Machnotruppen Jekaterinoslaw und die anliegenden Ortschaften. Da erst gaben die Denikinzy zu, wie die Dinge wirklich lagen. Sie erklärten, das Zentrum des Kampfes habe sich von Norden nach Süden verschoben und ihr Schicksal würde im Süden entschieden werden. In einem Aufruf an die Kosakenschaft erklärte General Mai-Majewski: Der Augenblick einer unmittelbaren Gefahr für unser Land ist gekommen. Der Feind tobt im Süden und bedroht unsere Heimat. Wir müssen dorthin eilen, um unser Land zu verteidigen (aus einer Rede Mai-Majewskis, die in einer Denikinzeitung veröffentlicht wurde).

Da die Dinge so lagen, zog Denikin seine besten Kavallerie-Truppenteile, nämlich die Abteilungen Mamontoffs und Schkuros von der Nordfront und warf sie in den Gulai-Pole-Rayon hinüber. Doch war es schon zu spät. Das ganze Gebiet von der Küste des Schwarzen- und Asowschen Meeres bis hinauf nach Charkow und Poltawa stand in Flammen. Eine Zeitlang schien es so auszusehen, als ob Denikin, weil er über frische Truppen und zahlreiche Panzerautomobile verfügte, die Machnotruppen aus einzelnen Orten, so aus Mariupol, Berdjansk, Gulai-Pole hinausdrängen würde. Doch besagte das nur, daß Machno seinerseits Ssinelnikowo, Pawlograd, Jekaterinoslaw und eine Reihe von anderen Orten besetzte. Im Oktober und November tobte der Kampf wieder überaus heftig und wiederum erlitten die Denikintruppen einige entscheidende Niederlagen. Am stärksten wurden die Kaukasischen Abteilungen, die Tschetschenzen u.a. mitgenommen, deren einige Tausend im Verlauf dieser Monate fielen. Ende November erklärten die Tschetschenzen kategorisch, daß sie nicht länger gegen Machno kämpfen wollten; sie verließen eigenmächtig die Denikinarmee und zogen wieder in den Kaukasus zurück. Damit begann der allgemeine Zerfall der Denikinarmee

Im Kampf gegen die Machnowstschina in Südrußland hatten die Denikintruppen eine völlige Niederlage erlitten. Damit war der Ausgang ihres Feldzuges gegen die russische Revolution entschieden.

So müssen wir denn der geschichtlichen Wahrheit zuliebe hier erklären, daß die Ehre, die Denikin-Konterrevolution im Herbst 1919 zu Fall gebracht zu haben, vor allen Dingen den Machnotruppen gebührt. Hätte der Durchbruch bei Umanj und die darauf folgende Vernichtung der Etappenstellungen, der Artillerie- und Versorgungsbasis der Denikintruppen nicht stattgefunden, so wären letztere aller Wahrscheinlichkeit nach im Dezember 1919 in Moskau eingerückt. Die Schlacht zwischen den Roten und den Denikintruppen bei Orjol hatte nur geringe Bedeutung. Denn eigentlich hatte der Rückzug der Denikintruppen in den Süden schon früher begonnen, im Zusammenhang mit der Vernichtung der Etappe. Alle nachfolgenden militärischen Operationen hatten nur den einen Zweck, den Rückzug so schmerzlos wie möglich zu gestalten und das Heeresgut zu bergen. Die ganze Strecke lang von Orjol und Kursk bis an das Ufer des Schwarzen- und Asowschen Meeres konnte die Rote Armee ungehindert vorrücken. Sie rückte in der Ukraine und im Kaukasus wie seinerzeit nach dem Sturz des Hetmans, auf Wegen ein, die schon gesäubert waren.

* * *

Die militärischen Angelegenheiten hatten in dieser Zeit fast die gesamten Kräfte der Machnowzy in Anspruch genommen. Der Kriegszustand, in der sich der Rayon befand, wirkte auf die schöpferische Arbeit im Innern äußerst ungünstig. Dennoch legten die Machnowzy auch auf diesem Gebiet die erforderliche Initiative und alle nur denkbaren Bemühungen an den Tag. Vor allen Dingen suchten sie allerorten ein bedeutendes Mißverständnis aufzuklären, daß man sie nämlich möglichenfalls für eine neue Regierung oder für eine Partei hielt. Wenn sie in die eine oder in die andere Stadt einrückten, so erklärten sie jedesmal, daß sie durchaus keine Regierung verträten, daß ihre Kriegsmacht niemanden zu etwas verpflichte, sondern nur die Freiheit der Werktätigen beschütze. Die Freiheit der Bauern und Arbeiter ruhte in ihren eigenen Händen und könne daher nicht begrenzt werden. Auf allen Gebieten ihres Lebens müßten sie sich so einrichten, wie sie es für notwendig erachteten. Die Machnowzy könnten ihnen nur mit ihrem Rat helfen, mit ihren Kulturarbeitern oder mit ihrer Kriegsmacht, in keinem Fall aber würden sie ihnen auch nur das Geringste vorschreiben wollen[5].

Alexandrowsk und der angrenzende Rayon waren die ersten Gebiete, wo sich die Machnowzy für längere Zeit festsetzten. Dort wandten sie sich vor allen Dingen an die Arbeitermassen und forderten sie auf, an der allgemeinen Arbeiterberatung der Stadt teilzunehmen. Diese Beratung kam auch zustande. Hier wurde die militärische Lage des ganzen Rayons geschildert und der Vorschlag gemacht, das Leben in der Stadt, in den Fabriken und Werken mit den vorhandenen Kräften der Arbeiter selber und ihren Organisationen auf Grund von Arbeit und Gleichheit zu regeln. Dieser Vorschlag wurde von den Arbeitern lebhaft aufgegriffen, doch zögerten sie, ihn in die Tat umzusetzen, weil ihnen erstens die

---

[5] In einigen Städten setzten die Machnowzy Kommandanten ein, deren Bestimmung es war, als Verbindungsglied zwischen der Armee, die die Stadt besetzt hatte und der Bevölkerung zu dienen, der letzteren alle Maßnahmen der Armee, die sich auf das Leben der städtischen Bevölkerung bezogen und die sich durch den Krieg als notwendig erwiesen, mitzuteilen. Sie verfügten weder über eine Zivil- noch über eine Militärgewalt und standen in gar keiner Beziehung zum bürgerlichen Leben der friedlichen Bevölkerung.

Ausführung im Augenblick zu schwer schien, und zweitens, und das vor allen Dingen, wegen der Nähe der Front, die ihnen unwillkürlich den Gedanken eingab, daß die Lage der Stadt ungewiß und nicht gesichert wäre. Auf die erste Beratung folgte eine zweite. Die Frage, das Leben auf Grund einer Selbstverwaltung der Arbeiter zu organisieren, wurde ausführlich beleuchtet und von der Masse diskutiert, die an der Grundidee der werktätigen Selbstverwaltung durchaus festhielt aber einstweilen nicht die konkreten Formen für diese Selbstverwaltung ausfindig machen konnte. Die Eisenbahner machten den Anfang. Sie organisierten ein Eisenbahnerkomitee, übernahmen die Eisenbahner des (lokalen) Rayons in ihre Verwaltung, stellten einen Fahrplan auf, einen Plan für Passagierbeförderung, ein System der Beförderungstarife usw. Das Proletariat der Stadt Alexandrowsk arbeitete nun systematisch daran, Selbstverwaltungsorgane zu schaffen.

Bald nach den Arbeiterberatungen kam eine Rayontagung der Bauern und Arbeiter zustande, die sich am 20. Oktober 1919 in Alexandrowsk versammelten. Zur Tagung waren über zweihundert Abgeordnete erschienen, davon 180 Bauern, die übrigen Arbeiter. Die Tagung befaßte sich 1) mit der militärischen Lage: Kampf gegen die Denikintruppen, Auffüllung und Unterhalt der Aufstandsarmee und 2) mit der Frage des inneren Aufbaues. Die Arbeiten dieses Kongresses dauerten etwa eine Woche und es herrschte eine sehr gehobene Stimmung. Die besondere Lage trug dazu nicht wenig bei. Erstens war die siegreiche Rückkehr der Machnoarmee in die Heimat ein ganz außerordentliches Ereignis für die Bauern, deren wohl jeder in der Armee nahe Verwandte hatte. Die Hauptursache war aber, daß der Kongreß in absoluter Freiheit vor sich ging. Da war auch nicht der leiseste Druck von außen zu spüren. Zudem hatte dieser Kongreß einen ganz vortrefflichen Mitarbeiter und Referenten, am Anarchisten Volin, der zum größten Erstaunen der Bauern ihr Dichten und Trachten am besten zum Ausdruck zu bringen verstand. Die Idee der freien Sowjets, die im Einvernehmen mit der Willensäußerung der ortseingesessenen Werktätigen arbeiten sollten, die Verbindung der Bauern mit den Stadtarbeitern auf Grund gegenseitigen Bereitstellens ihrer Arbeitsprodukte, die Idee einer gleichen, regierungslosen Organisation ihres Lebens, - alle diese Ideen, die Volin in seinen

Vorträgen ausführte, waren gleichzeitig auch die lebendigen Ideen der Bauernschaft. Anders hatte sie sich die Revolution und den revolutionären Aufbau auch gar nicht vorgestellt.

Am ersten Tag waren die Vertreter politischer Parteien bemüht, die gemeinsame Arbeit des Kongresses zu stören, wurden aber vom Kongreß zurückgewiesen, und so konnten die Arbeiten in völligem Einvernehmen der Beteiligten vor sich gehen.

In den letzten Tagen war der Kongreß geradezu zu einem schönen Gedicht geworden. Sachliche Resolutionen und enthusiastische Hochstimmung lösten einander ab. Der Glaube an die eigene Kraft an die Macht der Revolution begeisterte alle... Die wahre Freiheit, die nur die wenigsten zu empfinden vermögen, schwebte über dem Kongreß. Jeder sah vor sich und erkannte tatsächlich das gewaltige Werk für welches alle Kräfte herzugeben, ja das Leben zu opfern, es wohl lohnt. Die Bauern, unter denen es zahlreiche Alte und auch Greise gab, sagten, dies wäre der erste Kongreß, auf dem sie sich nicht nur frei, sondern auch als Brüder untereinander fühlten, und nie würden sie das vergessen. Und wohl kaum einer der Teilnehmer wird das vergessen können. Vielen, wenn nicht allen, ist dieser Kongreß als schönster Traum des Lebens in Erinnerung geblieben, weil die große Freiheit die Menschen einander nahe brachte, so daß sie sich wie ein Herz und eine Seele fühlten.

Die Fragen, die den Kongreß beschäftigten, handelten erstens von der Erweiterung und Verstärkung der Aufstandsarmee. Es wurde, durch Resolution des Kongresses beschlossen, diese Armee mit der gesamten männlichen Bevölkerung bis einschließlich des 48. Lebensjahres aufzufüllen. Hierbei sollte die Auffüllung im Geist des Kongreßbeschlusses stattfinden, d.h. freiwillig, doch möglichst umfassend und vollständig vorgenommen werden, wie die gefährdete Lage des Rayons das erheischte. Weiter oben haben wir vermerkt, welcher Sinn dem Beschluß des zweiten Rayonkongresses vom 12. Februar 1919 über die freiwillige Mobilmachung der letzten zehn Jahrgänge innewohnte. Denselben Sinn hatte auch der Beschluß der Mobilmachung des gegenwärtigen Kongresses. Der Unterhalt der Armee sollte auf Grund einer Kongreßresolution durch freiwillige Beiträge der Bauern, durch Kriegsbeute und durch Requisitionen beim reichen Stande bestritten werden. Was den inneren Aufbau betrifft, so hatte der Kongreß einstweilen nur die allgemeine Idee angedeutet, daß die Werktätigen, jeder an seinem Ort ohne irgendwelche Amtsgewalt auskommen und ihr Leben nach eigenem Ermessen aufbauen sollten.

Als die Bauern auseinandergingen, hoben sie als besonders wichtige Notwendigkeit hervor, daß die Kongreßbeschlüsse auch wirklich durchgeführt würden. Die heimreisenden Abgeordneten nahmen die Kongreßresolutionen mit und sorgten für deren Verbreitung in Flecken und Dörfern. Ohne Zweifel hätten sich nach drei oder vier Wochen schon ganz reale Resultate des Kongresses an Ort und Stelle gezeigt, der nächste Bauern- und Arbeiterkongreß aber hätte noch größere Massen von Werktätigen hinzugezogen. Die Freiheit dieser Letzteren wird aber stets von deren ärgstem Feind, von der Gewalt, bewacht. Kaum waren die Kongreßabgeordneten jeder in seiner Heimat eingetroffen, als auch schon viele der Orte von Denikintruppen besetzt wurden, die in großer Zahl von der Nordfront herbeigeeilt waren. Allerdings war diese Besetzung nicht von langer Dauer und deutete nur auf die letzten, krampfartigen Zuckungen des Feindes, doch hatte sie gerade im kostbarsten Augenblick die schöpferische Arbeit der Bauern in ihren Dörfern unterbrochen. Da nun von Norden her bereits eine andere Macht herannahte, nämlich der Bolschewismus, der sich zur Freiheit der Massen nicht minder unversöhnlich verhält, hat diese Besetzung der Arbeit der Werktätigen unsäglichen Schaden bereitet: Nach dem ersten Rayonkongreß gelang es nicht, weitere Kongresse einzuberufen, ja, es gelang nicht einmal, die Beschlüsse des ersten Kongresses durchzuführen.

In Jekaterinoslaw, das während des Kongresses von der Aufstandsarmee besetzt war, waren die Zeitumstände für innere wirtschaftliche Aufbauarbeit noch weniger günstig. Die aus der Stadt vertriebenen Denikintruppen hatten Zeit gefunden, sich am gegenüberliegenden, linken Dnjeprufer zu verschanzen und nun bombardierten sie die Stadt täglich im Verlauf eines Monates von ihren zahlreichen Panzerzügen aus. Jedesmal wenn auf Anregung der Kulturabteilung der Armee eine Arbeiterberatung in der Stadt einberufen wurde, eröffneten die vortrefflich informierten Denikintruppen verstärktes Artilleriefeuer und machten auf diese Weise den Beratungen ein Ende. Ernste, systematische Arbeit auf diesem Gebiet war in der Stadt vollkommen ausgeschlossen. Es gelang nur, einige Versammlungen im Zentrum der Stadt und an der Peripherie abzuhalten. Außerdem war es den Machnowzy vortrefflich gelungen, die Tageszeitung »Putj k swobode« (Weg zur Freiheit) in Gang zu bringen; bald darauf erschien auch als Tochtergründung dieser Zeitung das Tagesblatt »Schljach do Woli« in ukrainischer Sprache.[6]

Im ganzen befreiten Rayon verfügten die Machnowzy als einzige Organisation über eine reale Macht, mit deren Hilfe sie dem Gegner ihren Willen diktieren konnten. Sie haben diese Macht aber niemals gebraucht, um zu politischer Herrschaft oder zu politischem Einfluß zu gelangen, haben sie auch nicht rein politischen Gegnern gegenüber angewandt. Ihre Gegner im Kriege, Verschwörer gegen Arbeiter, und Bauern, der Staatsapparat, die Gefängnisse – das war es, wogegen sie die Macht ihrer Armee brauchten.

---

[6] Eines der bolschewistischen Hauptargumente gegen die Machnowzy ist, daß diese im Verlauf ihres Aufenthaltes in Jekaterinoslaw nichts Schöpferisches in dieser Stadt geleistet haben. Doch verheimlichen die Bolschewiki hierbei vor den Massen zwei überaus wichtige Umstände. Erstens bilden die Machowzy keine Partei und sind keine Regierungsgewalt. In Jekaterinoslaw hielten sie sich als revolutionäre Militärabteilung auf, die die Freiheit der Stadt beschirmte. In dieser Eigenschaft sollten sie gar nicht die Verpflichtung übernehmen, das Aufbauprogramm der Revolution durchzuführen. Das war Sache der ortseingesessenen Arbeitermassen. Die Machnoarmee konnte ihnen in dieser Angelegenheit höchstens mit Rat und Wort, mit ihrer Initiative und ihrem organisatorischen Fähigkeiten zur Seite stehen, was sie auch getan hat.
Zweitens verschwiegen die Bolschewiki den Massen, bei ihrer Argumentation, in wie außerordentlicher Lage die Stadt sich damals befand – während die Machnowzy die Stadt besetzt hielten, befand sie sich dauernd im Belagerungszustand. Es gab nicht eine Stunde, in der die Stadt nicht mit Bomben belegt worden wäre. Dieser Umstand hinderte die Arbeiter, nicht aber die Machnoarmee, sich schon damals an den Aufbau des Lebens nach dem Prinzip der Selbstverwaltung zu machen. Was nun aber die Erfindung betrifft, die Machnowzy hätten den Eisenbahnern, die gekommen wären, um Mittel von ihnen zu erhalten, einfach erklärt, sie die Machnowzy – brauchten keine Bahnen, denn sie hätten ihre Pferde und die Steppe, so wurde dieses leere Gerede erstmalig im Oktober 1919 in der Denikinpresse gebracht und von da aus von den Bolschewiki nach Bedarf übernommen.

Gefängnisse sind ein Symbol der Knechtung des Volkes. Stets wurden sie nur für das Volk, für Arbeiter und Bauern errichtet. Die Bourgeoisie aller Länder hat im Verlauf von Jahrtausenden stets die aufrührerische, geknechtete Masse in Gefängnissen zu zähmen gewußt. Auch in unserer Zeit, in der Zeit des kommunistischen und sozialistischen Staates wird vornehmlich das Proletariat der Städte und Dörfer von den Gefängnissen verschlungen. Das freie Volk bedarf keiner Gefängnisse, gibt es die aber, so ist das Volk nicht frei. Das Gefängnis ist eine gegen den Werktätigen gerichtete, ewige Drohung, ein Anschlag auf dessen Gewissen und Freiheit, ein Zeichen seiner Sklaverei. – So definierten die Machnowzy ihr Verhältnis zu den Gefängnissen. Dementsprechend zerstörten sie die Gefängnisse auf allen ihren Wegen. Das Gefängnis in Berdjansk wurde bei kolossalem Zustrom des Volkes, das sich energisch an dem Zerstörungswerk beteiligte, in die Luft gesprengt. Die Gefängnisse in Alexandrowsk, Kriwoi-Rog, Jekaterinoslaw und in vielen anderen Ortschaften wurden von den Machnowzy entweder gesprengt oder verbrannt. Diese Akte sind von der Arbeiterbevölkerung immer begrüßt worden.

* * *

Mit größter Genugtuung können wir hier feststellen daß die Machnowzy das revolutionäre Prinzip der Freiheit des Wortes, des Gewissens, der Presse, der politischen und der Parteizugehörigkeit voll verwirklicht haben. In allen Städten und Flecken, die die Machnowzy besetzt haben, wurden alle Verbote, die, ganz gleich von welcher Regierung, gegen die eine oder die andere Zeitung, gegen die eine oder die andere politische Organisation gerichtet waren, wieder aufgehoben. Die Presse wurde durchweg für frei erklärt, desgleichen die Organisationen und Versammlungen. Während der kurzen Frist von anderthalb Monaten, in deren Verlauf die Machnowzy in Jekaterinoslaw weilten, entstanden dort fünf oder sechs Zeitungen verschiedener politischer Richtungen: ein Organ der rechten Sozialrevolutionäre »Narodewlastije«, ein Organ der linken Sozialrevolutionäre »Snamja Wosstanja«, ein bolschewistisches Organ »Swesda« u.a. Indessen hätten die Bolschewiki am wenigsten mit Organisations- und Pressefreiheit rechnen können. Erstens darum, weil sie jede Organisations- und Pressefreiheit der Werktätigen erstickt haben; zweitens aber darum, weil ihre lokalen Organisationen am verbrecherischen Zuge gegen Gulai-Pole im Juni 1919 direkt teilgenommen hatten und dafür auch die Verantwortung tragen mußten. Doch um keinen Schatten auf die großen Prinzipien der Freiheit des Wortes und der Freiheit der Organisationen zu werfen, ließ man sie unangetastet und gab ihnen im Verein mit allen anderen politischen Richtungen alle Rechte, die auf dem Banner der proletarischen Revolution zu lesen sind.

Das Einzige, worin die Machnowzy die Bolschewiki, die linken Sozial-Revolutionäre und andere Anhänger der Staatsidee beschränkten, war die Organisierung von autoritären »Revolutionskomitees«. Nachdem die Machnowzy Alexandrowsk und Jekaterinoslaw besetzt hatten, gründeten die Bolschewiki sofort »Revolutionskomitees« und waren darauf bedacht, mit Hilfe dieser Komitees ihre Macht über die Bevölkerung zu organisieren. In Alexandrowsk erschienen sogar Mitglieder des »Revolutionskomitees« bei Machno und machten ihm den Vorschlag, die Stadt in Einflusssphären zu teilen, d.h. sie schlugen ihm vor, er möge alle militärischen Befugnisse behalten, ihnen aber auf dem Gebiet der politischen und der Zivilverwaltung alle Rechte und völlige Handlungsfreiheit lassen. Machno gab ihnen den Rat, sich zu entfernen und ehrlich zu arbeiten; er drohte, er würde das ganze »Revolutionskomitee« hinrichten lassen, wenn es im Hinblick auf die Werktätigen irgendwelche Maßnahmen zu deren Beherrschung treffen sollte. Genau so wurde ein ähnliches »Revolutionskomitee« in Jekaterinoslaw aufgelöst. In dieser Hinsicht gingen die Machnowzy ganz folgerichtig vor. Indem sie die volle Freiheit des Wortes, der Presse die Freiheit der Organisationen beschirmten, trafen sie gleichzeitig alle erforderlichen Maßnahmen gegen solche politische Organisationen, die den Werktätigen ihren Willen und ihre Herrschaft mit Gewalt aufdrängen wollten. Als sich im November 1919 herausstellte, daß der Kommandeur des 3. Krimer Aufstandsregiments Polonski an so einer Organisation beteiligt war, wurde er zusammen mit den anderen an dieser Organisation Beteiligten hingerichtet.

Zur Freiheit der Presse und zur Freiheit der Organisationen äußerten sich die Machnowzy wie folgt:

1. Allen sozialistischen politischen Parteien, Organisationen und Strömungen ohne Ausnahme wird völlige Freiheit gelassen, ihre Auffassungen, Ideen, Lehren und Meinungen sowohl mündlich als auch im Druck zu verbreiten. Einschränkungen der Freiheit des sozialistischen Wortes und der sozialistischen Presse sowie Verfolgungen werden in keinem Fall stattfinden.

Anmerkung. Mitteilungen militärischer Art dürfen nur veröffentlicht werden, wenn sie von der Redaktion des Hauptorgans der revolutionären Aufständischen »Putj k swobodje« zur Verfügung gestellt wurden.

2. Indem allen politischen Parteien und Organisationen völlige Freiheit gelassen wird, ihre Ideen zu verbreiten, warnt die Armee der aufständischen Machnowzy gleichzeitig alle Parteien, daß die Vorbereitung, Organisation und das Aufdrängen einer politischen Herrschaft, die mit der freien Verbreitung ihrer Ideen nichts gemein hat, von der revolutionären Aufstandschaft in gar keinem Fall geduldet werden wird.

Der Revolutionäre Kriegssowjet
der Armee der Aufständischen Machnowzy. Jekaterinoslaw.
Am 5. November 1919.

Im Verlauf der ganzen russischen Revolution war die Periode der Machnowstschina die Einzige, welche die volle Freiheit in ihren verschiedenen Erscheinungsformen verwirklicht hat. So wenig gesichert auch die Lage der Stadt Alexandrowsk, besonders aber Jekaterinoslaws sein mochte, das täglich von Denikinschen Panzerzügen beschossen wurde, haben doch die Werktätigen beider Städte in dieser schweren Periode zum ersten Mal in ihrer Geschichte so geredet, wie sie wollten, und was sie wollten. Außerdem hatten sie die bedeutende Möglichkeit in Händen, ihr Leben nach eigenem Dafürhalten und nach eigenem Gutdünken zu gestalten. Nach einem Monat räumten die Machnowzy Jekaterinoslaw, doch hatten sie deutlich zeigen können, daß die Werktätigen die Freiheit selber in Händen hielten, daß sie immer dann zu leuchten und sich zu entwickeln beginnt, wenn in ihrer Mitte Herrschaftslosigkeit und Gleichheit Wurzeln fassen.

8. Fehler der Machnowzy –
Zweiter Überfall der Bolschewiki auf den
aufständischen Rayon

Die Kraftanstrengungen, die die Machnowzy im Kampf gegen Denikin unternahmen, waren kolossal. Ihr Heldenmut und der im Verlauf der letzten Periode ein halbes Jahr währende Kampf lagen vor aller Augen offen da. In dem ganzen gewaltigen, befreiten Gebiet waren sie die einzigen, die ein revolutionäres Gewitter im Land heraufbeschworen und der Denikinschen Konterrevolution den Tod bereitet hatten. In dieser Weise wurden die Geschehnisse von der großen Masse in Stadt und Land bewertet.

Dieser Umstand gab vielen Machnowzy die gewisse Überzeugung, daß sie nun dank der feststehenden Meinung der Bauern und Arbeiter gegen die Provokation der Kommunisten gefeit wären; daß der Roten Armee, die von Norden her anrückte, klar sein müsse, wie sehr die Machnowzy von der kommunistischen Partei verleumdet würden; daß die Rote Armee auf wiederholten Betrug und Provokation nicht hereinfallen, vielmehr sich gleich bei der ersten Begegnung mit den Machnowzy verbrüdern würde. Ja, mehr als das, der Optimismus einiger Machnowzy ging so weit, daß sie es nicht für glaubhaft hielten, die Kommunistische Partei könne es bei der allgemein Machno-freundlichen Einstellung der Massen wagen, eine neue Verschwörung gegen das freie Volk anzuzetteln.

Entsprechend dieser Einstellung der Machnowzy spielte sich auch ihre militärische und revolutionäre Wirksamkeit ab. Sie begnügten sich damit, einen Teil der Dnjepr- und Donez-Rayons zu besetzen und strebten nicht danach, in nördlicher Richtung vorzudringen und sich dort zu verschanzen, weil sie glaubten, daß eine Begegnung mit der Roten Armee an Ort und Stelle zeigen würde, an welche Taktik man sich zu halten habe.

Andererseits hielt ein Teil der Machnowzy an der Ansicht fest, man müsse sich für das militärische Getriebe, wenn es auch revolutionärer Art wäre, nicht gar zu sehr begeistern - es wäre erforderlich, das Hauptaugenmerk auf die Arbeiter- und Bauernmasse zu lenken und diese auf den Weg revolutionärer Aufbauarbeit zu weisen. Bauern- und Arbeiter-Kongresse in den Bezirken, Rayons und Kreisen – das wären die zunächstliegenden praktischen Tagesaufgaben. Damit müsse man beginnen, wenn man der Revolution helfen und sie aus der bolschewistischen Sackgasse, in die sie geraten wäre, hinausführen wolle.

Sowohl der Optimismus der Machnowzy, wie auch ihre Ansicht, daß es vor allem auf positive Arbeit im Rayon ankäme, waren durchaus gesund, entsprachen aber nicht völlig der Lage in der Ukraine und konnten daher auch keine positiven Ergebnisse zeitigen.

Vor allen Dingen – der Bolschewismus. Niemals, unter gar keinen Umständen könnte er seiner ganzen Natur nach das freie, offene Vorhandensein einer solchen Bewegung der unteren Volksschichten dulden, wie es die Machnowstschina ist. Ganz gleich was für eine gesellschaftliche Einstellung die Arbeiter und die Bauern auch haben mögen, würde der Bolschewismus doch bei der ersten Berührung mit dieser Bewegung alle Maßnahmen zu ihrer Vernichtung treffen. Folglich mußten die Machnowzy, nachdem sie in den Mittelpunkt des Volksgeschehens in der Ukraine geraten waren, sich rechtzeitig nach jener Seite hin sichern. Ihr Streben, vor allen Dingen positive Aufbauarbeit zu leisten, an sich durchaus richtig und revolutionär, erwieß sich aber als resultatlos bei der spezifischen Lage, wie sie sich seit 1918 in der Ukraine ergeben hatte. Die Ukraine war etliche Mal von den Truppen der deutschen und österreichischen Armee, von den Petljuratruppen, von den Denikintruppen, von den Bolschewiki durchquert worden. 1919 flutete über das Aufstandsgebiet von einem Ende bis ans andere die Lava der Kosakenheere; nach vier Monaten flutete diese Lava durch denselben Rayon wieder zurück und vernichtete und verwüstete alles, was ihr in den Weg kam. Ihr folgten dann die zahlreichen Truppen der Roten Armee, die dem revolutionären Volk immer dieselbe unendliche Verheerung brachten.

So war denn seit dem Sommer 1919 das Aufstandsgebiet in eine Lage geraten, in der von einer revolutionären Aufbauarbeit der Massen überhaupt keine Rede sein konnte: als wäre ein gigantisches, aus Bajonetten zusammengesetztes Reibeisen über dieses

Gebiet hin und hergefahren, von Norden nach Süden und wieder zurück, wobei jede Spur sozialer Aufbauarbeit der Massen vollkommen vernichtet wurde. Unter solchen Bedingungen konnten die Machnowzy vor allen Dingen ihr militärisches Können beweisen, indem sie gegen alle feindlichen Mächte zu kämpfen gezwungen waren.

Auch in der Folgezeit konnte man vor diesen Lebensbedingungen im Rayon nicht einfach die Augen verschließen.

Die Vernichtung der Denikinschen Konterrevolution im Herbst 1919 war eine der Hauptaufgaben der Machnowstschina in der russischen Revolution. Die Machnowzy haben diese Aufgabe vollständig durchgeführt. Doch beschränkte sich die historische Mission, die in dieser Periode den Machnowzy von der russischen Revolution auferlegt war, nicht auf diese Aufgabe allein. Das von den Denikintruppen gesäuberte, revolutionäre Land bedurfte auf seinem ganzen Territorium eines sofortigen Schutzes. Ohne diesen Schutz hätten die revolutionären Möglichkeiten im Lande, die nach der Vernichtung der Denikinarmee offenstanden, tagtäglich von den staatlichen Truppen der Bolschewiki vernichtet werden können, die bei der Verfolgung Denikins eilig in die Ukraine vordrangen.

Ohne Zweifel gehörte in den Kreis der historischen Aufgaben der Machnowstschina im Herbst 1919 die Schaffung einer revolutionären Armee von solchem Ausmaße, daß das revolutionäre Volk in Stand gesetzt würde, seine Freiheit nicht nur in einem einzelnen, abgeschlossenen Rayon, sondern auf dem gesamten Territorium des ukrainischen Aufstandsgebietes zu verteidigen.

Im Augenblick des angespannten Kampfes gegen die Denikintruppen war das keine leichte Sache, doch war sie historisches Erfordernis und lag auch gleichzeitig im Bereich des Möglichen, da der größte Teil der Ukraine damals im Aufstandsfeuer flammte, und sich psychologisch um die Machnowzy gruppierte. In den Machnowstschina-Rayon strömten nicht nur von Süden her Aufstandstruppen, sondern auch von Norden der Ukraine her; z.B. Bibiks Aufstandsdivision, die Poltawa besetzte. Sogar aus Großrußland strebten Truppenteile der Roten Armee, die unter dem Banner der Machnowstschina für die soziale Revolution kämpfen wollten, der Machnoarmee zu. Hingewiesen sei auf die starke Abteilung der Roten Armee unter dem Kommando Ogarkoffs, die aus dem Gouvernement Orjol ausrückte, um sich mit den Machnowzy zu vereinigen – unterwegs hatte sie zahlreiche Kämpfe mit bolschewistischen Truppen und mit Denikins Truppen zu bestehen; dennoch gelang es dieser Abteilung im Oktober 1919 nach Jekaterinoslaw zu kommen, wo sich die Machnowzy damals befanden.

Unwillkürlich wehten die Banner der Machnowstschina über die ganze Ukraine hin. Es fehlte an den erforderlichen organisatorischen Maßnahmen, um die ganze zahlreiche, an den verschiedensten Orten der Ukraine brodelnde Kampfmacht zu einer gewaltigen revolutionären Volksarmee zu verschmelzen, die zum Bollwerk des revolutionären Territoriums gedient hätte.

Die Macht einer solchen Armee, die das große revolutionäre Territorium, nicht aber einen engen Rayon verteidigt hätte, wäre für die Bolschewiki, die es ja lieben, nach allem ihre Hand auszustrecken, das überzeugendste Argument gewesen.

Allein die Siegestrunkenheit und wohl auch eine gewisse Unbesorgtheit hinderte die Machnowzy daran, rechtzeitig eine solche Wehrmacht aufzustellen. Infolgedessen waren sie gleich nach dem Eintreffen der Roten Armee in der Ukraine gezwungen, sich im engen Gulai-Pole-Rayon zu absorbieren. Das war ein großer militärischer Fehler, den sich die Bolschewiki zunutze machten und dessen schwerwiegende Folgen die Machnowzy und zusammen mit ihnen die ganze ukrainische Revolution sehr bald zu tragen hatten.

* * *

Eine Typhusepidemie, die über ganz Rußland hereingebrochen war, grassierte auch in der Machnoarmee. Bereits im Oktober waren ca. 50% der Truppen an Typhus erkrankt. Infolgedessen mußte die Stadt Jekaterinoslaw Ende November geräumt werden, als von Norden her eine starke Denikintruppe, von General Slastschoff geführt, herannahte. Diese Denikintruppe war auf dem Rückzuge in die Krim begriffen; die zeitweilige Besetzung Jekaterinoslaws hatte für sie daher keine Bedeutung.

Die Machnowzy befanden sich nun wieder im Rayon der Städte Melitopol, Nikopol und Alexandrowsk. In Alexandrowsk befand sich der Stab der Armee. Längst schon verlautete gerüchteweise, die Rote Armee wäre im Anmarsch begriffen. Die Machnowzy trafen gar keine Maßnahmen für den Fall eines Zusammenstoßes, weil sie überzeugt waren, daß die Begegnung eine brüderliche sein würde. Etwa um den 20. Dezember (a. St.) trafen einige Divisionen der Roten Armee im Raum Jekaterinoslaw Alexandrowsk ein. Die Begegnung zwischen den Machnowzy und den Truppen der Roten Armee war freundschaftlich, ja herzlich. Eine allgemeine Versammlung wurde organisiert, auf der die Kämpfer beider Armeen einander die Hände reichten und erklärten, sie hätten einen gemeinsamen Feind: Kapital und Konterrevolution. Diese Übereinstimmung währte vielleicht eine Woche. Einige Truppenteile der Roten Armee hatten die Absicht, sich der Machnoarmee anzuschließen.

Da aber traf nun an den Kommandeur der Machnoarmee ein Befehl des Rev. Kriegssowjets der 14. Roten Armee ein, der die Weisung enthielt, die Aufstandsarmee an die polnische Front zu dirigieren. Allen war klar, daß das der erste Schritt der Bolschewiki zu einem neuen Überfall auf die Machnowzy wäre. Die Aufstandsarmee an die polnische Front zu schaffen, wäre damit gleichbedeutend gewesen, den Lebensnerv der ortseingesessenen revolutionären Aufstandschaft zu durchschneiden. Das erstrebten die Bolschewiki auch, um die Möglichkeit zu haben, im unbotmäßigen Rayon unbehindert wirtschaften zu können, und die Machnowzy erkannten das recht wohl. Außerdem waren die Machnowzy über das Schriftstück als solches empört: Weder die 14. Armee noch sonst irgendeine Truppeneinheit der Roten Armee standen in Verbindung mit der Machnoarmee – am allerwenigsten stand ihnen das Recht zu, der Aufstandsarmee Befehle zu erteilen, die doch alle Lasten des Kampfes gegen die Konterrevolution in der Ukraine allein hatte tragen müssen.

Der Revolutionäre Kriegssowjet der Aufstandsarmee beantwortete den Befehl der 14. Armee sogleich. Diese Antwort läßt sich folgendermaßen zusammenfassen (da uns der Text fehlt, geben wir nur den Grundgedanken wieder): Die aufständische Machno-Armee hat ihre revolutionäre Gesinnung mehr als jede beliebige andere bewiesen. Stets wird sie auf revolutionärem Posten stehen, zu diesem Zweck in der Ukraine bleiben und nicht an die polnische Front rücken; dessen eigentlicher Sinn ihr unverständlich ist. Zudem wäre letzteres aus rein physischen Gründen unmöglich, da 50% der Kämpfer, der ganze Stab und der Kommandeur der Armee an Typhus erkrankt darniederlägen. Der Revolutionäre Kriegssowjet der Aufständischen Machnoarmee hält den Befehl der 14. Armee für unangebracht und provozierend.

Diese Antwort der Machnowzy war begleitet von einem Aufruf an die Mannschaften der Roten Armee sie sollten der Provokation ihrer Kommandeure nicht erliegen. Hierauf brachen die Machnowzy aus ihren Lagern auf und rückten nach Gulai-Pole. Der Abmarsch vollzog sich ungehindert und ohne weitere Zwischenfälle. Die roten Truppen hatten durchaus nicht das Verlangen, mit den abrückenden Machnowzy zusammenzustoßen. Nur einige kleinere Gruppen und einzelne Personen, die hinter der abziehenden Armee zurückgeblieben waren, wurden von den Bolschewiki hier und da festgenommen.

Im Namen des ukrainischen revolutionären Komitees wurden Machno und die Kämpfer seiner Armee Mitte Januar 1920 für vogelfrei erklärt, weil sie sich geweigert hätten, an die polnische Front zu rücken. Von diesem Zeitpunkt an begann ein erbitterter Kampf zwischen den Machnowzy und der kommunistischen Regierung. Wir wollen hier nicht alle Einzelepisoden dieses Kampfes, der neun Monate währte, der Reihe nach auseinandersetzen. Vermerkt sei nur, daß der Kampf von beiden Seiten schonungslos geführt wurde. Die Bolschewiki hofften auf die numerische Überlegenheit der gut bewaffneten und gut ausgerüsteten roten Truppen. Um etwaigen Mißverständnissen, wie z.B. Verbrüderung der roten Soldaten mit den Machnowzy, vorzubeugen, ließen sie sofort die lettische Schützendivision und eine Chinesentruppe gegen sie anrücken, also solche Truppenteile, die sich in der russischen Revolution am wenigsten zurechtfanden und der Regierung blind gehorchten.

* * *

Im Verlauf des Januar hatte die Typhusepidemie die Machnowzy stark desorganisiert. Alle Mitglieder des Stabes lagen krank darnieder. Machno hatte den Flecktyphus in schwerer Form. Die Mehrzahl der Kämpfer der Armee war infolge ihrer Krankheit dienstuntauglich und lagen verstreut in den Dörfern. Unter solchen Verhältnissen hatten die Machnowzy zwischen ihren zahlreichen Feinden zu lavieren und vor allen Dingen für Machno zu sorgen, der in bewußtlosem Zustand darniederlag. Es war ein Augenblick höchster Aufregung, voller Opferbereitschaft und rührender Fürsorge um den Anführer. Die Aufständischen, schlichte Dorfbauern, waren von starker Erregung ergriffen, als sie die gefährliche Lage sahen, in der sich Machno befand, konnte er doch täglich von den roten Truppen gefangen genommen werden. Allen war es klar, daß der Verlust Machnos gleichbedeutend wäre mit einem Verlust für die ganze Bauernschaft, dessen Folgen sich noch nicht ermessen ließen. Die Bauern taten nun alles, was in ihren Kräften stand, um dieses Unglück zu verhindern. Man muß es gesehen haben, wie sie in Gulai-Pole und an anderen Orten Machno aus einer Hütte in die andere hinübertrugen, um ihn vor den hereinbrechenden Roten Truppen zu verstecken; man muß es gesehen haben, wie die Bauern in kritischen Augenblicken, da Machnos Aufenthaltsort entdeckt worden war, sich selber zum Opfer brachten, um auf diese Weise Zeit zu gewinnen und die Möglichkeit zu haben, den hilflosen Machno an einen anderen gesicherten Ort hinüberzuschaffen, – dies alles muß man gesehen haben, um zu verstehen wie hoch die Bauern ihren Führer schätzten und mit welch fanatischer Ergebenheit sie ihn behüteten und verteidigten. Dank dieser ausnehmenden Ergebenheit gelang es, Machno in den allerkritischsten Augenblicken der Bewegung am Leben zu erhalten.

* * *

Trotz der numerischen Überlegenheit der Roten Truppen war Machno mit seinen Abteilungen stets ungreifbar. Den Bolschewiki gelang es aber, die freie Entwicklung im Rayon, wie sie zu Beginn 1919 geplant wurde, zu hemmen. Und dann folgten ungehindert die Massenhinrichtungen der Bauern.

Viele erinnern sich, wie die Sowjetpresse in ihren Berichten über den Kampf gegen Machno Ziffern der geschlagenen, gefangengenommenen und erschossenen Machnowzy anführte. Diese Unglücklichen waren aber in der Regel nicht etwa Aufständische, die der Machnoarmee angehörten, sondern Bauern aus den verschiedensten Dörfern, die sich sympathisierend zur Machnowstschina verhielten. Das Einrücken roter Divisionen in einen beliebigen Flecken war stets von der Festnahme ortseingesessener Bauern begleitet, die entweder als Machnowzy oder als Geisel für die Machnowzy erschossen wurden. Die Kommandeure der verschiedenen Roten Truppenteile vermieden es, mit Machno selber zu kämpfen, zeigten aber eine besondere Vorliebe für diese barbarische schamlose Kampfesweise gegen die Machnowstschina. Besonders waren es die Truppen der 42. und 46. Schützendivision der Roten Armee, die zu diesem Mittel griffen. Der Flecken Gulai-Pole, der wohl ein Dutzend Mal von den Roten und dann wieder von den Machnowzy erobert worden war, hatte am meisten darunter zu leiden. Die Kommandeure der Roten Truppen pflegten, wenn sie ins Dorf einrückten oder wieder abzogen, stets einige Dutzend Bauern gefangen mitzuführen, meist handelte es sich um Leute, die einfach auf der Straße festgenommen und dann erschossen wurden. Jeder beliebige Einwohner von Gulai-Pole wird erschütternde Geschichten erzählen können, die diese von den Bolschewiki geübte Praxis bezeugen. Ganz bescheiden gerechnet wurden im Verlauf der Anwendung dieser Methode von der bolschewistischen Regierung an verschiedenen Orten der Ukraine nicht weniger als ca. 200.000 Bauern und Arbeiter erschossen oder verstümmelt. Wohl ebenso viele wurden in entfernte Ortschaften Rußlands und Sibiriens deportiert.

Naturgemäß konnten die Machnowzy – die revolutionären Söhne eines revolutionären Volkes – nicht passiv zusehen, wenn der Sinn der Revolution in so ungeheuerlicher Weise entstellt wurde. Den bolschewistischen Terror beantworteten sie mit ihren noch heftigeren Gegenschlägen. Alle Regeln des Freischärlerkrieges, wie sie seinerzeit gegen Skoropadski angewandt worden waren, wurden nun gegen die Bolschewiki in Anwendung gebracht. Dort, wo die Roten Truppen sich in einen Kampf mit den Machnowzy einließen, wurde er nach allen Regeln der Kriegskunst geführt, wobei in solchen Fällen hauptsächlich einfache Soldaten zum Opfer fielen, die gezwungenermassen hatten kämpfen müssen und dieses Ende jedenfalls nicht verdient hatten. Das ließ sich aber nicht vermeiden. Dort, wo es den Machnowzy gelang, ohne Kampf Roter Truppenteile habhaft zu werden; wurden letztere entwaffnet und laufen gelassen; Freiwillige wurden aufgenommen, doch kamen in der Regel die Angehörigen der Partei und der Kommandobestand bis auf den letzten Mann ums Leben, mit Ausnahme der sehr seltenen Fälle, daß die Roten Soldaten für den Einen und für den Anderen Fürsprache einlegten.

Mehrfach hat die Sowjetregierung und deren Agenten die Machnowzy als erbarmungslose Mörder zu schildern versucht und Listen der Roten Soldaten und der Parteiangehörigen veröffentlicht, die von ihrer Hand gefallen waren. In solchen Mitteilungen hat die Regierung aber immer die Hauptsache verschwiegen, nämlich unter welchen Umständen die Roten Soldaten oder Parteiangehörigen ums Leben gekommen waren. Immer handelte es sich um Opfer von Kämpfen, die in der Mehrzahl der Fälle von der Sowjetregierung unternommen wurden, oder zu denen sie die Machnowzy gedrängt hatte, sofern sie sie an irgend einem Ort in der Ukraine in eine schwierige Lage gebracht hatte. Krieg ist eben Krieg, und fordert von beiden kämpfenden Parteien Opfer. Die Machnowzy wußten aber vortrefflich, daß sie nicht gegen einzelne Soldaten der Roten Armee, auch nicht gegen die Masse der Roten Armee, sondern gegen eine Gruppe von Personen zu kämpfen hatten, die über diese Masse verfügt und die das Leben des Roten Soldaten insofern schätzt, als dieser ihre Regierungsgewalt verteidigt. Daher verhielten sich die Machnowzy, wenn sie auch gegen die Roten Truppen hart gekämpft hatten, nach dem Kampf zu der großen Masse der Soldaten ebenso brüderlich und kameradschaftlich, als wären es ihre eigenen Mitkämpfer. Man kann nur staunen über das Taktgefühl, die Disziplin und revolutionäre Ehre, die die Machnowzy im Verkehr mit der großen Masse der Roten Armee an den Tag legten: Nicht ein einziger aus dieser Masse, der bei ihnen in Gefangenschaft geriet, hatte durch sie zu leiden. Das geschah aber zu einer Zeit, da jeder Machnokämpfer, ganz gleich, wer er auch sein mochte, sofort, wenn man seiner habhaft geworden war, angesichts der Mannschaften der Roten Armee erschossen wurde.

Anders verhielten sich die Machnowzy zu den Führern der Roten Armee und zur Partei-Aristokratie. Sie hielten diese für die einzigen und eigentlichen Urheber aller Greuel, die von den Machthabern im Rayon verübt wurden. Diese obersten Spitzen hatten des Volkes Freiheit bewußt erstickt und den ganzen Aufstandsrayon zu einer blutenden Wunde am Volkskörper verwandelt. Mit ihnen nun verfuhren die Machnowzy dementsprechend: wurden sie ihrer habhaft, so töteten sie sie gewöhnlich.

Der bolschewistische Terror, wie er gegen die Machnowzy geübt wurde, trug alle Merkmale des Terrors an sich, wie er von herrschenden Klassen gehandhabt zu werden pflegt. Wenn gefangengenommene Machnowzy nicht sofort an Ort und Stelle erschossen wurden, so wurden sie ins Gefängnis geworfen, dort gefoltert und gequält, wobei man von ihnen oft verlangte, sie sollten der Aufstandsbewegung entsagen, ihre Genossen verraten und der bolschewistischen Polizei beitreten. Beresowski, stellvertretender Kommandeur des 13. Aufständ. Regiments, wurde, nachdem er von den Bolschewiki gefangen genommen worden war, Agent ihrer Besonderen Abteilung (Tscheka); er hatte sich aber, wie er sagte, dazu entschlossen, weil man ihn schwer gefoltert hatte. Dem Chef der Sprengkolonne der Machnoarmee, Tschubenko, haben die Bolschewiki mehrfach die Freiheit versprochen, wenn er an einem Anschlag, der gegen Machno geplant war, mitwirken würde.

Mit Hilfe irgend eines gefangengenommenen Machnokämpfers Machno zu töten, war im Sommer 1920 die fixe Idee der Bolschewiki. Wir bringen hier eine Urkunde, die von den Machnowzy aus Anlaß eines mißglückten bolschewistischen Anschlages gegen Machno veröffentlicht wurde:

Verräterische Organisation der Kommunisten-Bolschewiki zwecks Ermordung des Batjko-Machno.

Bereits seit zwei Monaten treffen im Stab der revolutionären Aufständischen der Ukraine Nachrichten aus verschiedenen Quellen ein, die dahin lauten, daß die regierende Partei der Kommunisten-Bolschewiki, die außerstande ist, mit ihren Regimentern und Divisionen die unabhängige und freie Aufstandschaft der Machnowstschina im offenen Kampf zu besiegen, mit dem Plane umgeht, mit Hilfe gedungener Mörder den Führer der revolutionären Aufstandschaft, den Genossen Nestor Machno, meuchlings zu morden.

Genaue Nachrichten lagen vor, das zu diesem Zweck an der All-ukrainischen Tscheka eine besondere Gruppe gebildet worden ist, an deren Spitze die alterfahrenen bolschewistischen Spitzel und Meister in dunklen Geschäften Manzeff und Martynoff stehen. Als Teilnehmer werden in diese Gruppe ausschließlich ehemalige »Naletschiki«[1] die zum Tode verurteilt waren, angeworben, die aber am Leben gelassen werden unter dem Vorbehalt der Verpflichtung, daß sie als Agenten der Tscheka arbeiten würden.

Unter den Provokateuren gibt es Personen, die in der einen oder in der anderen Weise zur anarchistischen Bewegung in Beziehung gestanden haben, so z.B.: Ssidoroff (Pjotr), Petrakoff (TimaIwan), Shenja Jermakowa (Anna Ssuchowa), Tschaldon und Burzeff. Ihre Beziehungen zu Anarchistenkreisen erstreckten sich vornehmlich auf bewaffnete Aktionen. Auch jetzt liegen wieder Nachrichten vor, daß der »lange Nikolai« ebenfalls zu den Provokateuren gehört; er ist Individualist und brachte im vergangenen Jahre in Charkow eine Zeitschrift »K Swjetu« heraus; auch ist er unter dem Namen Wassilij bekannt.

Diese Gruppe von Provokateuren kannte keine Grenzen in ihren verräterischen Umtrieben. Da ihnen von der Denikinzeit her zahlreiche Adressen und geheime Wohnungen bekannt waren, brachen sie nun in die Wohnungen der Genossen ein, wo sie regelrechte Pogrome veranstalteten. Ganz zu schweigen von den ihnen persönlich bekannten Anarchisten, die sich zur bolschewistischen Regierung in irgendeiner Weise feindlich verhielten und die von ihnen verhaftet und erschossen wurden. Nachdem diese edle Sippschaft in Charkow und Odessa regelrechte Pogrome veranstaltet hatte, begab sie sich mit ihrem Chef Manzew an der Spitze nach Jekaterinoslaw, um von dort aus die Ermordung Machnos vorzubereiten und Meuchelmörder anzuwerben.

Die »revolutionären« Bolschewiki hatten indessen im Verlauf ihrer dreijährigen Herrschaft bereits vergessen, wie aufrichtig ihre Provokateure der zaristischen Regierung gedient hatten, wie sehr häufig ihnen Leute angehörten, wie z.B. Petrow aus Petersburg, die sich für die ihnen zugefügte Schmach würdig rächten. So auch im gegebenen Fall. Unter den von den Bolschewiki durch Geld verführten Provokateuren, desgleichen unter solchen, denen das Leben geschenkt worden war, wenn sie für die Bolschewiki arbeiten würden, gibt es dennoch Personen, die offenbar aus irgendeinem Pflichtgefühl heraus oder vielleicht

---

[1] Naletschiki, sogenannte Expropriateure, die aus dem Diebstahl einen Beruf machten. Die Zersetzungserscheinungen nach der bolschewistischen Revolution 1919-1921 haben diesen Typus erheblich vermehrt. Das einzige Mittel der bolschewistischen Regierung dagegen war die Todesstrafe, die Red.

im Bewußtsein des von ihnen geübten Verrates über alle Pläne des Herrn Manzew und seiner Sippe im Voraus berichten.

Die Festnahme der Manzewschen Agenten[2]

Am 20. Juni d. Js. kam eine Stunde nach dem Eintreffen der Besonderen Gruppe der revolutionären Aufständischen (Machnowzy) im Dorf Turkenowka (15 Werst von Gulai-Pole entfernt) zum Genossen Machno, der in der Nähe des Stabes auf der Straße stand, Fédja Glutschenko schnell gelaufen (er hatte im vorigen Jahre in der Nachrichtenabteilung der revolutionären Aufstandsarmee gearbeitet und war offenbar eben erst im Dorf eingetroffen) und sagte mit nervöser Stimme: »Batjko, ich habe Ihnen was sehr Wichtiges mitzuteilen!...« Machno befahl Ihm, das, was er zu sagen habe, dem in der Nähe befindlichen Genossen Kurilenko mitzuteilen. Fédja berichtete, er wäre zusammen mit einem anderen, der die ganze Zeit über auf der Straße in der Nähe des Genossen Machno stand, hierher geschickt worden, um den Batjko-Machno zu töten. Genosse Kurilenko näherte sich vorsichtig dem anderen Subjekt und entwaffnete es. Bei ihm wurden ein Browning- und ein Mauserrevolver, außerdem noch zwei Bomben vorgefunden, bei Fédja ein Coltrevolver.

Der andere Verhaftete nannte sich Jakob Kostjuchin, ein »Naletschik«, der unter dem Decknamen der »schlimme Jaschka« bekannt war; ohne Umschweife berichtete er offenherzig, mit Erbitterung gegen die Herren Manzews, mit aller Ausführlichkeit und schrieb dann später seine Aussagen auch nieder. Sie hatten 13.000 Zarenrubel und eine Summe in Sowjetrubeln erhalten. Der Mordanschlag war in allen Details in Jekaterinoslaw von Manzew, Martynoff und Fédja ausgearbeitet worden. Kostjuchin war Fédja beigegeben worden, der den Auftrag hatte, auch Lew Sadow, den ehemaligen Chef der Nachrichtenabteilung des 1. Donezker Korps (Machnowzy), für die Sache zu gewinnen. Kostjuchin, der recht wohl erkannt hatte, daß er nun den Tod verdient hätte, machte den Vorschlag, man möge ihn zu jedem beliebigen Werk verwenden; dieser Vorschlag wurde natürlich voller Abscheu abgelehnt, und er wurde am nächsten Tage hingerichtet. Vor seinem Tode schimpfte er in unflätiger Weise. Besonders schmähte er Fédja, weil dieser ihn hergeführt und verraten hätte.

Fédja seinerseits sagte aus, er habe, als er von Manzew verhaftet und

---

[2] Aus dem Sitzungsprotokoll des Sowjets.

ihm der Vorschlag gemacht wurde, zwischen dem Tode durch Erschießen und Arbeit an der Tscheka zu wählen und sich am Mordanschlag gegen den Genossen Machno zu beteiligen, sich mit letzterem einverstanden erklärt, wobei er dieses mit dem Wunsche motivierte, den Genossen Machno vor dem geplanten Anschlag zu warnen. Er hielt sich sehr stramm und erklärte, er habe für seine Mitarbeit an der Tscheka den Tod vollauf verdient, doch habe er dieses getan, um rechtzeitig warnen zu können und um den Tod von der Hand seiner Genossen zu empfangen. Die Aufständischen konnten seine Arbeit an der Tscheka, ganz gleich, welche Ziele für ihn maßgebend gewesen sein mochten, natürlich nicht unbestraft lassen, da ja ein Revolutionär, ganz gleich aus welchen Gründen, nicht im Dienst der politischen Polizei stehen darf, und so wurde denn Fédja Glustschenko zusammen mit Kostjuchin am 21. getötet. Fédja war vor dem Tode sehr kaltblütig; er sagte, er habe den Tod vollauf verdient, bat aber, allen Genossen unter den Machnowzy mitzuteilen, daß er nicht als Lump sterbe, sondern als treuer Freund der Aufständischen, der in die Tscheka nur darum eingetreten wäre, um durch seinen Tod das Leben des Batjko-Machno zu retten. Seine letzten Worte waren: »Gott helfe Euch«.[3]

So endete der verräterische Versuch der Allukrainischen Tscheka, durch die Hand von Meuchelmördern den Führer der revolutionären Aufstandschaft, den Genossen Machno, zu töten.

Der Sowjet der Revolutionären Aufständischen der Ukraine (Machnowzy). Am 21. Juni 1920.«

Das Jahr 1920 und während der folgenden Jahre kämpfte die Sowjetregierung gegen die Machnowstschina, um angeblich des Räuberunwesens Herr zu werden. In diesem Sinne wurde eine vermehrte Agitation entfaltet, wobei die Bolschewiki ihre ganze Presse und sonstigen Propagandaorgane darauf einstellten, diese aus der Luft gegriffene Erfindung zu unterstützen. Gleichzeitig ließ sie zahlreiche Schützen- und Kavalleriedivisionen gegen die Bewegung vorgehen und setzte alle Mühe daran, die Bewegung zu vernichten und sie tatsächlich in den Abgrund des Banditentums hinabzustoßen. Gefangengenommene Machnowzy wurden ohne Erbarmen erschossen, ihre Anverwandten - Väter, Mütter, Frauen - wurden gefoltert und häufig hingerichtet, ihr Hab und

---

[3] Allgemein gebräuchlicher Gruß unter den Bauern.

Gut wurde in jedem Fall geraubt, ihre Häuser zerstört usw. Dies alles wurde in riesigem Maßstab betrieben. Es bedurfte eines übermenschlichen Willens, heroischer Anstrengungen, daß die große Masse der Aufständischen angesichts solcher durch die Regierung verübter Greuel auf ihren ausgesprochen revolutionären Stellungen beharrte und nicht etwa voller Erbitterung in den Abgrund wirklichen Banditentums hinabstürzte. Diese Masse aber hat den Mut keinen Tag lang sinken lassen und das revolutionäre Banner ist ihr keinen Augenblick aus der Hand gefallen. Für jene, die Gelegenheit hatten, sie in dieser allerschwersten Periode zu beobachten, war das ein richtiges Wunder und ein Gradmesser dafür, wie stark innerhalb der werktätigen Massen der Glaube an die Revolution und die Hingabe zu deren erhabenen Ideen waren.

* * *

Im Verlauf des Frühlings und des Sommers 1920 hatten die Machnowzy nicht mit einzelnen Truppenteilen der Roten Armee zu kämpfen, sondern recht eigentlich gegen den ganzen staatlichen Apparat der Bolschewiki der Ukraine und Großrußlands. So hatte die Armee mehr als einmal, um dem Feind zu entgehen, ihren Rayon aufgeben und gewaltige Tausendkilometermärsche absolvieren müssen. Sie mußte sich bald ins Don-Gebiet zurückziehen, bald wieder in die Gouvernements Charkow und Poltawa. In einer Beziehung wurden diese Märsche stark ausgenutzt – nämlich zu Propagandazwecken; jeder Flecken, in dem die Machnowzy für einen oder zwei Tage Halt machten, verwandelte sich sofort in ein großes Auditorium.

Während dieser Züge der Armee im Juni und Juli 1920 wurde das oberste Organ der Armee und der ganzen Bewegung, nämlich der »Sowjet der revolutionären Aufständischen der Ukraine (Machnowzy)« organisiert, der aus sieben Mitgliedern bestand, die von der aufständischen Masse gewählt und bestätigt worden waren. Dem Sowjet waren die drei Grundabteilungen der Armee unterstellt, nämlich die militärisch-operative Abteilung, die Kontroll- und Organisationsabteilung und die Kultur-Volksaufklärungsabteilung.

9. Das Übereinkommen der Machnowzy
mit der Sowjetregierung –
Der dritte bolschewistische Überfall

Im Laufe des Sommers 1920 unternahmen die Machnowzy mehrfach den Versuch, gegen Wrangel vorzugehen. Zweimal kam es zum Kampf mit seinen Truppen, beide Male aber brachen die Roten Truppen in deren Etappenstellungen ein; sie gerieten auf diese Weise zwischen zwei Feuer und waren gezwungen, ihre Abteilungen aus der Feuerlinie zurückzuziehen und den Angriff gegen Wrangel einzustellen. Die Sowjetregierung konnte sich nicht genug daran tun, die Machnowzy anzuschwärzen. In der ganzen Ukraine trompeteten die Sowjetzeitungen von einem Bündnis zwischen Machno und Wrangel. Der Bevollmächtigte der Charkower Regierung Jakowleff gab im Sommer 1920 vor dem Plenum des Jekaterinoslawschen Sowjets die Erklärung ab, die Sowjetregierung verfüge über urkundliche Belege eines Bündnisses zwischen Machno und Wrangel. Diese Erklärung war natürlich eine bewußte Lüge. Die Sowjetregierung bediente sich dieser Lüge, um die Arbeitermassen abzukühlen, die, je weiter Wrangel vorrückte, und je weiter die Roten Truppen sich vor ihm zurückzogen, ihre revolutionären Blicke immer häufiger auf Machno richteten und laut seinen Namen nannten.

Den Lügennachrichten der Bolschewiki, Machno habe mit Wrangel ein Bündnis geschlossen, glaubte kein Arbeiter und kein Bauer. Machno war dem Volk zu gut bekannt, andererseits kannte man im Volk die Methoden der Bolschewiki nur allzu gut. Wrangel muß aber der bolschewistischen Erfindung Glauben geschenkt haben, weil man nur dem Einfluß der Sowjetpresse, die von Tag für Tag von Wrangels Bündnis mit Machno zeterte, oder der hoffnungslosen Borniertheit eines Generals die Tatsache zuschreiben kann, daß Wrangel von sich aus einen Boten an Machno sandte. Wahrscheinlich war das ein Versuch des Generals, den Boden für alle Fälle zu sondieren.

Folgendes Dokument sei hier angeführt:

»Sitzungsprotokoll des Kommandos der revolutionären Aufstandarmee der Ukraine (Machnowzy) am 9. Juli 1920, Dorf Wremjewka, Kreis Mariupol.

§ 4. Botschaft von General Wrangel.

Zu Ende der Sitzung wurde aus dem Stab ein Bote General Wrangels vorgeführt, der einen Brief folgenden Inhalts vorwies:

»An den Ataman der Aufständischen Truppen Machno.

Die russische Armee kämpft ausschließlich gegen die Kommunisten, um dem Volk dabei zu helfen, sich von der Kommune und den Kommissaren zu befreien, und der werktätigen Bauernschaft die Ländereien des Staates, der Gutsbesitzer und anderer Privateigentümer sicher zu stellen. Letzteres wird bereits durchgeführt.

Die russischen Soldaten und Offiziere kämpfen für das Volk und für sein Wohl. Jeder, der für das Volk einsteht, muß Hand in Hand mit uns gehen. Darum sollt Ihr Euren Kampf gegen die Kommunisten nun verschärft führen, indem Ihr in ihre Etappenstellungen fallt, ihr Transportwesen zerrüttet und mit allen Maßnahmen uns beisteht, Trotzkis Truppen endgültig zu vernichten. Das Oberkommando wird Euch nach Kräften mit Waffen und Munition unterstützen; auch sachverständige Spezialisten wird es Euch zusenden. Schickt Euren Vertrauensmann in den Stab mit Mitteilungen, was Ihr besonders notwendig braucht, und was erforderlich ist, um die militärischen Aktionen übereinstimmend zu gestalten.

Stabschef des Oberkommandierenden der bewaffneten Streitkräfte Südrußlands des Generalstabs Generalleutnant Schatiloff Generalquartiermeister des Generalstabs Generalmajor Konowalez Melitopol, am 18. Juni 1920«

Der Abgesandte, der sich Iwan Michailoff (28 Jahre alt) nannte, erklärte, Slaschtschoffs Adjutant habe ihm den Brief zur Übergabe an Batjko-Machno eingehändigt, und dort wären alle davon überzeugt, daß Batjko-Machno mit Wrangel zusammenarbeite.

Popoff[1]: »Wir haben heute die Antwort an die Roten beraten und haben sie für recht befunden. Nun wollen wir auch den weißen Vergewaltigern eine rechte Antwort geben.«

---

[1] Schriftführer des Sowjets der revolutionären Aufständischen.

Machno: »Die einzige Antwort, die wir auf derartige gemeine Briefe geben können, ist der Beschluß: Gleich wer als Abgeordneter von Wrangel oder überhaupt von rechts her abgeschickt wird, – er wird von uns hingerichtet, und eine andere Antwort kommt für uns überhaupt nicht in Frage.«

Einstimmig wird beschlossen, den Boten hinzurichten und es dem Sowjet anheimzustellen, den eingetroffenen Brief zu veröffentlichen und eine entsprechende Antwort in der Presse zu geben.«

Wrangels Abgesandter wurde anschließend öffentlich an Ort und Stelle hingerichtet. Der Fall selber wurde von den Machnowzy in ihrer Presse ins rechte Licht gerückt. Dies alles war den Bolschewiki gut bekannt; dessenungeachtet fuhren sie in schamloser Weise fort, überall von Machnos Bündnis mit Wrangel zu reden. Erst nach dem militärisch-politischen Übereinkommen der Machnowzy mit der Sowjetregierung erklärte letztere durch ihr Oberstes Kriegskommissariat, Machno habe niemals mit Wrangel im Bündnis gestanden und wenn die Sowjetregierung dieses früher behauptet habe, so habe sie sich durch unrichtige Informationen irreführen lassen, ja im Gegenteil, die Machnowzy hätten Wrangels Abgesandte hingerichtet, ohne mit ihnen überhaupt in Verhandlungen zu treten (vgl. hierzu die Erklärung des Obersten Kriegskommissariats unter dem Titel »Machno und Wrangel« in der Charkowschen Zeitung »Proletarij« und in anderen Zeitungen in Charkow etwa um den 20. Oktober 1920). Diese Erklärung, in der die Sowjetregierung sich selber entlarvte, war von ihr nicht etwa abgegeben worden, um der Wahrheit die Ehre zu geben, sondern nur darum, weil sie gezwungen war, die Wahrheit zu sagen, nachdem sie ein militärisch-politisches Übereinkommen mit den Machnowzy getroffen hatte.

* * *

Seit Mitte des Sommers 1920 begann Wrangel die Führung im Kampf in seine Hände zu nehmen. Er rückte langsam, doch systematisch, vor und bedrohte mit seinem Vormarsch das ganze Donezbassin. Zusammen mit der polnischen Front bedeutete er eine ernsthafte Gefahr für die Revolution, und es hat auch eine Zeit gegeben, daß diese Drohung in verhängnisvoller Weise angeschwollen war.

Die Machnowzy konnten sich zu Wrangels Vorrücken nicht gleichmütig verhalten. Es war ihnen klar, daß man sofort gegen Wrangel kämpfen müsse, d.h. solange sein Vormarsch gegen die Revolution noch im ersten Stadium wäre, und die ganze Bewegung nicht fest Wurzel gefaßt habe. Alles, was zu seiner Vernichtung getan wurde, würde letzten Endes der Revolution zugute kommen. Wie sollte man aber mit den Kommunisten verfahren? Ihre Diktatur bedrohte die freie Arbeit nicht minder als Wrangel. Der Unterschied zwischen den Kommunisten und Wrangel war aber der, daß die Massen, die an die Revolution glaubten, auf Seiten der ersteren standen. Diese Massen wurden allerdings von den Kommunisten in zynischer Weise hintergangen, wurde doch der revolutionäre Schwung der Werktätigen von den Kommunisten im Interesse der Befestigung ihrer Macht ausgenutzt Die Massen aber, die Wrangel gegenübergestellt wurden, glaubten an die Revolution, und diese Tatsache hatte viel zu bedeuten. Auf einer Beratung des Sowjets der Rev. Aufständischen und des Armeestabes wurde beschlossen, den Hauptkampf gegen Wrangel zu führen. Die große aufständische Masse mußte dann ihr entscheidendes Wort zu der Sache sagen.

Durch die Vernichtung Wrangels, meinte die Versammlung, würde vieles erreicht werden. Erstens wäre eine überflüssige Gefährdung der Revolution beseitigt. Zweitens wäre die russische Wirklichkeit von der revolutionsfeindlichen Buntheit befreit, unter der sie im Verlauf all der revolutionären Jahre zu leiden gehabt hatte. Die Arbeiter- und Bauernmasse bedurfte einer solchen Reinigung recht sehr. Sie würde infolgedessen sich leichter orientieren, auch leichter das Facit und alle Schlußfolgerungen ziehen können und der Revolution neue Kräfte zuführen. In der Beratung wurde beschlossen, den Kommunisten vorzuschlagen, den gegenseitigen Kampf einzustellen, um Wrangel gemeinsam zu vernichten. Vom Sowjet und dem Kommandierenden der Aufstandsarmee waren bereits im Juli und August 1920 Telegramme dementsprechenden Inhalts nach Charkow und Moskau gesandt worden. Eine Antwort war nicht erfolgt. Die Kommunisten setzten ihren Kampf gegen die Machnowzy fort und ließen auch in ihrer bewußt verleumderischen Kampagne gegen sie nicht nach. Im September aber, als Jekaterinoslaw geräumt wurde und als Wrangel Berdjansk,

Alexandrowsk, Gulai-Pole und Sinelnikowo besetzt hatte, traf in Starobelsk, wo die Machnowzy standen, eine bevollmächtigte Abordnung vom Zentralkomitee der Kommunistenpartei mit dem Kommunisten Iwanoff an der Spitze ein, um über gemeinsam vorzunehmende Aktionen gegen Wrangel zu verhandeln. Die Unterhandlungen wurden hier selbst in Starobelsk geführt, und eben hier wurden auch die vorläufigen Bedingungen eines militärisch-politischen Übereinkommens zwischen den Machnowzy und der Sowjetregierung ausgearbeitet. Zwecks endgültiger Formulierung und Bestätigung wurden sie nach Charkow geschickt. Eben zu diesem Zweck, ferner auch, um ständige Verbindung zum Stab der Südfront herzustellen, wurde eine militärische und politische Vertretung der Machnowzy, mit Kurilenko, Budanoff und Popoff an der Spitze, nach Charkow entsandt.

Zwischen dem 10. und 15. Oktober 1920 lagen die Bedingungen des Übereinkommens endgültig vor und wurden in folgender Form von den vertragschließenden Parteien angenommen:

»Bedingungen des vorläufigen militärisch-politischen Übereinkommens zwischen der Sowjetregierung der Ukraine und der revolutionären Aufstandsarmee der Ukraine (Machnowzy)

Teil I – Politisches Übereinkommen

1. Sofortige Befreiung bzw. Einstellung der Verfolgungen aller Machnowzy und Anarchisten auf den Territorien der Sowjetrepublik mit Ausnahme derjenigen, die gegen die Sowjetregierung mit den Waffen in der Hand vorgehen.

2. Gewährung völliger Agitations- und Propagandafreiheit – sowohl mündlicher wie schriftlicher – an die Machnowzy und Anarchisten zur Verbreitung ihrer Ideen und Vorstellungen mit Ausnahme von Aufrufen zu gewaltsamer Niederwerfung der Sowjetregierung und unter Beibehaltung der Kriegszensur. Im Verlagswesen werden die Machnowzy und Anarchisten als von der Sowjetregierung anerkannte revolutionäre Organisationen betrachtet, die sich des technischen Apparates des Sowjetstaates bedienen dürfen, vorausgesetzt, daß sie sich den Bestimmungen der technischen Seite der Herausgabe fügen.

3. Freie Beteiligung an den Sowjetwahlen; die Machnowzy und Anarchisten haben das Recht, den Sowjets anzugehören und freie

Beteiligung an der Vorbereitung zur Einberufung des im Dezember d. Js. stattfindenden 5. Allukrainischen Sowjetkongresses.

Im Auftrage der Sowjetregierung der U.S.S.R. J. Jakowlew
Bevollmächtigter des Sowjets und Kommandos der Revolutionären Aufstandsarmee der Ukraine (Machnowzy): Kurilenko, Popoff

Teil II – Militärisches Übereinkommen.

1. Die Revolutionäre Aufstandsarmee der Ukraine (Machnowzy) wird dem Bestande der Wehrkräfte der Republik als Freischärlerarmee angegliedert und untersteht in operativer Hinsicht dem Oberkommando der Roten Armee; sie behält ihre früher festgesetzte Einteilung bei, ohne Übernahme der Grundlage und der Prinzipien der regulären Truppenteile der Roten Armee.

2. Die Revolutionäre Aufstandsarmee der Ukraine (Machnowzy) nimmt auf ihren Märschen durch Sowjetterritorien, an der Front und über die Frontlinien hinweg, Truppenteile der Roten Armee und Deserteure solcher Truppenteile nicht in ihren Reihen auf.[2]

Anmerkung:

a) Rote Truppenteile und einzelne Kämpfer der Roten Armee, die in Wrangels Etappenstellungen mit der Revolutionären Aufstandsarmee zusammentrafen und sich ihr anschlossen, haben nach erfolgter Begegnung mit der Roten Armee sich dieser letzteren wieder anzugliedern.

b) Aufständische Machnowzy, die in Wrangels Etappenstellungen verblieben sind und die ortseingesessene Bevölkerung, die wiederum den Reihen der Aufstandsarmee beigetreten ist, verbleiben in der letzteren, wenn sie auch früher für die Rote Armee mobilisiert worden sein sollten.

3. Über das zustandegekommene Übereinkommen macht die Revolutionäre Aufstandsarmee der Ukraine (Machnowzy) zwecks Vernichtung des gemeinsamen Feindes – der Weißgardisten – den ihr folgenden werktätigen Massen durch entsprechende Aufrufe Mitteilung, in denen die Bevölkerung aufgefordert wird, alle kriegerischen Aktionen gegen die Sowjetregierung einzustellen; zwecks Erreichung eines möglichst umfassenden Resultats muß auch die Sowjetregierung über das erfolgte Übereinkommen umgehende Veröffentlichung vornehmen.

---

[2] Dieser Punkt war von der Sowjetvertretung vor allen Dingen darum gewünscht worden, weil es häufig vorkam, daß Rote Truppenteile zur Machnoarmee übergingen. – P.A.

4. Die Familienangehörigen der Revolutionären Aufstandsarmee der Machnowzy, die auf sowjetrussischem Gebiet wohnhaft sind, erhalten die gleichen Privilegien zugebilligt, wie die Familienangehörigen von Angehörigen der Roten Armee und erhalten von der Sowjetregierung der Ukraine die erforderlichen Ausweise hierüber.

Unterschrieben: Kommandeur der Südfront Frunse
Mitglieder des Revolutionären Kriegssowjets der Südfront Bela Kun, Gussew.
Die Bevollmächtigten des Sowjets und Kommandos der Aufstandsarmee der Machnowzy – Kurilenko, Popoff.«

Vierter Punkt des Politischen Übereinkommens

Die Vertretung des Sowjets und des Kommandos der Machnoarmee brachte der Sowjetregierung in Ergänzung zu den drei ersten Punkten folgenden vierten Punkt des politischen Übereinkommens in Vorschlag.

»In Anbetracht des Umstandes, daß eine der Hauptanliegen der Machnobewegung der Kampf für die lokale Selbstverwaltung der Werktätigen bildet, bringt die Aufstandsarmee der Machnowzy folgenden vierten Punkt zum politischen Übereinkommen in Vorschlag: Organisation von freien Organen wirtschaftlicher und politischer Selbstverwaltung durch die ortseingesessene Arbeiter- und Bauernbevölkerung im Aktionsraum der Machnoarmee, Autonomie solcher Organe und föderative (vertragliche) Verbindung mit den staatlichen Organen der Sowjetrepublik.«

* * *

Lange Zeit suchte die Sowjetregierung die Veröffentlichung dieses Übereinkommens unter den verschiedensten Vorwänden hinauszuschieben. Die Vertretung der Machnowzy witterte schon damals Unheil: Der eigentliche Sinn dieser Verzögerung wurde erst dann klar, als die Sowjetregierung einen neuen, unerwarteten, verräterischen Überfall auf die Machnowzy unternahm. Doch wird hierüber weiter unten zu reden sein.

Als die Machnowzy sahen, wie unaufrichtig die Sowjetregierung in Sachen der Veröffentlichung des getroffenen Übereinkommens handelte, stellten sie die Frage ganz kategorisch: Solange das Übereinkommen nicht veröffentlicht wäre, könne die Machnoarmee auch nicht auf Grund dieses Übereinkommens handeln. Erst als die Machnowzy Druck in dieser Weise ausübten, veröffentlichte die Sowjetregierung den Text des Übereinkommens, aber auch nicht den ganzen, sondern in Teilen, und zwar zunächst den zweiten Teil, der von militärischen Dingen handelt, dann – eine Woche später – den ersten Teil, der die politische Seite beleuchtet. Infolgedessen wurde der eigentliche Sinn des Übereinkommens verdunkelt und nur von den wenigsten Lesern richtig verstanden. Was aber den vierten Punkt des politischen Übereinkommens betrifft, so hatten ihn die Bolschewiki ausgesondert und erklärt, dieser Punkt bedürfe einer besonderen Beratung und einer Rückfrage in Moskau. Die Vertreter der Machnowzy erklärten sich einverstanden, ihn selbständig zu beraten.

Hierauf rückte die Machnoarmee zwischen dem 15ten und 20ten Oktober gegen Wrangel vor. Ihr Frontabschnitt war der Raum Ssinelnikowo, Alexandrowsk, Pologi, Berdjansk, und die eingehaltene Richtung – Perekop. Gleich im Verlauf der ersten Kämpfe im Raum Pologi-Orjechow wurde eine große Gruppe von Wrangelkämpfern, mit General Drosdow an der Spitze, geschlagen; dabei gerieten ca. 4.000 Wrangelsoldaten in Gefangenschaft. Drei Wochen später war der genannte Rayon von Wrangeltruppen gesäubert. Anfang November standen die Machnowzy zusammen mit den Roten Truppen bereits bei Perekop.[3]

Hier muß folgender wichtiger Einzelzug vermerkt werden: Sobald es bekannt wurde, daß die Machnowzy zusammen mit den Roten gegen Wrangel vorgingen, hob sich die Stimmung der ortseingesessenen Bevölkerung zusehends. Wrangel war unwiderruflich verurteilt, und man erwartete täglich seinen Zusammenbruch.

Die Rolle, die die Machnowzy bei der Säuberung der Krim von Wrangeltruppen gespielt haben, war folgende: Während dicht bei Perekop Rote Truppen standen, hielten sich die Machnowzy, auf Grund eines Operationsbefehles, etwa 25-30 Werst östlich vom Perekop und überschritten den Ssiwasch, eine Meerenge, die um diese Zeit mit Eis bedeckt war. Als erste rückte die Kavallerie unter Führung Martschenkos, eines Bauern-Anarchisten aus

---

[3] Perekop, eine Landenge, die die Halbinsel Krim vom Festland trennt.

Gulai-Pole vor, alsdann folgte unter Koshins Führung das Maschinengewehrregiment. Der Anmarsch vollzog sich unter dem Trommelfeuer des Gegners und forderte gewaltige Opfer. Unter vielen anderen mußte auch der Kommandeur Foma Koshin gleich im ersten Kampf wegen schwerer Verwundung ins Hintertreffen gebracht werden. Allein durch die Hartnäckigkeit und Tapferkeit der Angreifenden wurden die Wrangeltruppen in die Flucht getrieben. Alsdann ließ Ssemjon Karetnik, Kommandeur der Krimer Machnoarmee, alle seine Truppen direkt gegen Ssimferopol marschieren und eroberte diese Stadt am 13. oder 14. November. Gleichzeitig war der Perekop von den Roten Truppen besetzt worden. Ohne Zweifel hatten die Machnowzy, die den Ssiwasch passierten und in die Krim vorgedrungen waren, zu dessen Fall beigetragen, indem sie die Wrangeltruppen nötigten, weit in ihre eigenen Etappenstellungen zurückzuweichen, um nicht von allen Seiten in den Perekoper Höhlen eingeklemmt zu werden.

* * *

Die Tatsache des vollzogenen Übereinkommens zwischen den Machnowzy und der Sowjetregierung hatte nach einer langen Periode anhaltender Kämpfe dem Gebiet endlich doch eine gewisse Möglichkeit zu ruhiger Aufbauarbeit gegeben. Wir sagen – »eine gewisse Möglichkeit«, denn abgesehen davon daß an vielen Orten des Gebietes mit den Wrangeltruppen erbittert gekämpft wurde (Gulai-Pole beispielsweise ging in dieser Zeit etliche Mal von den Machnowzy an Wrangeltruppen über und umgekehrt), hatte die Sowjetregierung trotz des Übereinkommens eine Art Halbblockade über den Rayon verhängt und alle revolutionären Maßnahmen der Werktätigen an Ort und Stelle auf diese Weise lahm gelegt. Allein der eigentlich aktivste Kern der Machnowzy, der sich in Gulai-Pole befand, war bemüht, ein Maximum an kommunaler Aufbauarbeit zu leisten. Vor allem wurde das Hauptaugenmerk auf den Ausbau freier werktätiger Sowjets gerichtet, die als Organe der ortseingesessenen Arbeiter- und Bauernselbstverwaltung fungieren sollten. Diesen Sowjets lag die Idee völliger Unabhängigkeit, ganz gleich von welcher Regierung, zugrunde; außerdem trugen sie vor den ortseingesessenen Werktätigen die Verantwortung.

Gerade die Bewohner von Gulai-Pole waren es, die den ersten

praktischen Schritt in dieser Richtung unternahmen. Vom 1. bis 25. November 1920 trat der ganze Flecken nicht weniger als fünf bis sieben Mal zusammen, um über diese Frage zu beraten; allmählich, sorgfältig und umsichtig wurde die Lösung vorbereitet. Mitte November 1920 wurde der Grundstein zum freien Sowjet in Gulai-Pole gelegt, endgültig war der Aufbau dieses Sowjets aber nicht abgeschlossen, da ja dieser ganz neue praktische Versuch der Werktätigen der Erfahrung und längerer Zeit der Durchführung bedurfte. Um diese Zeit hatte der Sowjet der Revolutionären Aufständischen »Leitende Grundsätze für die Bildung freier, werktätiger Sowjets« ausgearbeitet und veröffentlicht (Projekt).

Nicht geringere Aufmerksamkeit wandten die Werktätigen von Gulai-Pole der Schulfrage zu. Die häufige Besetzung des Gebiets durch verschiedene Armeen hatte auf das Schulwesen im Rayon verheerend eingewirkt. Das Lehrpersonal, das seit langer Zeit keine Gehälter mehr erhalten hatte, war auseinandergelaufen und hatte sich um des täglichen Brotes willen so eingerichtet, wie es gerade ging. Die Schulgebäude standen leer und ungenutzt da. In der Periode des Übereinkommens zwischen den Machnowzy und der Sowjetregierung rückte die Schulfrage lebhaft und unmittelbar in den Vordergrund. Die Machnowzy hatten sich die Lösung dieser Frage im Rahmen der Selbstverwaltung der Werktätigen gedacht. Auch die Schulfrage, sagten sie, ist wie alles andere, das den grundlegenden Bedürfnissen der Werktätigen entspringt, Angelegenheit der ortseingesessenen werktätigen Bevölkerung. Sie selber hat sich unmittelbar darum zu kümmern, daß ihre Kinder im Lesen und Schreiben und in allen übrigen Fächern unterrichtet werden. Das ist aber noch nicht alles. Indem die Werktätigen die Bildung und Erziehung der heranwachsenden Generation in ihre eigene Hand nehmen, reinigen sie hierdurch die Idee der Schule und rücken sie auch höher hinauf. Die Schule wird in den Händen des Volkes nicht nur zu einer Quelle der Bildung, sondern auch zu einem Mittel der Erziehung und Entwicklung des freien Menschen, wie das ein jeder Werktätige in der freien, werktätigen Gesellschaft zu sein hat. Folglich muß die Schule, vom ersten Augenblick der Selbstverwaltung der Werktätigen an, nicht nur in Unabhängigkeit von der Kirche, sondern in eben demselben Masse auch in Unabhängigkeit vom Staat erhalten werden.

Die Bauern und Arbeiter von Gulai-Pole, die sich von diesem Gedanken leiten ließen, griffen die Idee der Trennung der Schule vom Staat, ihrer völligen Unabhängigkeit von diesem, wie auch von der Kirche, mit Begeisterung auf. Hier fanden sich auch die Anhänger und Verfechter der Ideen der freien Schule des Franzisco Ferrer, auch Theoretiker und Praktiker der werktätigen Einheitsschule.

Diese neue Art Schulfragen zu behandeln, hatte eine starke Bewegung und einen Aufschwung in Gulai-Pole zur Folge. Die meisten Kulturarbeiter unter den Bauern kamen aus diesem Anlaß zusammen. Obwohl Nestor Machno damals eine schwere Wunde am Bein hatte, interessierte er sich doch auf das Lebhafteste für den Gang der Verhandlungen, besuchte regelmäßig alle Versammlungen in Gulai-Pole, auf denen diese Frage erörtert wurde, und bat auch gut unterrichtete Persönlichkeiten, ihm einige zusammenfassende Vorlesungen über die Theorie und Praxis der werktätigen Einheitsschule abzuhalten.

Die praktische Lösung der Schulfrage in Gulai-Pole nahm folgende konkrete Gestalt an: Die Bauern und Arbeiter des ganzen Fleckens verpflichteten sich, für den Unterhalt des Lehrpersonals aufzukommen, das erforderlich wäre, um alle Schulen des Fleckens (in Gulai-Pole gab es etliche Elementarschulen und zwei Gymnasien) in Betrieb zu halten. Es wurde eine Schulkommission gebildet, die sich aus Vertretern der Bauern, Arbeiter und Lehrenden zusammensetzte; dieser Kommission waren die wirtschaftlichen Angelegenheiten des Schulwesens sowie die organisatorischen Lehrfragen übergeben worden. Nachdem man in Gulai-Pole das Prinzip der Trennung von Schule und Staat angenommen hatte, entschloß man sich auch zum Schema der freien Schule nach Franzisko Ferrer. In dieser Hinsicht war von der Schulkommission ein bestimmter Plan ausgearbeitet und eine umfangreiche, theoretisch-organisatorische Vorarbeit geleistet worden, die wir leider zur Zeit nicht zu unserer Verfügung haben.

Gleichzeitig begann man in Gulai-Pole die Analphabeten und die mangelhaft geschulten Aufständischen zu unterrichten. Es fanden sich auch Personen mit der erforderlichen Vorbildung und vieljähriger Erfahrung im Unterricht von Erwachsenen.

Endlich organisierte man um dieselbe Zeit in Gulai-Pole auch Unterrichtskurse für Aufständische, in denen die Grundelemente der Politik gelehrt wurden. Zweck dieser Kurse war, ein Minimum an Wissenswertem in der Geschichte, Soziologie und verwandten Fächern zu bieten, um auf diese Weise zu den Kriegswaffen auch die Waffe des Geistes zu gesellen und die Aufständischen dazu vorzubereiten, die revolutionären Aufgaben und die revolutionäre Strategie in umfassender Weise zu verstehen. Geleitet wurden diese Kurse von den Aufständischen unter den Bauern und Arbeitern, die am belesensten waren. Das Programm setzte sich wie folgt zusammen: a) politische Ökonomie; b) Geschichte; c) Theorie und Praxis des Anarchismus und Sozialismus; d) Geschichte der großen französischen Revolution (nach Kropotkin); e) Geschichte der revolutionären Aufstandschaft während der russischen Revolution u.a. Was die Machnowzy an Vortragenden zur Verfügung hatten, war ungemein dürftig; doch dank ernsthaften Verhaltens seitens der Vortragenden und seitens des aufständischen Auditoriums wurden die Kurse gleich vom ersten Tage an ungemein sachlich und lebhaft geführt und versprachen in der weiteren Entwicklung der Bewegung eine bedeutende Rolle zu spielen.

Auch dem Theater wendeten die Aufständischen ihre besondere Aufmerksamkeit zu. Noch vor dem Übereinkommen mit den Bolschewiki, als die Aufständische Armee Tag für Tag mit zahlreichen Gegnern zu kämpfen hatte, hatte sich ständig eine Theatersektion erhalten können, die sich aus Aufständischen zusammensetzte, die Stücke aufführte, und zwar teils für die aufständische Masse, teils für die Bauern.

In Gulai-Pole gibt es ein recht großes Theatergebäude. Doch hatten wirkliche Schauspieler im Flecken immer zu den Seltenheiten gehört. Gewöhnlich hatte man sich in Gulai-Pole mit den Laienschauspielern unter den Bauern, Arbeitern und der Ortsintelligenz zufrieden gegeben, d.h. hauptsächlich mit Lehrenden und Lernenden. Im Verlauf des Bürgerkriegs, durch den Gulai-Pole hart mitgenommen worden war, war das Interesse fürs Theater durchaus nicht erloschen, sondern schien im Gegenteil noch gewachsen zu sein. Zur Zeit des Übereinkommens der Machnowzy mit den Bolschewiki, als durch den Vertrag die Blockade des Fleckens aufgehoben war, war das Theater in Gulai-Pole täglich mit Werktätigen überfüllt; hierbei traten die Bauern, Aufständischen und deren Frauen nicht nur als Schauspieler auf, sondern es

gelangten auch von ihnen geschriebene Stücke zur Aufführung.[4]
Die Kulturabteilung der Machnoarmee beteiligte sich unmittelbar
und aktiv an der Organisierung des Theaterwesens in Gulai-Pole
und im ganzen Rayon.

* * *

Niemand von den Machnokämpfern hatte geglaubt, daß das mit
den Bolschewiki getroffene Übereinkommen zuverlässig und
von Dauer sein könne. Auf Grund vorangegangener Erfahrungen
erwartete jedermann, daß sie unbedingt einen Vorwand schaffen
würden, um einen neuen Feldzug gegen die Machnowstschina zu
unternehmen. In Anbetracht der politischen Lage war man den-

---

[4] Erwähnt sei hier ein Stück, das ein junger Bauer von Gulai-Pole,
der sich aktiv an den verschiedensten Phasen der Aufstandsbewegung
beteiligte, selber verfaßt hatte. Das Stück hieß: »Das Leben der Machnowzy« und hatte einige Akte. Zunächst wird der Sommer 1919 vorgeführt, als die ganze Ukraine von der Denikinarmee besetzt worden
war. In den bislang freien Flecken und Dörfern erscheinen nun wieder
Polizei und Offiziere. Gleich in den ersten Tagen ihres Eintreffens
beginnt die von früher her bekannte Bedrückung der Werktätigen.
Auf Schritt und Tritt werden die Bauern an die Wand gedrückt, ihr
Hab und Gut wird beschlagnahmt; beständig finden Haussuchungen
statt und es wird nach Machnokämpfern gesucht. Alte und Junge
werden entweder geschlagen oder erschossen. Da regt sich der Geist
der Empörung unter den Bauern. An verschiedenen Orten schließen
sie sich zu Gruppen zusammen, reden über die schwere Lage, bereiten
sich auf den Aufstand vor und richten ihre Blicke und ihren Sinn auf
Machno, der unter dem Ansturm der Armeen Denikins und Trotzkis
vor drei Monaten hat zurückweichen müssen. Doch es verbreitet sich
das Gerücht, Machno habe die Denikintruppen geschlagen und zöge
nun wieder durch die Ukraine und wäre in der Nähe von Gulai-Pole.
Das macht die Leute in Gulai-Pole kühn und energisch, wie sie in der
Ferne den Donner der Machno-Geschütze hören, erheben sie sich
und beginnen nun einen harten Kampf gegen die Denikintruppen,
die sie mit Hilfe der Machnokavallerie, die gerade zu dieser Zeit mit
ihrer Vorhut in den Flecken einrückte, vertreiben. Das Stück spiegelt
das Leben der ukrainischen Dörfer im Sommer 1919 stark wieder.
Hier ist viel Volksleid zu sehen, viel echte, herzergreifende Erregung,
revolutionärer Schwung und Heroismus, und die Zuschauer bleiben
die ganze Zeit über gespannt.

noch der Meinung, daß das Übereinkommen vielleicht drei oder vier Monate vorhalten würde. Das hatte aber große Bedeutung für eine umfassende propagandistische Betätigung im Rayon gehabt, war doch das Bedürfnis danach ungemein groß; nicht geringer waren auch die bei den Machnowzy aufgespeicherten Energiemengen für eine solche Betätigung. In der letzten Zeit hatten die Machnowzy infolge ihrer Lage, so gut wie ganz auf die Arbeit verzichten müssen. Vor allen Dingen hielt man sich aber vor Augen, daß es auf Grund dieses Übereinkommens gelingen würde, den werktätigen Massen recht deutlich zu machen, worin die Bolschewiki mit den Machnowzy nicht übereinstimmten, und weswegen sie miteinander kämpften. Dies wurde auch in glänzender Weise erreicht. Der vierte Punkt des politischen Übereinkommens, in welchem die Machnowzy von den Bolschewiki verlangten, den Arbeitern und Bauern das Recht auf ihre wirtschaftliche und kommunale Selbstverwaltung zuzugestehen, erwies sich für die Sowjetregierung als absolut unannehmbar. Die Vertreter der Machnowstschina verlangten aber hartnäckig von ihr, diesen Punkt zu unterschreiben oder eine Erklärung abzugeben, warum sie ihn ablehnte. Gleichzeitig sorgten die Machnowzy dafür, daß dieser Punkt auch öffentlich von den Massen diskutiert wurde. Die Anarchisten und Machnowzy erörterten dieses Thema in ihren Vorträgen vor den Arbeitern in Charkow. In Gulai-Pole und der Umgegend gelangten Traktate zur Verteilung, in denen diese Frage behandelt wurde Mitte November hatte dieser Punkt, der sich in drei oder vier Zeilen zusammenfassen ließ, die Aufmerksamkeit der Massen überall in höchstem Maß gefesselt, und es sah so aus, daß er binnen Kurzem im Mittelpunkt des allgemeinen Interesses stehen würde.

Um diese Zeit aber war Wrangel erledigt. Für Uneingeweihte hätte dieser Umstand auf das Übereinkommen zwischen Machnowzy und Bolschewiki keineswegs einwirken können. Die Machnowzy erblickten aber in diesem Ereignis den Anfang vom Ende des Übereinkommens. Kaum war in Gulai-Pole das Telegramm des Feldstabes eingetroffen, daß Karetnik bereits in die Krim eingedrungen wäre und mit der Aufstandsarmee gegen Ssimferopol vorrückte, als auch schon Grigorij Wassilewskij, Machnos Gehilfe, ausrief: »Schluß des Übereinkommens! Ich will Gift darauf neh-

men, daß die Bolschewiki nach einer Woche über uns herfallen.«
Dieser Ausspruch fiel am 15. oder 16. November, und am 26.
November überfielen die Bolschewiki in verräterischer Weise das
Machno-Kommando und die Machnotruppen in der Krim und
in Gulai-Pole, verhafteten die Machnovertretung in Charkow, fielen über alle Anarchisten dort her, verhafteten sie und verfuhren
ebenso mit allen Anarchisten und anarchistischen Organisationen
in der ganzen Ukraine.

(Die Sowjetregierung versäumte nicht, alle diese schmählichen
verräterischen Überfälle auf ihre gewohnte Weise zu erklären: Die
Machnowzy und Anarchisten hätten einen Aufstand gegen die
Sowjetregierung vorbereitet. Die Losung dieses Aufstandes habe
angeblich Punkt vier des politischen Übereinkommens abgeben
sollen. Auch Zeitpunkt und Ort des Aufstandes wären schon
festgelegt worden. Außerdem wurde Machno beschuldigt, er habe
sich geweigert an die kaukasische Front zu ziehen – er habe eine
Mobilmachung der Bauern angeordnet und eine Armee gegen
die Sowjetregierung aufstellen wollen; statt in der Krim gegen
Wrangel zu kämpfen, habe er in der Etappe gegen die Rote Armee
gekämpft usw.

Es bedarf keiner weiteren Worte, daß diese Erklärungen eine
ungeheuerliche Lüge sind. Glücklicherweise haben wir alle Daten
an der Hand, um diese Lüge aufzudecken und die Wahrheit festzustellen.

Erstens: Am 23. November 1920 nahmen die Machnowzy in
Pologi und Gulai-Pole neun Agenten der Abwehrstelle der 42.
Schützendivision der Roten Armee fest, die, der Spionage über-
führt, folgendes aussagten: Auf Befehl des Chefs der Abwehrstelle
sollten sie sich nach Gulai-Pole begeben und die Aufenthaltsorte
Machnos, der Stabsmitglieder, der Kommandeure und Sowjetmitglieder feststellen – sie sollten warten bis die Roten Truppen in
Gulai-Pole eingerückt wären und dann sofort die Wohnungen der
betreffenden Personen angeben – sollten diese Personen aber bei
plötzlichem Eintreffen der Roten Truppen von einem Ort zum
anderen überlaufen, so müßten sie ihnen auf den Fersen folgen
und dürften sie nicht aus den Augen verlieren. Ein Überfall auf
Gulai-Pole wäre nach Angabe der Festgenommenen etwa am 24.
oder 25. November zu erwarten.

Auf Grund dieser Ermittlungen wurde im Namen des Sowjets der revolutionären Aufständischen und des Kommandierenden der Armee an Rakowski und den Revolutionären Kriegssowjet der Südfront eine Mitteilung über die aufgedeckte Verschwörung gesandt und gefordert: I) sofortige Verhaftung und Vorführung des Kommandeurs der 42. Division, des Stabschefs der Division und der übrigen Verschwörer vor ein Kriegsgericht, und 2) um Mißverständnissen vorzubeugen wird der Durchgang der Roten Truppen durch die Gebiete Gulai-Pole, Pologi, Klein-Takmatschka und Turkenowka eingestellt.

Die Charkower Sowjetregierung gab folgende Antwort: Die Verschwörung beruhe scheinbar auf einem einfachen Mißverständnis; trotzdem wird von der Sowjetregierung zwecks Klarlegung der Angelegenheit eine Kommission gebildet; an den Stab der Machnoarmee ergeht die Aufforderung, zwei Delegierte in diese Kommission zu entsenden. Diese Antwort wurde am 25. November durch direkte Leitung aus Charkow übermittelt. Am Morgen des darauffolgenden Tages sprach der Schriftführer des Sowjets der Revolutionären Aufständischen P. Rybin wiederum aus diesem Anlaß mit Charkow und die Bolschewiki antworteten beruhigend, daß die Angelegenheit der 42. Division in einer für die Machnowzy befriedigenden Weise gelöst werden würde; gleichzeitig wurde mitgeteilt, daß auch die Frage betreffs des vierten Punktes des politischen Übereinkommens einer glücklichen Lösung entgegeninge. Dieses Gespräch fand auf direkter Leitung am 26. November um 9 Uhr morgens statt. Inzwischen waren aber noch vor diesem Gespräch, und zwar um 3 Uhr morgens desselben Tages, in Charkow die Vertretung der Machnowzy, ferner alle Anarchisten in Charkow und der Ukraine verhaftet worden. Genau zwei Stunden nach dieser Unterredung Rybins wurde Gulai-Pole von allen Seiten von Sowjettruppen umzingelt und ein Trommelfeuer aus Maschinengewehren und Kanonen gegen den Flecken eröffnet. Am selben Tag und um die nämliche Stunde wurde die Machnoarmee in der Krim überfallen; alle Mitglieder des Feldstabes der Machnoarmee und Ssemjon Kartenik, Kommandierender der Krimer Machnoarmee, wurden festgenommen und getötet.

Ohne Zweifel war eine so umfassende Operation wie diese Überfälle und Verhaftungen sorgfältigst vorbereitet worden und zwar im Verlauf von wenigstens anderthalb bis zwei Wochen.

So sehen wir denn, daß die Sowjetregierung nicht nur in verräterischer Weise die Machnowzy überfallen hat, sondern auch den ganzen Plan dazu fein einfädelte, daß sie bemüht war, die Wachsamkeit der Machnowzy zu täuschen, sie wörtlich zu betrügen, indem sie ihnen Gefahrlosigkeit vortäuschte, um sie dann in der Tat desto fester packen und abwürgen zu können.

Zweitens: Am 27. November, d.h. am Tage nach dem erwähnten Überfall auf Gulai-Pole, beschlagnahmten die Machnowzy bei gefangenen Soldaten der Roten Armee Proklamationen: »Auf gegen Machno« und »Tod der Machnowstschina« – ohne Datum, herausgegeben von der politischen Abteilung der 4ten Armee. Diese Proklamationen hatten die Soldaten, wie sie aussagten, am 15. und 16. November erhalten. Darin wurde zum Kampf gegen Machno aufgerufen, weil er das politisch-militärische Übereinkommen gebrochen habe, weil er sich weigerte an die kaukasische Front zu ziehen, weil er sich gegen die Sowjetregierung empört habe usw. Hieraus erhellt, daß alle in den Proklamationen aufgezählten Anschuldigungen gegen Machno noch zu einer Zeit fabriziert und gedruckt wurden, als die Machnoarmee eben erst den Durchbruch in die Krim bewerkstelligt und Ssimferopol besetzt hatte, während die Machno-Vertretung noch ruhig mit der Sowjetregierung zusammen in Charkow arbeitete.

Drittens: Im Verlauf des Oktober und November 1920 d.h. in den Tagen, da das politisch-militärische Übereinkommen der Machnowzy mit der Sowjetregierung eben erst bestätigt worden war, wurden in Gulai-Pole zwei Anschläge der Sowjetregierung gegen Machno, die mit Hilfe von gedungenen Meuchelmördern ausgeführt werden sollten, aufgedeckt.

Wir fügen noch hinzu, daß ein Befehl, der der Aufstandsarmee vorgeschrieben hätte, an die Kaukasische Front zu rücken, nicht in den Hauptarmeestab nach Gulai-Pole gelangt ist. Machno war um diese Zeit schwer verwundet – ihm war das Bein zerschmettert worden – und befaßte sich überhaupt nicht mit den einlaufenden Schriftstücken; letztere kamen dem Stabchef der Armee Belasch und dem Schriftführer des Sowjets P. Rybin zu Händen, die über jedes im Stab einlaufende Schriftstück auf den täglich stattfindenden Sitzungen des Sowjets Mitteilungen machten.

Hier muß auch die weiter von uns vermerkte Tatsache erwähnt werden, daß die Sowjetregierung die Veröffentlichung des Textes des militärisch-politischen Übereinkommens hinausschob. Nun wird es vollkommen verständlich, warum sie mit der Veröffentlichung zögerte. Für sie war dieses Übereinkommen nicht mehr als ein taktisches Manöver, das höchstens für zwei Monate Geltung haben konnte, bis Wrangel erledigt war. Die Sowjetregierung plante sofort nach seiner Vernichtung, die Machnowzy wiederum zu Banditen und Revolutionsfeinden zu erklären und unter dieser Losung gegen sie zu kämpfen. Somit lag es nicht in ihrem Interesse, das politische Bündnis mit den Machnowzy zu veröffentlichen und vor das Forum der Massen zu bringen. Eigentlich hätte sie es vor den Massen am liebsten ganz geheim gehalten, um dann, als wäre überhaupt nichts geschehen, den Kampf gegen die Machnowzy unter der alten Losung eines Kampfes gegen Banditen und Revolutionsfeinde fortzusetzen.

Das ist die Wahrheit über den Bruch des militärisch-politischen Übereinkommens der Sowjetregierung mit den Machnowzy.

Erforderlich ist, daß man dem Text des Übereinkommens besondere Aufmerksamkeit widmet. Es lassen sich darin zwei Tendenzen deutlich unterscheiden – erstens eine staatliche, welche sich für die üblichen Privilegien und Prärogativen der Regierung einsetzt, und zweitens eine volksrevolutionäre, welche die Forderungen vertritt, die seit uralten Zeiten von der geknechteten Masse an die regierende Macht gerichtet werden. Es ist bezeichnend, daß der ganze erste Teil des Übereinkommens, der auf die politischen Rechte der Werktätigen Bezug nimmt, sich aus Forderungen zusammensetzt, die nur von den Machnowzy erhoben werden. Die Sowjetregierung hat in dieser Beziehung in geradezu klassischer Weise die Stellung der tyrannischen Seite behauptet, d.h. sie hat die Forderungen der Machnowzy zu beschränken gesucht, um jeden Punkt gefeilscht und sich bemüht, so wenig als möglich von dem zu geben, was recht eigentlich das Unbedingte und Unveräußerliche im Leben eines Volkes ausmacht, nämlich seine politischen Rechte.

Wir wollen auch vermerken, daß die Machnowzy, die von der anarchistischen Vorstellung des Kampfes ausgingen, stets Gegner von politischen Verschwörungen waren. Ganz offen traten sie in den Revolutionskampf, indem sie ihn in die breiten werktätigen Massen mitten hineintrugen, denn sie glaubten, daß nur ein solcher, von den Massen geführter, revolutionärer Kampf den Werktätigen zu ihrem endgültigen Sieg verhelfen könnte; Verschwörungen aber, um einen Regierungswechsel herbeizuführen, waren ihrer Natur nach der Machnowstschina zuwider. So war denn das Übereinkommen der Sowjetregierung mit den Machnowzy schon in seinem Keim von den Bolschewiki zum Tode verurteilt und wurde auch nur bis zu Wrangels Zusammenbruch eingehalten.

Dies erhellt auch aus einigen Schriftstücken der Sowjetregierung selber. Wir führen hier den Befehl des Kommandeurs der Südfront Frunse an – einen Befehl, der die Bolschewiki des verräterischen Überfalls auf die Machnowzy bezichtigt, gleichzeitig aber alle Lügengespinste widerlegt, welche die Sowjetregierung in dieser Angelegenheit gegen die Anarchisten und Machnowzy verbreitet hat.

»Befehl an den Kommandeur der Aufständischen Armee Genossen Machno. Kopie an die Armeekommandeure der Südfront No. 00149. Feldstab

Melitopol, am 23. November 1920.

Im Zusammenhang mit dem Abschluß der militärischen Operationen gegen Wrangel, in Anbetracht seiner Vernichtung hält der Revolutionäre Kriegssowjet der Südfront die Aufgabe der Freischärlerarmee für erledigt und schlägt dem Revolutionären Kriegssowjet der Aufstandsarmee vor, unverzüglich daran zu gehen, die aufständischen Freischärlertruppen zu normalen Truppeneinheiten der Roten Armee umzuformieren.

Das Bestehen einer Aufstandsarmee mit einer eigenen Organisation ist durch die militärische Lage nicht mehr erforderlich. Im Gegenteil, das Bestehen von Abteilungen mit besonderen Organisationen und Aufgaben neben den Truppen der Roten Armee führt zu Erscheinungen, die schlechterdings nicht geduldet werden können.[5] Und darum schlägt der Revolutionäre Kriegssowjet der Südfront dem Revolutionären Kriegssowjet der Aufstandsarmee vor: 1) Alle Truppenteile der ehemaligen Aufstandsarmee, die

---

[5] Frunse führt hier Fälle an, daß angebliche Machnokämpfer Soldaten der Roten Armee getötet und entwaffnet hätten. Alle von ihm angeführten Fälle wurden aber von ihm selber, von Rakowski und von der

sich in der Krim befinden, werden umgehend der vierten Armee zugeführt, deren Revolutionärer Kriegssowjet beauftragt wird, sie umzuformieren. 2) Der »Uproform«[6] in der Gulai-Pole wird aufgelöst und die Kämpfer nach Anweisung des Kommandeurs der Armee der Reserven zugezählt. 3) Der Revolutionäre Kriegssowjet der Aufstandsarmee hat alle erforderlichen Maßnahmen zu treffen, um die Kämpfer über die Notwendigkeit der getroffenen Maßnahmen aufzuklären.

Unterschriften: Kommandeur der Südfront M. Frunse, Mitglied des Revolutionären Kriegssowjets Smilga, Chef des Feldstabes der Armee Karatygin.«

Man erinnere sich an die Geschichte des Übereinkommens der Sowjetregierung mit den Machnowzy.

Wie oben bemerkt, gingen diesem Übereinkommen vorläufige Verhandlungen der Machnowzy mit einer Sowjetabordnung voraus, die eigens zu diesem Zweck mit dem Kommunisten Iwanoff an der Spitze ins Machnolager nach Starobelsk gekommen war. Diese Verhandlungen wurden dann von Starobelsk nach Charkow übertragen, wo die Machnoabordnung zusammen mit den Bevollmächtigten der Sowjetregierung drei Wochen lang am Zustandekommen des Übereinkommens arbeitete. Jeder Punkt dieses Übereinkommens wurde von beiden Parteien auf das Sorgfältigste erwogen und beraten.

In seiner endgültigen Form wurde das Übereinkommen von bei-

Vertretung der Machnowzy in Charkow untersucht, wobei festgestellt wurde, daß die Machnoarmee an allen genannten Fällen überhaupt nicht beteiligt war, und daß, sofern Handlungen, die der Roten Armee feindlich waren, von anderen, nicht von Machnoabteilungen verrichtet wurden, diese nur darum geschehen konnten, weil die Sowjetregierung das mit den Machnowzy getroffene Übereinkommen nicht rechtzeitig und nicht vollständig veröffentlicht hatte. Denn zahlreiche Abteilungen, die in der Ukraine verstreut waren und nicht zur Machnoarmee gehörten, verließen sich doch stark auf die Autorität der letzteren und hätten den Kampf gegen die Sowjetregierung sofort eingestellt, wenn sie über das Bündnis der Sowjetregierung mit den Machnowzy unterrichtet worden wären.

[6] Formierungsabteilung der Truppen.

den vertragschließenden Parteien angenommen, d.h. von der Sowjetregierung und vom revolutionären Aufstandsrayon, in Person
des Sowjets der revolutionären Aufständischen der Ukraine und
wurden von den Bevollmächtigten dieser Parteien unterschrieben.
Dem Sinne dieses Übereinkommens gemäß konnte keiner der
Punkte in anderer Weise aufgehoben oder verändert werden als auf
Grund eines gegenseitigen Übereinkommens der Sowjetregierung
und des Sowjets der Revolutionären Aufstandschaft der Ukraine,
sofern dieses Übereinkommen weder von der einen noch von der
anderen Seite gebrochen worden war.

Im ersten Punkt des zweiten Teiles des Vertrages heißt es wörtlich:
»Die revolutionäre Aufstandsarmee der Ukraine (Machnowzy)
wird dem Bestande der Wehrkräfte der Republik als Freischärlerarmee angegliedert und untersteht in operativer Hinsicht dem
Oberkommando der Roten Armee; sie behält ihre früher festgesetzte Einteilung bei, ohne Übernahme der Grundlage und der
Prinzipien der regulären Truppenteile der Roten Armee.

Frunse verlangt in seinem Befehl No. 00149 vom 23. November
1920 die Auflösung der Armee der aufständischen Machnowzy
und deren Umgestaltung zu Truppenteilen der Roten Armee. Dieses geschieht, wie es im Befehl heißt, weil die Sowjetregierung »im
Zusammenhang mit dem Abschluß der militärischen Operationen
gegen Wrangel die Aufgabe der Freischärlerarmee für erledigt hält«.
Durch diesen Befehl wird nicht nur der oben angeführte erste
Punkt des Übereinkommens in militärischen Dingen aufgehoben,
sondern überhaupt das ganze militärisch-politische Übereinkommen.

Der Umstand, daß die Sowjetregierung dieses nicht in Form einer
Revision und einer Veränderung des schon bestehenden Textes des
Übereinkommens, sondern in Form eines eiligen Kriegsbefehles
durchführt, indem letzterer noch durch sofortige Eröffnung des
Feuers gestützt wird, zeigt an, daß das ganze Übereinkommen für
die Bolschewiki nur die Bedeutung einer Kriegsfalle hatte, in der
die Machnowzy gefangen werden sollten.

In Ergänzung zum angeführten Befehl hatte die vierte Rote Armee, die sich in der Krim befand, die Weisung erhalten, gegen die
Machnowzy mit allen ihr zu Gebote stehenden Kräften vorzugehen, wenn diese dem Befehl etwa nicht Folge leisten sollten.

Frunses Befehl gibt ohne alle weiteren Kommentare ein Bild von der wirklichen Lage der Dinge: Hier wird den Machnowzy vorgeschrieben, ihre Armee aufzulösen und sie zu einem gewöhnlichen Truppenteil der Roten Armee umzugestalten. Mit anderen Worten, von der Machnowstschina wurde verlangt, sie solle Selbstmord begehen. Man könnte sich nur über diese Naivität wundern, wenn es sich ausschließlich um Naivität handelte.

Hinter dieser Naivität lag aber ein ganz durchdachter, sorgfältig berechneter Schritt zur endgültigen Vernichtung der Machnowstschina verborgen. Wrangel war geschlagen. Die Machnowzy hatte man ausgenutzt. Der Augenblick für ihre Vernichtung war also der denkbar geeignetste. Daher sollten sie eben jetzt aufhören zu sein. Das ist der eigentliche Sinn des Befehls.

Doch trotz einiger Geradheit war Frunses Befehl auch eine Lüge. Die Dinge lagen nämlich so, daß weder der Stab der Armee in Gulai-Pole noch die Machno-Vertretung in Charkow diesen Befehl erhalten hatten. Er wurde den Machnowzy erst drei bis vier Wochen nach erfolgtem Überfall aus Zeitungen bekannt, die ihnen zufällig in die Hände gekommen waren. Und das ist vollkommen begreiflich. Denn die Bolschewiki, die einen unerwarteten Überfall gegen die Machnowzy vorbereiteten, hätten ihnen ja nicht im Voraus einen solchen Befehl zustellen lassen können. Damit wäre ihr ganzer Plan zusammengebrochen. Der Befehl hätte mit einem Ruck alle Machnowzy überall auf die Beine gebracht, und kein einziger der von den Bolschewiki vorbereiteten Überfälle hätte dann Erfolg haben können. Die Sowjetregierung wußte das nur zu gut. Daher hat sie ihre eigentlichen Absichten bis zum letzten Augenblick streng geheim gehalten. Später, als die Überfälle bereits stattgefunden hatten und der Bruch Tatsache geworden war, erschien Frunses Befehl in der Presse. Veröffentlicht wurde er erstmalig am 15. Dezember in der Charkower Zeitung »Kommunist«; datiert war er aber vom 23. November. Alle diese Listen wurden angewandt, um unerwartet über die Machnowzy herzufallen, sie zu zerschmettern und später die vollzogene Tatsache »mit dem Gesetz in der Hand« zu erklären.

Der Überfall auf die Machnowzy war überall von Anarchistenverhaftungen begleitet. Abgesehen von direktem Kampf gegen die anarchistische Idee strebten die Bolschewiki danach, etwaige

Protestkundgebungen hierdurch zu ersticken und jede Möglichkeit, das Geschehene vor den Massen ins rechte Licht zu rücken, auszuschalten. Verhaftet wurden nicht nur Anarchisten, sondern auch solche Leute, die mit Anarchisten nur bekannt waren, oder die sich für anarchistische Literatur interessierten. In Jelisawetgrad wurden fünfzehn Knaben im Alter von 15-18 Jahren verhaftet. Obwohl die Gouvernementsbehörde in Nikolajew mit der Verhaftung dieser Kinder nicht zufrieden war und erklärte, man möge »wirkliche« Anarchisten zur Stelle schaffen und nicht solche Gelbschnäbel, blieben diese Kinder dennoch in Haft.

Die Anarchistenhatz wurde in Charkow in einer Weise betrieben, wie man das wohl kaum in vergangenen Jahren in Rußland gekannt haben mag. In den Wohnungen aller ortseingesessenen Anarchisten wurden Hinterhalte gelegt. Auch in der Buchhandlung »Freie Brüderschaft« war ein Hinterhalt gelegt worden. Jeder, der in die Buchhandlung kam, um ein Buch zu kaufen, wurde urplötzlich ergriffen und in die Tscheka befördert. Festgenommen wurden auch Personen, die auf der Straße stehen blieben, um die kurz vorher (legal) gedruckte und an Häusermauern geklebte Anarchistenzeitung »Nabat« zu lesen. Der ortseingesessene Anarchist Grigorij Zessnik entging durch einen Zufall der Verhaftung. Die Bolschewiki sperrten hierauf seine Frau ins Gefängnis, einen Menschen, dem jede politische Betätigung fern lag. Sie trat in den Hungerstreik und forderte ihre Befreiung. In zynischer Weise erklärten die Bolschewiki, wenn Zessnik Wert auf seine Frau läge, so müsse er sich selber bei ihnen melden. Zessnik, der tuberkulös war, erschien auch wirklich und wurde gefangen genommen.

Wir sagten bereits, der ganze Feldstab und der Kommandeur der Machnoarmee wären in der Krim in verräterischer Weise festgenommen worden. Der Kommandeur der Reiterei Martschenko, der von Truppen der 4. Roten Armee umzingelt war, schlug sich durch zahlreiche Verhaue und Schanzen am Perekop durch und es gelang ihm, sich nach Tages- und Nachtmärschen am 7. Dezember mit der Machnotruppe zu vereinigen. Die Vereinigung erfolgte im griechischen Flecken Kermentschik. Das Gerücht vom Durchbruch der Machnoarmee in der Krim war bereits etliche Tage im Umlauf: Endlich traf am 7. Dezember ein reitender Bote mit der Nachricht ein, daß die Gruppe Martschenko in einigen Stunden eintreffen werde. In freudiger Erregung eilten die Machnowzy, die sich in Kermentschik befanden, den Helden entgegen. Als sie aber in der Ferne die herannahende Reitergruppe sahen, wurde allen das Herz schwer. Statt der starken Reiterei von 1.500 Mann kehrte nur eine kleine Abteilung von 250 Mann zurück.

Die Vorhut mit Martschenko und Taronowski an der Spitze kam angeritten.

»Ich melde die Rückkehr der Krim-Armee«, sagte Martschenko mit leichter Ironie. Alle lächelten. »Ja, ihr Brüder«, fuhr Martschenko fort, »nun wissen wir, was es mit den Kommunisten auf sich hat«. – Aber Machno blickte finster drein. Der Anblick der Geschlagenen, fast ganz vernichteten berühmten Reiterei erschütterte ihn. Er schwieg und hatte Mühe, seine Bewegung zu verbergen. Auf einer Versammlung, die alsbald an Ort und Stelle stattfand, wurde referiert, wie der Überfall in der Krim eingeleitet worden war: Der Kommandeur der Armee Karetnik war vom Sowjetkommando angeblich zu einer militärischen Beratung nach Gulai-Pole abkommandiert, unterwegs aber in verräterischer Weise festgenommen worden; Gawrilenko, Chef des Feldstabes, ferner die Stabsmitglieder und einige Kommandeure hatte man unter dem Vorwand, es müßte über militärische Angelegenheiten verhandelt werden, festgenommen. Alle Verhafteten wurden sofort erschossen. Die Kultur-Aufklärungsabteilung, die sich in Ssimferopol befand, wurde ohne weitere Kriegslisten einfach festgenommen.

* * *

Als Gulai-Pole am 26. November von den Roten Truppen eingekreist war, standen dort nur 150–200 Mann Kavallerie der Besonderen Hundertschaft. Mit dieser Hundertschaft überrannte Machno ein Sowjet-Kavallerieregiment, das auf dem Uspensker Weg gegen Gulai-Pole vorrückte, und durchbrach so den engen Ring der Roten Truppen. In der ersten Woche organisierte er die Aufstandsabteilungen, die von überall her ihm zuströmten und einige Abteilungen der Roten Armee, die von den Bolschewiki zu ihm übergingen. So kam eine Abteilung von 1.000 Mann Reiterei und 1.500 Mann Infanterie zusammen, mit denen er zum Angriff überging. Genau eine Woche darauf besetzte er Gulai-Pole, nachdem er die dort befindliche 42. Division geschlagen und

6.000 Mann gefangen genommen hatte. Zirka 2.000 Mann der letzteren äußerten den Wunsch in den Reihen der Aufständischen Armee zu bleiben, während die übrigen noch am selben Tage nach einer Versammlung entlassen wurden. Drei Wochen später brachte Machno den Roten eine noch empfindlichere Niederlage beim Flecken Andrejewka bei. Von Mitternacht bis zum Abend des nächstfolgenden Tages kämpfte er dort ununterbrochen gegen zwei Rote Divisionen, schlug sie und machte 8.000 bis 10.000 Gefangene. Letztere wurden genau wie in Gulai-Pole sofort entlassen, während Freiwillige in der Armee verblieben. Dann bereitete Machno den Roten noch drei weitere Niederlagen, – eine um die andere – im Flecken Komarj, in Zare-Konstantinowka und in der Stadt Berdjansk. Die Rote Infanterie ging ungern in den Kampf und ließ sich gegebenenfalls in Massen gefangen nehmen.[7]

---

[7] Die gefangenen Roten Soldaten wurden sofort entlassen, auch wurde ihnen geraten, in ihre Heimat zurückzukehren und sich nicht dazu herzugeben, der Regierung als Mittel für die Unterdrückung des Volkes zu dienen. Da die Machnowzy aber sofort weiterrückten, erwies es sich, daß alle entlassenen Gefangenen sich nach fünf bis sechs Tagen wieder bei ihren Truppenteilen einfanden. Die Sowjetregierung organisierte besondere Kommissionen, die sich speziell damit abgaben, die von den Machnowzy entlassenen Roten Soldaten wieder zu sammeln Auf diese Weise bildete sich für die Machnowzy in diesem Kampf eine Art Teufelskreis, aus dem sie keinen rechten Ausweg finden konnten. Die Lage der Sowjetregierung war wesentlich einfacher: auf Grund eines Beschlusses der »Sonderkommission im Kampf gegen die Machnowstschina« wurden alle festgenommenen Machnowzy an Ort und Stelle erschossen.
Zu unserem großen Bedauern können wir hier nicht ein in dieser Hinsicht überaus wichtiges Dokument der Sowjetregierung anführen, da es uns in den Kriegsläufen des Jahres 1920 verloren ging. Dieses Dokument war ein Befehl an die Bogutscharsker (wahrscheinlich 41.) Brigade, die von den Machnowzy beim griechischen Flecken Konstantin im Dezember 1920 geschlagen worden war. Es hieß darin (nicht wörtlich): Auf Grund eines Beschlusses »der Sonderkommission im Kampf gegen die Machnowstschina«, »um in den Truppen nicht die speiwiderliche Politik zu entwickeln (d. h. eine Versöhnungspolitik) und damit die Roten Soldaten anzustecken, sind alle gefangenen Machnowzy am Ort ihrer Gefangennahme zu erschießen«.

Eine Zeitlang freute die Machnowzy der Gedanke, daß der Sieg auf ihrer Seite sein würde. Es schien ihnen, es würde genügen, zwei oder drei bedeutende Gruppen von Roten, die in verschiedenen Richtungen gegen die Machnowzy vorrückten, zu schlagen, um zu erreichen, daß die Rote Armee alsdann teilweise zu den Machnowzy übergehen, zum anderen Teil aber nach Norden zurückgezogen werden würde. Nun trafen aber aus verschiedenen Orten von Bauern Meldungen ein, daß die Bolschewiki in jedem Flecken vorwiegend Kavallerieregimenter einquartierten, und daß an einigen Orten gewaltige Truppenmassen zusammengezogen würden. Und tatsächlich wurde Machno im Flecken Fedorowka, südlich von Gulai-Pole, von einigen Infanterie- und Kavalleriedivisionen eingekreist. Von 2 Uhr nachts bis 4 Uhr nachmittags lag er in ununterbrochenem Kampf mit ihnen, durchbrach alsdann den Ring und entwich in nordöstlicher Richtung. Drei Tage darauf ereignete sich dieselbe Sache im griechischen Flecken Konstantin: Eine Menge feindlicher Kavallerie und Trommelfeuer von allen Seiten. Den Mitteilungen gefangengenommener Roter Offiziere konnte Machno entnehmen, daß vier Armeen gegen ihn operierten, zwei Kavalleriearmeen und zwei gemischte Armeen, und daß das Ziel des Roten Oberkommandos wäre, ihn von allen Seiten mit starken militärischen Aufgeboten, die schnell einander nahe kamen, einzukreisen. Diese Meldungen stimmten mit den Meldungen der Bauern wie auch mit den persönlichen Beobachtungen und Schlußfolgerungen Machnos überein. Es wurde klar, daß die Vernichtung von zwei oder drei Gruppen der Roten Armee bei der Heeresmasse, die man gegen Machno ins Feld gerückt hatte, nur geringe Bedeutung haben könne. Nun lagen die Dinge nicht etwa so, daß von einem Sieg über die Sowjettruppen geredet werden konnte, sondern nur davon, wie eine Katastrophe der Aufstandsarmee zu vermeiden wäre. Diese numerisch kleine Armee von 3.000 Kämpfern hatte täglich gegen einen Gegner von 10.000 bis 15.000 Mann zu kämpfen. Unter solchen Umständen ließ sich eine Katastrophe der Armee schließlich nicht vermeiden. Auf einer Beratung des Sowjets der revolutionären Aufständischen wurde beschlossen, zeitweise den ganzen Südrayon aufzugeben und Machno, was die Bewegung der Armee betraf, völlige Handlungsfreiheit zu lassen.

Dem Genius Machnos wurde nun die schwerste Prüfung auferlegt. Es schien vollkommen ausgeschlossen zu sein, den Heeresmassen, die die Aufständischen von allen Seiten umklammert hielten, zu entrinnen. Dreitausend revolutionäre Kämpfer waren von 150.000 Mann umzingelt. Machno ließ, keinen Augenblick den Mut sinken und stürzte sich in einen heldenhaften Einzelkampf mit diesen Truppen. Von roten Divisionen ganz eingekreist, rückte er – nach rechts und nach links, nach vorn und nach hinten umsichschlagend – wie ein sagenhafter Titan vor. Nachdem er einige rote Armeegruppen geschlagen und etwa 20.000 Rote Soldaten gefangen genommen hatte, als sähe er nichts vor sich, rückte er zunächst gen Osten nach Jusowka vor, wo ihm, wie ihm von den Arbeitern aus Jusowka berichtet wurde, ein gewaltiger Hinterhalt gelegt worden war; plötzlich kehrte er aber nach Westen hin um und vollführte nun geradezu phantastische Märsche, wie er sie ganz allein nur vollführen konnte. Alle Wege und Straßen ließ er links liegen und nun vollzog sich der Marsch der Armee hunderte von Kilometer weit über schneebedeckte Felder, geleitet von einer ganz erstaunlichen Fähigkeit, sich in der Schneewüste zurechtzufinden.[8] Dieses Manöver ermöglichte es der Machnoarmee, einem Ring von hunderten von Geschützen und Maschinengewehren; der sich eng geschlossen hatte, zu entrinnen und gleichzeitig im Gouvernement Cherson beim Flecken Petrowo zwei Brigaden der 1. Kavalleriearmee, die Machno hundert Kilometer weiter vermutet hatten, zu schlagen. Der Kampf zog sich etliche Monate bei ununterbrochenen, Tag und Nacht währenden Gefechten hin.

Im Gouvernement Kiew geriet die Machnoarmee während einer Glatteisperiode in eine so schwierige Felsengegend, daß sie fast ihre gesamte Artillerie, ihren Proviant und auch fast alle Bauern-

---

[8] Bei unwegsamen Märschen dieser Art haben Kompaß und Karte überhaupt keine Bedeutung. Eventuell können sie dem Vormarsch die rechte Richtung weisen, können aber gleichzeitig in einen Fluß oder in eine Schlucht führen, was der Machnoarmee auf ihren Märschen nie begegnet ist. Es kann keinem Zweifel unterliegen, daß das Geheimnis der erstaunlichen Märsche der Machnowzy durch unwegsame Steppen nur darauf beruht, daß sie die meisten ukrainischen Ebenen vortrefflich kannten.

karren (Tatschaski) aufgeben mußte. Und in dieser Zeit nun gesellte sich zu den ganzen riesigen Heeresmassen, die sich an Machno gehängt hatten, unvermutet noch zwei Kavallerie-Divisionen der Roten Tscherwonni-Kosakenschaft, die an der Westgrenze stand. Alle Rückzuglinien waren abgeschnitten. Die Gegend ringsum ein Grab: Felsen, eisbedeckte, schroffe Schluchten, man konnte nur unerträglich langsam vorrücken. Von allen Seiten - ununterbrochenes Artillerie- und Maschinengewehrfeuer. Keiner sah Ausweg und Rettung. Gleichzeitig wollte aber keiner schmählich die Flucht ergreifen. Sie alle beschlossen, zusammen zu sterben, einer an der Seite des anderen.

Unsagbar schwer war es, das Häuflein Aufständischer in dieser Zeit zu sehen, wie sie da nur nackte Felsen, den Himmel und das feindliche Feuer um sich her hatten, dennoch ganz erfüllt von der Entschlossenheit, bis auf den letzten Mann zu kämpfen, - sie alle vom Schicksal Gezeichnete! Schmerz, Verzweiflung und tiefste Trauer wollten einen ergreifen. Man hätte es in die ganze Welt hinausrufen mögen, daß hier ein furchtbares Verbrechen begangen wurde, daß das Heldenhafte im Volk hier gemordet würde und unterginge, das nämlich, was es in heroischen Epochen aus sich aussondert.

Es ist Machno gelungen, diese an ihn herantretende Prüfung mit Ehren zu bestehen. Er rückte bis Galizien vor, wandte sich dann Kiew zu, überschritt unweit von Kiew den Dnjepr auf dem Rückweg, zog dann in die Gouvernements Poltawa und Charkow, rückte wieder gen Norden nach Kursk, überquerte die Bahnlinie zwischen Kursk und Belgorod und fand sich hier in einer neuen, nicht mehr so schwierigen Situation, da er die zahlreichen Kavallerie- und Infanteriedivisionen der Roten Armee weit hinter sich gelassen hatte.

* * *

Allein damit war der heroische Kampf der Machnowzygruppe gegen die bolschewistischen Reichsarmeen noch nicht zu Ende. Das Sowjetkommando spannte alle Kräfte an, um den eigentlichen Kern der Machnowstschina zu fassen und zu vernichten. Von überall her zog sie aus der Ukraine zahlreiche Infanterie- und Kavalleriedivisionen zusammen und ließ sie gegen Machno vorrücken. Immer wieder und wieder schloß sich das Feuerrad um die heldenhaften Revolutionäre, und immer wieder entbrannte der Kampf auf Leben und Tod.

Machno hat in einem Brief an seinen Freund das Ende dieser erschütternden, heroischen Periode in der Geschichte der Machnowstschina folgendermaßen geschildert:

Er schreibt:[9] »Kaum warst Du, lieber Freund, fortgefahren, so besetzte ich nach zwei Tagen die Stadt Korotscha (Gouvernement Kursk), brachte einige tausend Exemplare der »Grundsätze über die Bildung freier Sowjets« in Umlauf und rückte dann sofort über Warpnjarka und das Dongebiet ins Gouvernement Jekaterinoslaw und Taurien vor. Täglich hatte ich erbitterte Kämpfe zu bestehen, einerseits mit den Infanterietruppen der Kommunisten-Bolschewiki, die uns auf der Spur folgten, andererseits mit der zweiten Kavalleriearmee, die das bolschewistische Kommando speziell gegen mich ausgesandt hatte. Du kennst natürlich unsere Reiterei, – die bolschewistische hat ihr ohne Infanterie und Panzerautos nie standhalten können. Und ich säuberte nun, wenn auch mit großen Verlusten, so doch erfolgreich den Weg vor mir her, ohne die eingeschlagene Richtung zu ändern. An jedem Tage bewies unsere Armee aufs Neue, daß sie eine wahrhaft revolutionäre Volksarmee ist, – so wie die Dinge lagen, hätte sie logischerweise zusammenschmelzen müssen, statt dessen nahm sie zu, sowohl an Menschenmaterial als auch an reichem Heeresgut.

Auf dem Weg, den wir eingeschlagen hatten, verlor unser Besonderes (Kavallerie-) Regiment in einem ernsten Gefecht gegen 30 Mann; die Hälfte davon waren Kommandeure. Unter letzteren befand sich auch unser teurer, herrlicher Freund, der Kommandeur dieses Regiments Gawrjuscha Trojan, ein Jüngling an Jahren, aber im Kampf erprobt wie ein Held. Er wurde von einer Kugel getroffen und war auf der Stelle tot. An seiner Seite fielen Apollon und viele andere herrliche und teure Gefährten.

Noch vor Gulai-Pole stießen wir auf unsere eignen größeren Truppen unter dem Kommando von Browa und Parchomenko. Hierauf ging die 1. Brigade der 4. Division der Reiterarmee Budennys mit

---

[9] Machno hatte diesen Brief geschrieben, nachdem er das russische Gebiet bereits verlassen hatte.

dem Brigade-Kommandeur Maslak an der Spitze zu uns über. Noch erbitterter entbrannte der Kampf gegen die bolschewistische Willkürherrschaft.

In den ersten Märztagen sonderte ich Browa und Maßlak aus der Armee, die ich bei mir hatte, zu einer selbständigen Dongruppe ab und ließ sie an den Don und ins Kubangebiet rücken. Ferner wurde die Gruppe Parchomenkos ausgesondert und in den Rayon Woronesh abgeschickt. Parchomenko wurde bald getötet; an der Spitze stand dann ein Anarchist aus Tschugujew. Ausgesondert wurde noch ein Reitertrupp von 600 Mann und das Infanterieregiment Iwanjuks nach Charkow.

Um diese Zeit wurde unser bester Genosse und Revolutionär Wdowitschenko in einem Kampf verwundet und mußte deshalb zur Heilung in den Rayon Nowospask mit einigen anderen abgeschickt werden. Dort wurde er von einer bolschewistischen Strafexpedition ermittelt und im Verlaufe des Kampfes, der sich hieraus entspann, bereiteten er und Matrossenko ihrem Leben mit einer Kugel ein Ende.[10] Matrossenko war sofort tot, während die Kugel Wdowitschenkos unterhalb des Hirnes eingedrungen war. Als die Kommunisten ihn nun festnahmen und erkannten, daß das Wdowitschenko war, holten sie eilig Hilfe herbei und retteten ihn so einige Zeit vom Tode. Bald darauf hatte ich Nachricht von ihm. Er lag in Alexandrowsk im Krankenhaus und bat, man möge ihn irgendwie herausholen. Man quälte ihn dort furchtbar und schlug ihm vor, sich von der Machnowstschina durch Unterschrift eines Absagedokumentes loszusagen. Voller Verachtung lehnte er das alles ab, obwohl er damals kaum sprechen konnte, und sollte daher erschossen werden. Ob er wirklich erschossen wurde oder nicht, habe ich nicht feststellen können.

Ich selber unternahm in dieser Zeit eine Fahrt über den Dnjepr nach Nikolajew und dann von dort wieder zurück über den Dnjepr bis nördlich vom Perekop und begab mich alsdann in meinen Rayon, wo ich mit einigen meiner Truppenteile zusammentreffen sollte. Bei Melitopol hatte mir das Kommunistische Kommando eine Falle gelegt. Es war nicht mehr möglich, ans rechte Dnjepru-

---

[10] Matrossenko war ein ukrainischer Aufständischer und Bauerndichter

fer zurückzugelangen. Auf dem Dnjepr war Eisgang. So mußte ich mich denn aufs Pferd setzen[11] und selber den Kampf leiten. An der einen Front wich ich dem Kampf aus, nötigte aber den anderen Frontabschnitt durch meine Kundschaftsabteilungen, einen Tag lang in Erwartung des Kampfes ihre Front aufzurollen, während ich unterdessen einen Marsch von sechzig Werst machte und am frühen Morgen des 8. März den dritten Teil der Bolschewiki, die beim Molotschny-See standen, schlug, um dann über die Landenge zwischen dem Molotschny-See und dem Asowschen Meer wieder ins Freie zu gelangen, im Raum von Ober-Tokmak. Von hier aus kommandierte ich Kurilenko in den Raum Berdjansk-Mariupol, um in diesem Rayon die Aufstandsbewegung zu leiten. Ich selber begab mich über Gulai-Pole nach Tschernigow hin, von wo ich aus einigen Kreisen Bauerndelegationen gehabt hatte, ich möge doch einen Blick in ihren Rayon werfen.

Unterwegs wurde meine Gruppe, d.h. die Gruppe Petrenkos, die aus 1.500 Mann Reiterei und zwei Infanterieregimentern bestand, und sich bei mir befand, aufgehalten und von allen Seiten von starken bolschewistischen Heeresmassen umzingelt. Wiederum mußte ich hier persönlich den Gegenangriff leiten. Der Gegenangriff glückte. Wir schlugen den Feind aufs Haupt, nahmen eine ganze Masse Kämpfer gefangen, erbeuteten Gewehre, Geschütze und Pferde. Aber nach zwei Tagen wurden wir wieder von frischen, überlegenen Kräften angegriffen. Die alltäglichen Kämpfe hatten die Leute so tollkühn gemacht, daß ihr Mut und ihre Heldenhaftigkeit geradezu beispiellos waren. Mit dem Ruf: »Freies Leben oder der Tod in der Schlacht« warfen sie sich ganz gleich welchem Feinde entgegen und schlugen ihn in die Flucht. In einer mehr als wahnsinnig kühnen Konterattacke wurde ich von einer Bolschewistenkugel in die Hüfte getroffen, durch den Blinddarm, und stürzte vom Pferde. Das war die Ursache für unseren Rückzug, da irgend ein unerfahrener Schlingel laut rief: »Der Batjko ist gefallen!«...

Zwölf Werst weit wurde ich ohne Verband auf einem Maschinengewehrkarren gefahren, und ich wäre fast verblutet. Von Stehen

---

[11] Machnos Bein war damals zerschmettert. Eine Kugel hatte ihn in den Fußknöchel getroffen und fast alle Knochen herausgerissen. Daher bestieg er nur in Ausnahmefällen sein Pferd.

oder Sitzen war gar keine Rede, ohne Besinnung lag ich da – von Lew Sinkowskij bewacht und betreut. Das war am 14. März. In der Nacht auf den 15. März saßen alle Kommandeure der Gruppe, alle Mitglieder des Armeestabes mit Belasch an der Spitze um mich herum und baten mich, einen Befehl zu unterschreiben, daß je hundert oder zweihundert Kämpfer zu Kurilenko, zu Koshin und zu den anderen, welche die Aufstände in bestimmten Rayons leiteten, stoßen sollten. Der Zweck dieses Befehls war, mich mit dem Besonderen Regiment zunächst in einen stilleren Rayon abzuschieben bis meine Wunde geheilt wäre, und ich wieder im Sattel sitzen konnte. Ich unterzeichnete den Befehl und erlaubte Sabudjko, eine leichte Kampfgruppe auszusondern und im genannten Rayon selbständig vorzugehen, ohne indessen mit mir die Fühlung zu verlieren. Früh am Morgen des 16. März waren die Truppenteile schon abgeschickt mit Ausnahme des Besonderen Regimentes, das bei mir verblieb. In dieser Zeit stieß die neunte Kavalleriedivision auf uns und verfolgte uns 180 Werst weit 13 Stunden lang. Im Flecken Sloboda am Asowschen Meer wechselten wir die Pferde, und Menschen und Pferde konnten fünf Stunden rasten.

Am frühen Morgen des 17. März rückten wir in Richtung Nowospassowka vor und stießen nach siebzehn Werst auf andere frische Kavallerietruppen der Bolschewiki, die Kurilenkos Spuren gefolgt waren, da sie aber seine Spur verloren hatten, uns überfielen. Nachdem sie uns, die wir der Ruhe bedurften und an diesem Tag außer Stande waren zu kämpfen, 25 Werst vor sich her getrieben hatten, begannen sie uns arg zu bedrängen. Was tun? Ein Pferd besteigen konnte ich nicht, auch saß ich nicht im Wagen, sondern lag darin und mußte nun sehen, wie sich in einer Entfernung von etwa hundertfünfzig Meter hinter mir ein unbeschreibliches Gemetzel abspielte. Unsere Leute starben nur meinetwegen, nur darum weil sie mich nicht verlassen wollten. Aber schließlich war ihnen und mir der Untergang gewiß. Der Feind war vielleicht fünf bis sechsmal so stark wie wir, und immer neue Kämpfer sprengten heran. Ich sehe, da klammern sich meine »Luisisten«[12] an meinen Karren, dieselben, die bei mir waren, als Du noch da warst. Im

---

[12] Maschinengewehrkommando: Handmaschinengewehre »Luis« – P.A.

ganzen waren es fünf Mann unter dem Kommando von Mischa aus dem Dorf Tschernigowka im Berdjansker Kreise. Da haben sie sich nun angeklammert, nahmen Abschied von mir und sagten: »Batjko, Sie sind für die Sache unserer Bauernorganisation unentbehrlich. Die Sache ist uns teuer. Wir werden gleich sterben, aber durch unseren; Tod werden wir – Sie und alle retten, die Ihnen treu sind und Sie beschützen; vergessen sie nicht, das unseren Eltern mitzuteilen«. Irgend einer von ihnen küßte mich, und dann sah ich schon keinen von ihnen neben mir. Um diese Zeit schleppte mich Lew Sinkowski auf seinen Armen aus dem Karren auf einen Bauernwagen, den die Aufständischen erhalten hatten (der Bauer war gerade vorübergefahren). Ich hörte nur das Geknatter der Maschinengewehre und Bomben explodieren; das waren die »Luisisten«, die den Bolschewiki den Weg verlegten. Inzwischen waren wir 3–4 Werst weiter gefahren und hatten ein Flüßchen durchquert. Die »Luisisten« sind dort gestorben.

Später waren wir noch einmal an diesem Ort, und die Bauern des Fleckens Starodubowka, Kreis Mariupol, zeigten uns im Feld ein kleines Grab, in dem sie unsere Luisisten begraben hatten. Auch heute noch kann ich mich nicht der Tränen erwehren, wenn ich an diese einfachen, schlichten Bauern zurückdenke. Dennoch muß ich es Dir sagen, mein lieber Freund, daß mich das gewissermaßen geheilt hat. Gegen Abend desselben Tages bestieg ich mein Pferd und verließ diesen Rayon.

Im April nahm ich Fühlung zu allen meinen Truppenteilen auf und befahl denen, die nicht weit von mir waren, sich im Gouvernement Poltawa zu gruppieren. Im Mai gruppierte ich in Poltawa-Foma Koshin und Kurilenko. Das waren mehr als 2.000 Mann Reiterei und einige Infanterie-Regimenter. Es war beschlossen worden, gegen Charkow zu rücken und die, »Laienbonzen« der Partei der Kommunisten-Bolschewiki auseinanderzujagen. Letztere schliefen aber nicht. Sie rückten gegen mich mit über 60 Panzerautos, mit einigen Kavalleriedivisionen und einer ganzen Infanteriearmee vor. Der Kampf gegen diese Truppen dauerte etliche Wochen.

Einen Monat nach diesen Kämpfen fiel – ebendort in der Poltawstschina – Stschussj in einer Schlacht. Zuletzt war er der Chef des Stabes der Sabudjkogruppe gewesen, wo er vortrefflich und ehrlich gearbeitet hat.

Und noch einen Monat später kam Kurilenko ums Leben. Als unsere Armee eine Bahnlinie überschritt, deckte er sie mit seiner Gruppe, weswegen er, um die Truppen zu verteilen mit der Halbkompanie, die gerade Dienst hatte, zurückgeblieben war, und persönlich die Patrouillen inspizierte. In einem Gesinde wurde er von Budennis Kavallerie eingekreist und kam dort ums Leben. Am 18. Mai 1921 rückte Budennis Kavalleriearmee aus dem Jekaterinoslawschen Rayon an den Don, um dort den Bauernaufstand niederzuschlagen, der von unseren Genossen Browa und Maslak, dem Kommandeur der 1. Brigade der Division der Budjonniarmee, der mit einer Brigade zu uns übergegangen war, geleitet wurde.

Unsere zusammengezogene Gruppe unter Führung Petrenko-Platonows, - auch ich und der Hauptstab waren dabei -, war etwa 20 bis 15 Werst vom Weg entfernt, auf dem die Budjonniarmee vorrückte. Dadurch ließ sich Budjonni verführen, da er gut wußte daß ich stets bei der zusammengezogenen Gruppe bin. Darum befahl er dem Chef der Kraftwagen-Abteilung No. 21, die um diese Zeit ebenfalls an den Don vorrückte, um den Aufstand der werktätigen Bauernschaft niederzuschlagen, 16 Panzerautos abzuladen und den Vorort des Fleckens Nowo-Grigorjewka (Stremennoje) zu umzingeln. Budjonni selber kam mit Teilen der 19. Kavalleriedivision (ehemalige Division »Wnus«) über Felder und Wege vorrückend, in Nowo-Grigorjewka eher an, als der Chef der Panzerautoabteilung erwartet hatte, der Bäche und Schluchten umfahren mußte und an den Wegen Wachpanzerautos aufstellte. Den aufmerksamen Blicken unserer Beobachter war dies nicht entgangen, und so hatten wir die Möglichkeit, rechtzeitig Vorkehrungen zu treffen und gerade in dem Augenblick nun, als Budjonni an unsere Stellung herankam, stürmten wir ihm entgegen. Budjonni, der stolz voran galoppierte, gab im selben Augenblick seine Gefährten preis, und der feige Kerl ergriff die Flucht.

Ein entsetzliches Bild bot sich dann unseren Augen. Die Roten Truppen, die gegen uns vorrückten, bestanden aus ehemaligen Regimentern des Inneren Schutzes, hatten nicht mit uns an der Krimfront gekämpft, kannten uns nicht und waren folglich betrogen worden, daß sie gegen »Banditen« kämpfen sollten, was ihren Stolz beflügelte, da sie ja vor Banditen nicht fliehen wollten.

Unsere aufständischen Freunde aber fühlten, daß sie im Recht waren, und hielten es für ihre Pflicht, jene um jeden Preis zu schlagen und zu entwaffnen.

Es war eine Schlacht wie sie wohl selten vorher und auch nachher geschlagen worden sein mag. Sie endete mit der völligen Niederlage Budjonnis, wodurch sich seine Armee zersetzte und häufig Desertionen der Roten Soldaten stattfanden.

Hierauf sonderte ich eine aus Sibiriern bestehende Abteilung unter dem Kommando des Genossen Glasunoff aus, der auf das Beste ausgerüstet nach Sibirien geschickt wurde.

In den ersten Augusttagen 1921 lasen wir in bolschewistischen Zeitungen, diese Abteilung habe sich im Gouvernement Ssamara gezeigt. Später haben wir nichts mehr von ihr gehört.

Den ganzen Sommer 1921 wurde ununterbrochen gekämpft.

Die Dürre und Mißernte in den Gouvernements Jekaterinoslaw, Taurien, teilweise auch in Cherson, und Poltawa, desgleichen am Don, nötigten uns, mit einem Teil ins Kubangebiet zu rücken und nach Zaryzyn und Saratow, mit dem anderen Teil in die Gouvernements Kiew und Tschernigow. Im Tschernigowschen kämpfte Genosse Koshin ununterbrochen. Als wir mit ihm zusammentrafen, übergab er mir ganze Stöße von Protokollen der Tschernigowschen Bauern, in denen sie uns vollste Unterstützung im Kampf für die Einführung freier Sowjetordnung zusicherten.

Ich persönlich unternahm mit den Gruppen Sabudjkos und Petrenkos eine Fahrt bis an die Wolga, machte einen Bogen um den ganzen Don herum, traf mit vielen unserer Abteilungen zusammen, stellte die Verbindung unter ihnen her und verband sie mit der Asowschen Gruppe (die ehemalige Gruppe Wdowitschenkos). Da ich schwere Wunden hatte, wurde Anfang August 1921 beschlossen, daß ich mit einigen Kommandeuren ins Ausland reisen sollte, um uns dort heilen zu lassen.

In dieser Zeit wurden unsere besten Kommandeure - Koshin, Petrenko und Sabudko - schwer verwundet.

Am 13. August 1921 rückte ich mit einer Kavalleriehundertschaft in Richtung Dnjepr vor und setzte am 16. August im Morgengrauen auf siebzehn Fischerboten zwischen Orlik und Krementschug über den Dnjepr. Am selben Tage wurde ich sechsmal verwundet, aber nicht schwer.

Auf unserem Vormarsch und auf dem rechten Dnjeprufer trafen wir viele unserer Abteilungen, denen wir den Zweck unserer Reise ins Ausland erläuterten und bekamen von allen nur eine Antwort zu hören: »Reist ab, heilt den Batjko und kehrt wieder zu uns zurück, um uns zu helfen.« Am 19. August stießen wir, 12 Werst von Bobrinetz entfernt, auf die 7. Rote Kavalleriedivision, die am Fluß Inguletz stand. Rückkehr wäre gleichbedeutend mit Untergang gewesen, da uns ein Kavallerie-Regiment von rechts her bemerkt hatte und vorstürmte, um uns den Rückzug abzuschneiden. Darum bat ich Sinkowski, mich in den Sattel zu heben. In einem Augenblick flogen die Säbel aus den Scheiden und mit Hurra stürmten wir das Dorf und überrannten das Maschinengewehrkommando der genannten Kavalleriedivision, die dort lag. Nachdem wir 13 Maxim-Maschinengewehre und drei Luis-Maschinengewehre erbeutet hatten, rückten wir weiter.

Während wir die Maschinengewehre erbeuteten, stürmte die ganze Kavalleriedivision aus dem Flecken Nikolajewka und den benachbarten Gesinden ins Feld, sammelte sich und ging zum Gegenangriff über. So waren wir denn in eine Sackgasse geraten. Aber wir ließen den Mut nicht sinken. Nachdem wir das 38. Regiment der 7. Kavalleriedivision überrannt hatten, rückten wir 110 Werst weiter vor, hatten uns aber der ständigen Angriffe dieser Divisionen zu erwehren und schließlich gelang es uns, zu entkommen, allerdings nachdem wir 17 unserer besten Gefährten verloren hatten.

Am 22. August war ich es wieder, der überflüssigerweise zu schaffen machte, – eine Kugel hatte mich rechts unterm Hinterkopf getroffen, und war zur rechten Backe herausgefahren. Wieder liege ich im Karren. Aber dadurch wird unser Marsch nur beschleunigt. Am 26. hatten wir wieder einen Kampf mit den Roten, und da fielen unsere treuesten Freunde und Kämpfer: Petrenko-Platonow und Iwanjuk. Ich änderte die Route und am 28 August 1921 setzten wir über den Dnjestr. Ich bin im Ausland...«

* * *

Der dritte Feldzug der Bolschewiki gegen die Machnowzy war gleichzeitig auch ein Feldzug gegen das ukrainische Dorf. Die allgemeine Aufgabe dieses Feldzuges war, nach Vernichtung der Machnoarmee, die gesamte unzufriedene Bauernschaft sofort in die

Hand zu bekommen und ihr gänzlich die Möglichkeit zu nehmen, revolutionäre Freischärlerbewegungen und Formationen zu bilden. Die nach dem Sieg über Wrangel freigewordene, numerisch starke Rote Armee wäre hierzu vollkommen imstande gewesen. Durch alle unbotmäßigen Flecken und Dörfer der Aufstandsrayons wurden Rote Divisionen geführt, welche die Bauern auf Denunziation der ortseingesessenen Großbauern hin ausrotteten. Als Machno eine Woche nach dem verräterischen Überfall der Bolschewiki auf Gulai-Pole dort wieder einzog, wurden die Machnowzy in Massen von Bauern und Bäuerinnen umringt, die ihnen tiefbetrübt mitteilten, die Kommunisten hätten am Vorabend über 300 ortseingesessene Bauern erschossen. Die Bevölkerung von Gulai-Pole hatte von einem Tag zum andern gespannt auf das Einrücken der Machnotruppen, die die Unglücklichen hätten retten können, gewartet. Ähnliche Massenerschießungen von Bauern haben die Machnowzy einige Tage darauf im Flecken Nowospassowka feststellen können. Eben hier wurden von der Kulturabteilung der Machnoarmee und dem Sowjet der Aufständischen Fälle registriert, in denen vom Morden trunkene Tschekisten Mütter zwangen, ihre Säuglinge in die Arme zu nehmen, um sie dann mit einem Schuß niederzustrecken. So war z.B. mit der Frau eines alten Aufständischen aus Nowospassowka, namens Martyn, und ihrem Säugling verfahren worden. Das Kind war von einer Gewehrkugel in Stücke gerissen worden, während die Mutter nur verwundet und durch ein Versehen der Tschekisten am Leben geblieben war. Solche Fälle waren keine Seltenheit. Später werden sie von der Geschichtsforschung registriert werden. Massenerschießungen der Bauern haben die Bolschewiki auch in den Dörfern Klein-Tokmatschka, Uspenowka, in Pologi und an anderen Orten vorgenommen.

Geleitet wurde diese ganze Strafexpedition von Frunse, dem Kommandierenden der Südfront.

»Mit der Machnowstschina muß man sofort ein Ende machen«, schrieb er in einem Armeebefehl, der für die Truppen der Südfront bestimmt war, bevor er diese Expedition begann. Und als rechter Krieger, der zudem von dem Wunsche beseelt war, sich vor seinen Vorgesetzten auszuzeichnen, ritt er mit gezücktem Säbel in die ukrainischen Dörfer ein und schlug alles nieder, was ihm in den Weg kam.[13]

[13] Wir wollen zwei Beispiele von Hinrichtungen anführen, die für die Bolschewiki und die damalige Zeitlage bezeichnend sind.

Ssereda – Bauer, Machnokämpfer, aus dem Gouvernement Jekaterinoslaw gebürtig, parteilos, war Rentmeister der Armee, vertrat dann vielfach Machno, den er sehr liebte und den er in größter Ergebenheit schützte. Während des Übereinkommens der Machnowzy mit den Bolschewiki im Oktober 1920 wurde er in den Kämpfen gegen Wrangel zweimal verwundet; eine Kugel blieb ihm in der Lunge stecken. Da eine Operation erforderlich war, reiste er in der vollen Gewißheit nach Charkow, daß die kommunistische Regierung ihm dort in seiner schwierigen Lage helfen würde. In Charkow wurde er tatsächlich in einem Krankenhaus untergebracht, doch nach einer Woche, als die Bolschewiki überall über die Machnowzy und Anarchisten herfielen, wieder aus dem Krankenhaus entfernt und im März 1921 erschossen. Man muß hier an Folgendes zurückdenken: Als die Machnowzy im Oktober 1919 Jekaterinoslaw besetzten, ließen sie die Denikinsoldaten und die Offiziere, auch die Soldaten anderer Armeen, die sich in Krankenhäusern befanden, vollkommen in Frieden, weil sie es mit der revolutionären Ehre für nicht vereinbar hielten, einen Feind zu töten, der im Krankenhaus darniederliegt. Als der Denikingeneral Slastschow (nun Sowjetgeneral) einen Monat darauf nach Jekaterinoslaw kam, ließ er alle Machnowzy umbringen, die in Krankenhäusern waren. Die Kommunistische Regierung ging noch weiter als Slastschow. Sie erschoß einen Menschen, der mit ihr Schulter an Schulter gekämpft hatte und dabei verwundet worden war, und der dann hilfesuchend zu ihr gekommen war, weil er glaubte, daß sein Leben durch den Vertrag gesichert wäre, den diese Regierung unterschrieben hatte.

Bogusch – Anarchist, der zusammen mit anderen aus Amerika ausgewiesenen Anarchisten soeben in Rußland eingetroffen war. In der Periode des Übereinkommens der Machnowzy mit den Bolschewiki war er in Charkow, hatte dort viel von dem legendären Gulai-Pole fabeln gehört und beschloß, dorthin zu reisen, um die Machnowstschina an Ort und Stelle kennen zu lernen. Die Bolschewiki gaben hierzu die Möglichkeit, indem sie der Machnovertretung eine Lokomotive und einzelne Waggons zur Beförderung von Kulturarbeitern nach Gulai-Pole zur Verfügung stellten. Bogusch hatte aber im freien Gulai-Pole-Rayon nur einige Tage zugebracht und war wegen des Bruches zwischen Bolschewiki und Machnowzy und wegen des zwischen ihnen entbrannten Krieges wieder nach Charkow zurückgekehrt, wo er verhaftet und auf Beschluß der Tscheka im März 1921 erschossen wurde.

Dieser Vorfall läßt sich nicht anders erklären, als daß die Bolschewiki keinen am Leben lassen wollten, der die volle Wahrheit über ihren Überfall auf die Machnowzy kannte und sie hätte berichten können.

10. Der Begriff und die Bedeutung des Nationalen in der Machnowstschina – Die Judenfrage

Alles über die Machnowstschina Gesagte zeigt, daß es sich hier um eine Bewegung der untersten Schichten der Bauern und Arbeiter handelt, und daß das Grundlegende für die Bewegung das Bestreben war, die Freiheit der Arbeit durch revolutionäre Selbstbetätigung der Massen sicherzustellen.

Gleich in den ersten Tagen ihres Entstehens verbreitete sich die Bewegung unter den ärmsten Schichten aller Nationalitäten, die im Rayon seßhaft waren. Die überwiegende Mehrheit setzte sich natürlich aus ukrainischen Bauern zusammen. Etwa 6 bis 8% waren Bauern und Arbeiter aus Großrußland; hierauf folgten Griechen, Juden, Kaukasier und Bedürftige anderer Nationalitäten. Die griechische und jüdische Bevölkerung, die im Asowschen Rayon ansässig war, befand sich in ständiger Verbindung mit der Bewegung. Einige ganz vortreffliche revolutionäre Kommandeure waren Griechen und bis in die letzte Zeit hinein gab es in der Armee besondere griechische Abteilungen:

Die aus den ärmsten der Armen bestehende Bewegung, fest gefügt durch den geeinten Willen der Arbeiter, wurde alsbald vom tiefen Geist der Brüderlichkeit aller Völker durchdrungen, wie er nur Werktätigen eigen ist, die viel haben leiden müssen. In der Geschichte dieser Bewegung hat es keinen einzigen Augenblick gegeben, indem sie sich nationale Grundsätze zu eigen gemacht hätte. Der ganze Kampf der Machnowzy gegen den Bolschewismus wurde nur geführt, um die Rechte und Interessen der Arbeit zu verteidigen. Den Denikintruppen, den Österreichern und Deutschen, den Petljurowzy, der französischen Besatzung (in Berdjansk)und Wrangel begegneten die Machnowzy vornehmlich als Feinden der Arbeit. Jeden fremdländischen Einmarsch betrachteten sie vor allem als Bedrohung der Werktätigen und fragten überhaupt nicht nach der nationalen Flagge, unter der der Einbruch erfolgte.

In der »Deklaration«, die der Revolutionäre Kriegssowjet der Armee im Oktober 1919 erließ, sagen die Machnowzy im Kapitel über die nationale Frage folgendes:

»Wenn wir von der Unabhängigkeit der Ukraine sprechen, so verstehen wir unter dieser Unabhängigkeit nicht etwa eine nationale Unabhängigkeit in der Art der Petljuraschen »Selbständigkeit«, sondern eine soziale und werktätige Unabhängigkeit der Arbeiter und Bauern. Wir erklären das Recht des ukrainischen (wie auch jedes anderen) werktätigen Volkes auf Selbstbestimmung nicht im Sinne einer »Selbstbestimmung der Nationen«, sondern im Sinne einer Selbstbestimmung der Werktätigen.«

Was die Unterrichtssprache in den Schulen betrifft, so schrieben die Machnowzy hierüber Folgendes:

»In der Kulturaufklärungsabteilung der Machnoarmee laufen Anfragen des Lehrerpersonals darüber ein, in welcher Sprache nunmehr in den Schulen unterrichtet werden solle (im Zusammenhang mit der Vertreibung der Denikintruppen).
Die revolutionären Aufständischen, die sich an die Grundsätze des echten Sozialismus halten, können auf keinem Gebiet und in gar keiner Weise die natürlichen Bedürfnisse des ukrainischen Volkes einengen wollen. Daher kann die Frage über die Unterrichtssprache in den Schulen nicht von unserer Armee, sondern nur vom Volk selber in Person der Eltern, der Lehrenden und Lernenden entschieden werden. Es versteht sich von selbst, daß alle Anordnungen der sogenannten »Besonderen Beratung« der Denikinzy wie auch der Befehl General Mai-Majewskis sub Nr. 22, in welchem die Muttersprache in den Schulen verboten wird, von nun ab als unseren Schulen gewaltsam aufgedrungen für null und nichtig erklärt wird.
Im Interesse der geistigen Entwicklung des Volkes muß die Lehrsprache in den Schulen jene sein, der die ortseingesessene Bevölkerung, die Lehrenden, die Lernenden und deren Eltern naturgemäß zuneigen, und diese Bevölkerung ist es, die frei und selbständig diese Frage entscheiden muß, nicht aber die Regierung oder die Armee.
Kulturaufklärungsabteilung der Machno-Aufstandsarmee.«
(»Put k swobodje« No 10 vom 18. Oktober 1919).

So sehen wir denn, daß der Machnowstschina nationale Vorurteile fremd waren. Ebenso fremd waren der Bewegung aber auch religiöse Vorurteile. Als revolutionäre Bewegung der armen Klassen von Stadt und Land war die Machnowstschina prinzipieller Gegner jeder Religion, jeden Gottes. Unter den zeitgenössischen sozialen Bewegungen war sie eine der wenigen, in der man sich weder für die eigene, noch für die fremde Nationalität, noch für die eigene oder fremde Religion interessierte, sondern vor allen Dingen die Arbeit und die Freiheit der Werktätigen achtete.

Allein die Feinde der Bewegung hatten es darauf abgesehen, die Bewegung hauptsächlich auf diesem Gebiet in Mißkredit zu bringen. Sowohl in der russischen wie auch in der ausländischen Presse wurde über die Machnowstschina wiederholt berichtet, sie wäre lediglich eine Freischärlerbewegung, der alle Ideale internationaler brüderlicher Solidarität abgingen und welche sogar an der Sünde des Antisemitismus schuldig wäre. Nichts Verbrecherisches gibt es als derartige verlogene Erfindungen. Zur Beleuchtung dieser Frage soll hier das erforderliche Tatsachenmaterial, das sich eben auf dieses Gebiet bezieht, angeführt werden.

In der Machnoarmee spielten revolutionäre Juden keine geringe Rolle, deren viele für die Revolution des Jahres 1905 zu Zwangsarbeiten verurteilt worden waren oder als politische Emigranten in Westeuropa und Amerika lebten. Genannt seien hier folgende Personen:

Kogan - stellvertretender Vorsitzender des obersten Organs der Bewegung, nämlich des Gulai-Polsker Revolutionären Rayonkriegssowjets. Arbeiter. Bereits vor der Revolution 1917 aber hatte er aus inneren Gründen die Fabrikarbeit aufgegeben und beschäftigte sich in der ärmsten jüdischen Ackerbaukolonie mit Ackerbau. Im Kampf gegen die Denikintruppen wurde er bei Umanj verwundet, dann aber, wie verlautet, von Denikintruppen im Umanjschen Lazarette ergriffen und ermordet.

L. Sinkowski (Sadow) - Chef der Nachrichtenabteilung der Armee, später Kommandeur des Besonderen Kavallerieregimentes. Arbeiter. Hatte vor der Revolution wegen einer politischen Sache zehn Jahre Zwangsarbeit (Katorga) zu verbüßen. Einer der aktivsten Teilnehmer der revolutionären Aufstandschaft.

Helene Keller – Sekretärin der Kulturaufklärungsabteilung der Armee. Hat an der Gewerkschaftsbewegung der Arbeiter in Amerika teilgenommen. Arbeiterin. War eine der Mitbegründerinnen der Konföderation »Nabat«.

Josef Emigrant (Gotmann) – Mitglied der Kulturaufklärungsabteilung der Armee. Arbeiter. Einer der aktivsten Teilnehmer der anarchistischen Bewegung in der Ukraine. War Begründer und Mitglied des Sekretariats der Konföderation »Nabat«.

J. Aly (Suchowolski) – Arbeiter. Mitglied der Kulturaufklärungsabteilung der Armee. Hatte wegen einer politischen Sache Zwangsarbeit zu verbüßen. War Begründer und Mitglied des Sekretariats der Konföderation »Nabat«.

Dies Verzeichnis revolutionärer Juden, die sich auf den verschiedensten Gebieten an der Machnobewegung beteiligt haben, könnten wir bedeutend erweitern, können es aber aus konspirativen Gründen nicht tun.

Innerhalb der revolutionären Aufstandschaft hatte die werktätige jüdische Bevölkerung eine vollkommen brüderliche Stellung inne. Die jüdischen werktätigen Kolonien, die ja so zahlreich in den Kreisen Mariupol, Berdjansk, Alexandrowsk und anderweitig zerstreut sind, beteiligten sich ungemein aktiv an den Rayonkongressen der Bauern, Arbeiter und Aufständischen und hatten auf diesen Kongressen wie auch im Revolutionären Rayon-Kriegssowjet ihre Vertreter.

Im Februar 1919 schlug Machno allen jüdischen Kolonien wegen einiger Fälle von antisemitischen Kundgebungen vor, einen Selbstschutz zu organisieren und händigte jeder Kolonie die erforderlichen Gewehre und Patronen aus. Um diese Zeit organisierte er auch im ganzen Rayon eine Reihe von Versammlungen, in denen die Massen zum Kampf gegen das Übel des Antisemitismus aufgerufen wurden.

Auch die ortseingesessene werktätige jüdische Bevölkerung ihrerseits verhielt sich zur revolutionären Aufstandschaft mit dem Gefühl tiefer Solidarität und revolutionärer Zusammengehörigkeit. Auf die Aufforderung des Revolutionären Kriegssowjets hin, die Aufstandsarmee mit freiwilligen Kämpfern aufzufüllen, stellten die jüdischen Kolonien dieser Armee eine ganz beträchtliche Anzahl von Kämpfern.

In der aufständischen Machnoarmee gab es eine besondere jüdische Batterie, die nur von jüdischen Artilleristen bedient wurde und über eine jüdische Halbkompanie an Schutzmannschaften verfügte. Unter Führung des jüdischen Aufständischen Schneider hat diese Batterie Gulai-Pole gegen den im Juni 1919 anrückenden Denikin heldenhaft verteidigt und ist, nachdem sie die letzte Munition abgefeuert hatte, bis auf den letzten Mann bei Gulai-Pole im Kampf gegen Denikins Banden gefallen.

Im gewaltigen Aufstandsstrudel der Jahre 1918 und 1919 konnte es natürlich auch einzelne Persönlichkeiten mit antisemitischer Einstellung geben, doch waren sie nicht etwa ein Produkt der Aufstandschaft sondern des allgemeinen russischen Lebens und hatten nicht die geringste Bedeutung in der Bewegung als Ganzes. Wenn nun solche Personen sich antisemitischer Handlungsweisen schuldig gemacht hatten, so gerieten sie unter die strenge Hand der aufständischen Revolutionäre.

Bereits oben hatten wir vermerkt, wie Grigorjew mitsamt seinem Stab von der entschlossenen Hand der Machnokämpfer umgebracht wurde und hatten darauf hingewiesen, daß seine Beteiligung an einem Judenpogrom einer der Hauptgründe für seine Hinrichtung gewesen war.

Wir wollen andere Fälle anführen, die uns bekannt geworden sind und die sich auf dieses Gebiet beziehen.

Am 12. Mai 1919 wurden in der jüdischen Ackerkolonie im Gorkaja im Alexandrowsker Kreise einige jüdische Familien, insgesamt ca. 20 Personen getötet. Der Stab der Machnowzy setzte umgehend eine Untersuchungskommission ein, welche feststellte, daß die Mörder sieben Bauern aus dem benachbarten Dorf Uspenowka waren. Die Bauern gehörten nicht der Aufstandsarmee an. Dennoch hielten es die Machnowzy nicht für möglich, sie ungestraft zu lassen; sie wurden festgenommen und sofort erschossen. Später wurde festgestellt, daß dieser Fall und Versuche zu ähnlichen Fällen im Zusammenhang mit Denikin-Abteilungen standen, die in den Gulai-Polsker Rayon Eingang gefunden hatten und durch Akte solcher Art den Boden für den allgemeinen Vormarsch der Denikinarmee in die Ukraine vorbereiteten.

Am 4. oder 5. Mai 1919 begab sich Machno mit einigen Kommandeuren von der Front eilig nach Gulai-Pole, wo er im Verlauf des Tages vom außerordentlichen Bevollmächtigten der Republik L. Kameneff nebst Mitgliedern der Charkowschen Regierung erwartet wurde. Auf der Station Werchnij-Tokmak sah er unerwarteterweise ein Plakat mit der Inschrift: »Schlagt die Juden tot, rettet die Revolution, es lebe Batjko-Machno!«

»Wer hat das Plakat da angebracht?« fragte Machno.

Es erwies sich, daß ein Freischärler, den Machno persönlich kannte, der an den Kämpfen gegen Denikin teilgenommen hatte, der im übrigen kein schlimmer Bursche war, das Plakat angebracht hatte. Er erschien sofort und wurde an Ort und Stelle erschossen. Machno fuhr nach Gulai-Pole. Doch im Verlauf des ganzen Tages und während der ganzen Beratung mit den Bevollmächtigten der Republik stand er unter dem Eindruck dieses betrüblichen Vorkommnisses. Er war sich dessen bewußt, daß gegen den Aufständischen ein hartes Gericht geübt worden war, erkannte aber gleichzeitig, daß im Anbetracht der Gesamtlage der Front beim weiteren Vorrücken Denikins solche Plakate über die jüdische Bevölkerung furchtbares Elend heraufbeschwören und die Revolution schädigen könnten, wenn nicht sofort und entschlossen dagegen angegangen würde.

Als die Aufstandsarmee den Rückzug nach Umanj antrat – im Sommer 1919 – kamen einige Fälle vor, daß jüdische Familien von Freischärlern beraubt wurden. Als die Aufständischen diese Fälle untersuchten, kam es heraus, daß die schuldigen Urheber immer ein und dieselbe Gruppe von vier, fünf Mann gewesen waren. Sie alle hatten zu der Grigorjewschen Abteilung gehört, die nach Grigorjews Tode von der Machnoarmee übernommen worden war. Nach der Ermittlung wurde diese Gruppe liquidiert; alsdann wurden aus der Aufstandsarmee alle Kämpfer entfernt, die früher zu Grigorjews Abteilungen gehört hatten, weil sie in ideeller Hinsicht nicht erprobt waren und weder Zeit noch Umstände ihre geistige Umstellung ermöglichten. So sehen wir denn, wie sich die Machnowzy zum Antisemitismus verhielten. Hier und dort aufflammende antisemitische Kundgebungen an verschiedenen Orten der Ukraine standen jedoch in gar keiner Beziehung zur Machnowstschina.

Dort, wo die jüdische Bevölkerung zu den Machnowzy Fühlung hatte, erwiesen sich letztere als treueste Verteidiger gegen alle antisemitischen Exzesse. Die jüdische Bevölkerung von Gulai-Pole, von Alexandrowsk, Berdjansk, Mariupol, alle ackertreibenden jüdischen Kolonien im Donezgebiet, können auf das Bestimmteste bezeugen, daß sie in den Machnowzy gesinnungstreue revolutionäre Freunde gehabt haben und daß dank der harten und entschlossenen Maßnahmen der Letzteren, alle antisemitischen Bemühungen der revolutionsfeindlichen Kräfte in diesem Rayon immer im Keim erstickt wurden.

Sowohl in Rußland wie auch in einer Reihe anderer Länder gibt es Antisemitismus. In Rußland und insbesondere in der Ukraine ist der Antisemitismus nicht etwa ein Ergebnis der Revolutionsepoche oder der Aufstandsbewegung, sondern ein Erbe der Vergangenheit. Stets haben die Machnowzy in Wort und Tat scharf dagegen angekämpft. Im Verlauf der Aufstandsbewegung brachten sie eine Anzahl von Aufrufen heraus, in denen sie die Massen zum Kampf gegen dieses Übel aufriefen. Man kann ohne weiteres sagen, daß die Machnowzy für den Kampf gegen den Antisemitismus in der Ukraine und über deren Grenzen hinaus Gewaltiges geleistet haben. Wir haben einen Aufruf in Händen, den die Machnowzy zusammen mit den Anarchisten aus Anlaß antisemitischer Kundgebungen im Frühling 1919 herausgebracht haben; diese Kundgebungen standen, wie mit Gewißheit angenommen werden kann, im Zusammenhang mit dem Beginn des allgemeinen Denikinschen Vormarsches gegen die Revolution. Der Aufruf lautete (gekürzt):

»An die Arbeiter, Bauern und Aufständischen

Auf Seiten der Geknechteten gegen die Bedrücker – immer!
In schweren Tagen der Reaktion, als die Lage der ukrainischen Bauern hoffnungslos war, seid Ihr als erste aufgestanden, als unerschütterliche furchtlose Kämpfer für das große Werk der Befreiung der werktätigen Massen... Das war der schönste und freudigste Augenblick in der Geschichte unserer Revolution, denn Ihr rücktet damals mit den Waffen in der Hand als bewußte Revolutionäre, begeistert von der großen Idee der Freiheit und Gleichheit, gegen den Feind... Allein in Eure Reihen begannen sich negative, verbrecherische Elemente einzuschleichen. Und außer den revolutionären Liedern, außer dem jubelnden Gesang über die nahe bevorstehende Befreiung der Werktätigen waren

nun auch furchtbare, herzzerreißende Schreie der unglücklichen, geschlagenen, ärmsten Juden zu hören. Vor dem lichten, klaren Hintergrund der Revolution waren nun dunkle nicht zu tilgende Flecken geronnenen Blutes armer jüdischer Märtyrer zu sehen, die so jetzt, wie auch früher, unnötige, schuldlose Opfer des entbrannten Klassenkampfes zugunsten der bösen Reaktion geworden sind. Schmachvolle Dinge sind geschehen. Judenpogrome finden statt.

Bauern, Arbeiter und Aufständische! Ihr wißt, daß unter dem furchtbaren Abgrund der Armut Arbeiter aller Nationalitäten in gleicher Weise zu leiden haben: Russen und Juden, Polen und Deutsche, Armenier usw. Ihr wißt, daß Tausende von jüdischen sowie anderen Mädchen, Töchtern des Volkes, vom Kapital gekauft und entehrt werden. Gleichzeitig wißt Ihr aber auch, wie viele ehrliche, aufrichtige Juden - revolutionäre Kämpfer - für die Freiheit in Rußland im Verlauf unserer ganzen Freiheitsbewegung gefallen sind... Die Revolution und die Ehre der Werktätigen verpflichtet uns alle, laut zu rufen, so daß alle dunklen Mächte der Reaktion erzittern, daß wir gegen einen gemeinsamen Feind ankämpfen - gegen das Kapital und gegen die Regierung, welche die Werktätigen in gleicher Weise knechten: Russen, Polen, Juden usw. Wir müssen es überall erklären, daß die Ausbeuter und Bedrücker der verschiedenen Nationen unsere Feinde sind: sowohl der russische Fabrikant wie der deutsche Industrielle, der jüdische Bankier und der polnische Gutsbesitzer... Die Bourgeoisie aller Länder und Nationalitäten hat sich zusammengeschlossen zu erbittertem Kampf gegen die Revolution, gegen die werktätigen Massen der ganzen Welt und aller Nationalitäten.

Bauern, Arbeiter und Aufständische! Im gegenwärtigen Augenblick, da der internationale Feind - die Bourgeoisie aller Länder - über die russische Revolution hergefallen ist, und nationalen Hader in den Reihen der werktätigen Massen sät, um die Revolution zu sprengen und das Fundament unseres Klassenkampfes - die Solidarität und Einheit aller Werktätigen - zu erschüttern, müßt Ihr gegen die bewußten und unbewußten Konterrevolutionäre vorrücken, die die Befreiung des werktätigen Volkes von Kapital und Herrschaft provozieren wollen. Eure revolutionäre Pflicht ist es, jede nationale Hetze im Keim zu ersticken und schonungslos gegen alle schuldigen Urheber von Judenpogromen vorzugehen.

Der Weg zur Befreiung der Werktätigen führt über den Zusammenschluß der Werktätigen der ganzen Welt.

Es lebe die Internationale der Arbeit!

Es lebe die freie, herrschaftslose, anarchistische Kommune!

Die Exekutive des Revolutionären Kriegssowjets des Rayons Gulai-Pole. Gulai-Poler Anarchistengruppe »Nabat«. Der Kommandierende der aufständischen Machno-Armee: Batjko Machno. Stabschef der aufständischen Machnoarmee B. Weretelnikow
Gulai-Pole, im Mai 1919«

Anhang zum zehnten Kapitel

Befehl No.1 des Kommandierenden der Revolutionären Aufstandsarmee der Ukraine [1]
Batjko-Machno

An alle Kommandeure der Infanterie: der Korps, Brigaden, Regimenter, Bataillone, Kompanien, Züge und Abteilungen. Der Kavallerie: der Brigaden, Regimenter, Schwadronen und Züge. Der Artillerie: der Abteilungen, Batterien und Halbbatterien. An alle Stabschefs, Kommandanten von Garnisonen, an alle Kommandanten. An alle aufständischen Revolutionäre ohne Ausnahme.

1. Aufgabe unserer revolutionären Armee und jedes Aufständischen, der ihr beigetreten ist, ist ehrlicher Kampf für die völlige Befreiung der Werktätigen der Ukraine von jeder Knechtung. Darum ist jeder Aufständische verpflichtet, es sich einzuprägen und zu beobachten, daß wir in unserer Mitte keine Personen dulden wollen, die darauf bedacht sind, sich hinter dem Rücken der revolutionären Aufstandschaft durch Plünderung oder durch Beraubung der friedlichen jüdischen Bevölkerung persönlich zu bereichern.

2. Jeder revolutionäre Aufständische soll daran denken, daß die Angehörigen der reichen bourgeoisen Klasse, ganz gleich ob es nun Russen, Juden oder Ukrainer usw. sind, seine persönlichen Feinde wie auch Feinde des ganzen Volkes sind. Feinde des werktätigen Volkes sind auch jene, die die ungerechte bourgeoise Ordnung schützen, d.h.

---

[1] Dieser Befehl wurde veröffentlicht, als alle aufständischen Kräfte gesammelt und zu einer Armee formiert wurden, als letzterer im Raum Jelisawetgrad-Pomostschnaja nach deren Rückzuge aus dem Gulai-Polsker Rayon die Grigorjewschen Abteilungen und Truppen der Roten Armee, die von Nowy-Bug herangekommen waren, angeschlossen wurden.

Sowjetkommissare, Mitglieder von Strafabteilungen, außerordentlichen Kommissionen, die durch Städte und Flecken fahren und das werktätige Volk martern, das sich ihrer willkürlichen Diktatur nicht beugen will. Vertreter solcher Strafabteilungen, außerordentlicher Kommissionen und anderer Organe der Knechtung und Unterdrückung des Volkes soll jeder Aufständische festnehmen und in den Armeestab abführen, im Fall des Widerstandes auf der Stelle aber erschießen. Für an friedlichen Werktätigen, ganz gleich, welcher Nationalität sie angehören mögen, begangene Gewaltakte werden die Schuldigen eines schimpflichen Todes sterben, eines Todes, der eines revolutionären Aufständischen nicht würdig ist.

3. Alle eigenwilligen Requisitionen und Konfiskationen, wie auch der Eintausch von Pferden und Wagen bei Bauern ohne die erforderlichen Ausweise des Chefs des Versorgungswesens, sind auf das Strengste verboten, und die Schuldigen werden zur Rechenschaft gezogen werden. Jeder Aufständische soll sich dessen bewußt sein, daß eigenwillige Requisitionen die ausgemachtesten Lumpen in die Aufstandsarmee locken, die nur darauf bedacht sind, sich selber zu bereichern, und nun die Möglichkeit haben, unter dem Deckmantel revolutionärer Aufständischer, gemeine Taten zu begehen, durch die unsere revolutionäre Freiheitsbewegung geschändet wird.

Ich rufe alle aufständischen Freischärler dazu auf, selber für die Ordnung und Ehre der wahrhaft revolutionären Aufstandsarmee einzustehen, gegen jede Ungerechtigkeit in ihrer eigenen Mitte wie auch gegen die Ungerechtigkeiten gegen das von ihnen verteidigte werktätige Volk anzukämpfen. Es soll keine Ungerechtigkeit in unserer Mitte geben. Keinem Sohn und keiner Tochter des werktätigen Volkes, für welches wir kämpfen, soll eine Kränkung von uns widerfahren. Und jeder Aufständische, der dieses duldet, bedeckt sich selbst mit Schmach und wird der Rache der revolutionären Volksarmee nicht entgehen.

4. Im Interesse der Revolution und des ordnungsmäßigen Kampfes für unsere Ideale ist es erforderlich, daß in allen Truppenteilen die ernsteste kameradschaftliche Disziplin beobachtet wird. Erforderlich ist, daß Ihr Ehrerbietung entgegenbringt und in militärischer Hinsicht den von Euch gewählten Kommandeuren gehorcht. Das erfordert schon der ganze Ernst des großen Werkes, das uns zugefallen ist, das wir mit Ehren bis ans Ende durchführen werden, das wir aber, wenn wir es an Disziplin fehlen lassen sollten, vernichten werden. Darum mache ich es den Kommandeuren aller Truppenteile

zur Pflicht, im Einvernehmen mit den Aufständischen, die strengste Disziplin bei sich einzuführen.

5. Trunkenheit gilt als Verbrechen. Ein noch größeres Verbrechen ist es, wenn sich ein Aufständischer der revolutionären Armee in betrunkenem Zustande auf der Straße zeigt.

6. Bei Übergängen aus einem Flecken in den anderen hat jeder Aufständische in voller Kampfbereitschaft zu sein. Das Verhalten zur friedlichen Bevölkerung in den Dörfern und unterwegs hat vor allen Dingen höflich und kameradschaftlich zu sein. Denkt daran, Genossen, Kommandeure und Aufständische, daß wir Söhne eines großen werktätigen Volkes sind, daß jeder Werktätige und jede Werktätige unser Bruder und unsere Schwester sind. Die Sache, für die wir kämpfen, ist groß; sie verlangt von uns Unermüdlichkeit, Großmut, brüderliche Liebe und revolutionäre Ehre. Darum rufe ich alle aufständischen Revolutionäre dazu auf, wahrhafte Freunde des Volkes und treue Söhne der Revolution zu sein. Darin liegt unsere Kraft, und das ist auch das Unterpfand unseres Sieges.

Der Kommandierende der Aufständischen Revolutionsarmee der
Ukraine Batjko-Machno.
Dobrowelitschkowka, Gouv. Cherson
Am 5. August 1919

11. Machnos Persönlichkeit –
Kurze Mitteilungen über einige Teilnehmer
der Bewegung

Die Machnowstschina ist eine Revolutionsbewegung der Massen, die durch die historischen Lebensbedingungen der ärmsten Schichten der russischen Bauernschaft vorbereitet wurde. Ganz gleich, ob Machno auf der Bildfläche erschienen wäre oder nicht, die Bewegung als solche wäre ohne Zweifel aus den niederen Schichten hervorgebrochen und hätte sich ihre eigenen Formen zu schaffen gewußt. Von den ersten Revolutionstagen an pulsierte diese Bewegung in den tiefsten Tiefen des Volkes an den verschiedensten Orten Rußlands. Hätte sich die Bewegung nicht in der Ukraine Bahn gebrochen, so hätte sie sich unweigerlich an einem anderen Ort durchsetzen und ihren Platz behaupten müssen. Die russische Revolution trug sie in ihrem Schoß. Die Gesamtlage der Ukraine im Jahre 1918 trug dazu bei, daß diese Bewegung wie ein breiter Strom hervorbrach und bis zu einem gewissen Grad auch Wurzeln fassen konnte. Als eine Bewegung der unteren Schichten und als historische Bewegung hatte sie gleich in den ersten Tagen eine ganze Anzahl von Persönlichkeiten in den Vordergrund gerückt, die niemandem bis zu jener Zeit bekannt waren, Persönlichkeiten von starkem Geist, mit einem außerordentlichen revolutionären Instinkt und großen Fähigkeiten auf dem Gebiet der Kriegsführung. Als solche Persönlichkeiten bewährten sich von Anfang an: Kalaschnikow, die Brüder Karetnik, Wassilewski, Martschenko, Wdowitschenko, Kurilenko, Gawrilenko, Petrenko, Belasch, Stschussj, Iwan und Alexander Lepetschenko, Isidor Ljuty, Weretelnikoff, Tschubenko, Tychenko, die Brüder Daniloff, Sinkowski, Krat, Serjogin, Taranowski, Pusanow, Trojan und eine Reihe von anderen weniger bekannten Persönlichkeiten. Sie alle waren Pioniere der Machnobewegung, Träger seines Banners und vortreffliche Anführer. Und diese Bewegung nun schuf sich einen ihrer würdigen, gemeinsamen Führer in der Person Nestor Machnos.

Wir kennen Machno in drei Stadien seiner Entwicklung.

Im ersten Stadium als den jugendlichen Revolutionär, der im Zuchthaus gefangen saß. Während seines Aufenthaltes im Zuchthaus unterschied er sich in nichts von den anderen, er lebte wie alle anderen, trug Ketten, hatte Karzerstrafen zu verbüßen, mußte strammstehen, wenn die Kontrolle kam. Das Einzige, wodurch er die Aufmerksamkeit auf sich lenkte, war seine Unrast. Stets hatte er Streit mit irgend jemand, oder es waren irgendwelche Anfragen, die er zu stellen hatte, oder er überschüttete das Gefängnis mit seinen Schreibereien. Es war seine Leidenschaft, über politische und revolutionäre Themen zu schreiben. Außerdem liebte er es während der Gefangenschaft, Verse zu schreiben und auf diesem Gebiet hatte er größere Erfolge zu verzeichnen als in Prosa. Er legte großen Wert darauf, zu den Anarchisten zu gehören, denn er war überzeugt, daß es keine erhabeneren und schöneren Ideen als die anarchistischen gäbe. Als der imperialistische Krieg entbrannte, war ihm jedes patriotische Fieber, an dem, beiläufig bemerkt, wohl gut die Hälfte der politischen Gefangenen krankten, vollkommen fremd. Kropotkins Aufrufe, in denen er eine der kämpfenden Parteien unterstützte, betrübten ihn sehr, konnten ihn aber keineswegs schwankend machen.

Das zweite Stadium der Entwicklung Machnos war der Zeitraum vom 1. März 1917 bis zum Sommer 1918. In dieser Periode entfaltete er eine überaus eifrige revolutionäre Wirksamkeit im Rayon Gulai-Pole. Die Gewerkschafts- und Bauernverbände in Gulai-Pole, der erste Arbeiter-Bauern-Sowjet dortselbst – das alles waren Produkte der eifrigen Arbeit Machnos im Jahre 1917. Unter den ortseingesessenen Bauern erwarb er sich in dieser Zeit eine ungeheure Popularität; allein vor dem Hintergrund der russischen zeitgenössischen Geschichte, da durch die Revolution eine ganze Anzahl von energischen Persönlichkeiten in den Vordergrund gerückt waren, zeichnete er sich durch nichts Besonderes aus. Doch machte sich bereits damals ein neuer Zug an ihm bemerkbar: Wenn er in Verkehr mit den Genossen trat, dann zog er sich häufig zurück und traf, unerwartet für die Umgebung, rasche, für sein Leben wichtige Entschlüsse. Und endlich das dritte Stadium: seine Beteiligung an der revolutionären Aufstandschaft seit dem Hetmanat, bis in die Gegenwart hinein.

Ohne Zweifel waren die aufständischen Bauernmassen, das revolutionäre Wirken und der Krieg eben jene Elemente, in denen er sich voll entfalten konnte.

Im Frühjahr 1919, als wir erstmalig Gelegenheit hatten, ihn als Führer der revolutionären Aufstandschaft in einer neuen Umgebung zu beobachten, hatten wir einen ganz anderen, gleichsam gewandelten Menschen vor uns.

Äußerlich betrachtet war Machno derselbe geblieben, innerlich war er zu einem anderen Menschen geworden. Er ging ganz in seiner Sache auf. Alle seine Bewegungen zeugten von Klugheit, Willenskraft und durchdringendem Verstande. Damals war es die Anti-Denikinfront, die seine ganze Arbeitskraft in Anspruch nahm. Die Energie, die er hierbei an den Tag legte, war kolossal. Wochen, ja Monate lang weilte er Tag und Nacht an der Front, gewöhnlich in einer Reihe mit allen anderen Aufständischen. Kam er aber nach Gulai-Pole, so war er die ganze Zeit über im Stab beschäftigt. Diese Arbeiten dauerten täglich bis ein Uhr nachts und länger. Erst nach Abschluß dieser Arbeiten begab sich Machno zur Ruhe. Am anderen Tage sah man ihn wieder zwischen 5 und 6 Uhr morgens durch Gulai-Pole gehen und an die Fenster klopfen, um die säumigen Stabsangehörigen zu wecken. Dabei beteiligte er sich täglich an Meetings und Versammlungen, sei es nun in Gulai-Pole selber oder in benachbarten Dörfern. Und doch fand er auch noch Zeit, um, wenn auch nur ein halbes Stündchen, an einer Bauernhochzeit teilzunehmen, zu der ihn das junge Paar vielleicht vor zwei oder drei Wochen geladen hatte. Zu den Bauern unterhielt er dieselben bäuerlichen Beziehungen wie früher auch, war aufmerksam zu ihnen und lebte im übrigen ebenso schlicht wie sie.

Unter den Arbeitern und Bauern der Ukraine sind zahllose Legenden über Machno im Umlauf – in diesen Legenden erscheint er als fabelhaft kühn, verschlagen klug und als der stets Siegreiche. In Wirklichkeit aber überzeugte man sich bei genauer Betrachtung, wenn man sich in seine Taten vertieft, bald davon, daß Machno legendarischer ist als alle über ihn verbreiteten Legenden.

Machno ist ein Mann der historischen Tat. Die drei Jahre seines revolutionären Kampfes bilden eine ununterbrochene Kette von Taten, deren eine bedeutsamer und farbiger ist als die andere.

Die hervorstechendste Eigenschaft an Machnos Persönlichkeit ist seine enorme Willenskraft. Fast scheint es so, als wäre dieser kleine Mann aus einem besonders harten Material geschnitzt. Es gab keine Hindernisse, vor denen er zurückgeschreckt wäre, wenn er sich einmal vorgenommen hatte, sie zu überwinden. In den schwersten Augenblicken seines Lebens, wenn die Lage an der Front katastrophal war, oder wenn seine nächsten Freunde um ihn herum fielen, blieb er vollkommen unverändert, als ob das Geschehene ihn nichts anginge. In Wirklichkeit aber litt er mehr als die anderen bei solchen Vorkommnissen, trug sein Leiden aber nicht zur Schau. Als die Bolschewiki nach Bruch des militärisch-politischen Übereinkommens im November/Dezember 1920, wohl wissend, mit wem sie es zu tun hatten, und um nicht in denselben Fehler vom vorhergehenden Sommer zu verfallen, gegen Machno vier Armeen anmarschieren ließen, war seine Lage tatsächlich katastrophal. Allein er verlor keinen Augenblick sein seelisches Gleichgewicht. Seine Ruhe war tatsächlich erstaunlich: Er kümmerte sich überhaupt nicht um die Kugeln und Geschosse, welche die aufständischen Truppen buchstäblich in Stücke rissen, kümmerte sich auch nicht um die Gefahr, jeden Augenblick von den schweren Roten Armeen zerstampft zu werden. Einem abseits stehenden Beobachter hätte diese kaltblütige Ruhe Machnos als die Kaltblütigkeit eines Geisteskranken erscheinen können. Das konnte aber nur einem Fremden so scheinen. Jeder, der Machno kannte, mußte sehen, daß diese seine Ruhe nichts weiter war als ein einziger Willensimpuls, den Feind zu besiegen.

Machnos Entschlossenheit ist die Entschlossenheit echter Helden im Unterschied von der Entschlossenheit einer anderen Menschensorte, die hinter dem Rücken und von deren Fäusten gedeckt, entschlossen handeln. In allen wichtigen Fällen stellte sich Machno persönlich an die Spitze - immer war er der erste, der sein Leben in die Schanze schlug. Immer - ob er nun mit einem einzelnen Regiment in den Kampf geht, oder ob die ganze Armee vorrückt und sich mitsamt ihrem Zug 15 bis 20 Werst lang hinzieht - immer ist Machno an der Spitze, zu Pferde, wenn er gesund, oder in einem raschen Wagen, wenn er verwundet ist. Das war zur ständigen Regel geworden.

In militärischer Hinsicht verfügt er ohne Zweifel über eine hervorragende Begabung. In wie unglaublich schwierige Verhältnisse war er doch mitunter mitsamt seiner Armee in der Ukraine geraten. Er hat es immer verstanden, sich mit Ehren auch aus den schwierigsten Lagen herauszuhelfen. Der Sieg über die Denikin-Divisionen bei Umanj, über Truppen, die von erfahrenen Generälen und Akademikern geführt wurden, und die darauf folgende Vernichtung der ganzen Denikin-Etappe – das sind historische Denkmäler für die militärische Begabung Machnos. Er hat sich einige solcher Denkmäler errichtet.

Seiner revolutionären und sozialen Weltanschauung nach ist Machno Anarcho-Kommunist. Seiner Klasse der rechtlosen und geknechteten ärmsten Bauernschaft – ist er geradezu fanatisch ergeben.

Machno ist klug und verschlagen. Dieses Merkmal seines Intellekts, das er vom Volk hat, und das durch sein Leben im Dorf entwickelt wurde, macht sich bei ihm allüberall bemerkbar. Er hat es verdient, wenn ihm von der Armee, aber auch von der großen Masse der Bauernschaft Liebe und Ergebenheit gezollt wird. Unter diesen Leuten gilt er als einer von ihnen, als der Einzige, als etwas ganz Besonderes. »Der Batjko ist unser«, so sagten die Aufständischen. »Er verschmäht es nicht, einen Schnaps mit uns zu trinken, eine gute Rede weiß er auch zu halten und beim Angriff ist er einer der Ersten...« Diese Worte geben vielleicht die beste Charakteristik von Machno als von einem Sohn des Volkes. Seine Verbindung mit dem Volk war stets echt und urwüchsig. Es mag wohl kaum in Rußland einen Menschen geben, der sich einer solchen Popularität und Liebe bei den Massen erfreute, wie Machno. Im Geheimen sind die Bauern stolz auf ihn. Er hat sich aber niemals auf diese Liebe gestützt, um seine Stellung hervorzuheben: Im Gegenteil, häufig hat er mit echt ukrainischem Witz über seine eigene Stellung gespottet.

Die strenge, harte Hand des Führers ist an Machno zu spüren. Er ist keine Herrennatur seiner Einstellung nach, ging es aber um die Tat, so bewies er immer die erforderliche Festigkeit, ohne doch seinen Eigenwillen der Bewegung aufzuoktroyieren; gleichzeitig verstand er es auch, die Bewegung vor dem Zerfall zu bewahren. Es dürfte bekannt sein, was alles die Bolschewiki daran auszusetzen hatten, daß die Bauern Machno ihren »Batjko« nannten. Im dritten Kapitel haben wir bereits darauf hingewiesen, auf welche Weise und unter welchen Umständen er diesen Namen erhalten hatte. Seit 1920 wird er gewöhnlich »Maly« (»Kleiner«, d.Ü.) genannt, ein Name, der seinen Wuchs bezeichnet und zufällig irgendeinem der Aufständischen einmal entschlüpfte[1].

Die Charakterzüge einer großen Persönlichkeit sind an Machno deutlich wahrzunehmen – Klugheit, Willensstärke, Kühnheit, Energie, Aktivität. Diese Merkmale alle zusammen genommen, machten ihn zu einer wahrhaft gewaltigen Persönlichkeit und hoben ihn sogar über das revolutionäre Milieu, in dem er wirkte, empor.

Machno war aber nicht hinreichend theoretisch vorgebildet, hatte auch nicht genügend historische und politische Vorkenntnisse. So kam es, daß er häufig mit den groß angelegten revolutionären Aufgaben und Strukturen nicht fertig wurde, oder sie einfach außer acht ließ.

Die gewaltige Bewegung der revolutionären Aufstandschaft bedurfte ihrer eigenen sozialrevolutionären Formeln. Mangels theoretischer Vorkenntnisse hat sich Machno unwillkürlich nicht immer damit zurecht gefunden. Bei der Stellung, die er innerhalb der revolutionären Aufstandschaft inne hatte, mußte das auch auf die ganze Bewegung rückwirken.

Unseres Erachtens hätte die revolutionäre Aufstandschaft, falls Machno über größere historische und sozial-politische Kenntnisse verfügt hätte, statt einiger Niederlagen eine Reihe von außerordentlichen Siegen erringen müssen, die für das weitere Schicksal der ganzen russischen Revolution von kolossaler, vielleicht von einschneidender Bedeutung hätten werden müssen.

---

[1] Seit 1920 haben die Bolschewiki viel über Machnos persönliche negativen Eigenschaften geschrieben und sich dabei auf das Tagebuch seiner angeblichen Frau, einer gewissen Fedora Gaenko, berufen, welches, wie es heißt während eines Kampfes gefunden worden sein soll. Machnos Frau heißt Galina Andrejewna Kusmenko. Sie lebt mit ihm seit 1918 zusammen. Nie hat sie ein Tagebuch über die Machnobewegung geführt oder ein solches verloren. So ist denn die Berufung auf ein solches Tagebuch eine der üblichen Lügen der Regierung, die auch vor Fälschungen nicht zurückschreckt.

Außerdem hatte Machno noch eine Charaktereigenschaft, die seine starken Seiten beeinträchtigte, – das war eine zeitweise sich bemerkbar machende gewisse Sorglosigkeit. In überaus ernsten Lagen und angesichts ernsthaftester Forderungen des Augenblicks zeigte dieser Mensch, der sonst ganz Energie und Zähigkeit war, plötzlich Merkmale einer unangebrachten Unbesorgtheit, und er legte in dem Fall nicht jene ganz durchgeistigte Hingabe an die Aufgaben des Augenblicks an den Tag, wie sie die allgemeine Lage wohl erfordern mochte.

So waren die Siege der Machnowzy über Denikins Konterrevolution im Herbst 1919 nicht voll ausgenutzt und so stark entwickelt worden, daß sie zu einem allukrainischen Aufstand geführt hätten, obwohl die Gesamtlage für einen solchen Aufstand ungemein günstig war. Außer anderen Ursachen mag der Grund auch darin zu suchen sein, daß der Siegestaumel, die Ruhe und Sorglosigkeit, der sich die Führer der Aufstandschaft zusammen mit Machno in dem befreiten Rayon hingaben, sie nicht in Stand setzte, dem rasch von Norden her vorrückenden Bolschewismus die nötige Aufmerksamkeit zuteil werden zu lassen.

Machno wuchs und entwickelte sich aber gleichzeitig mit dem Wachsen und mit der Entwicklung der russischen Revolution. Er wurde mit jedem Tag konzentrierter. Im Jahr 1921 war er um vieles tiefer als in den Jahren 1918 und 1919.

Betrachtet man die Persönlichkeit Machnos genauer, so darf man die ungünstigen Verhältnisse nicht vergessen, die ihn von Kind auf umgaben: fast völlige Unbildung um ihn her und vollständiges Fehlen jeder praktischen Erfahrung und praktischen Anleitung im sozialen Kampf. Trotzdem hat Machno unsterbliche Taten in der russischen Revolution vollbracht, und die Geschichte wird ihm mit vollem Recht einen Platz unter den hervorragendsten Persönlichkeiten dieser Revolution anweisen.

Zu unserem Erstaunen haben die meisten unserer zeitgenössischen russischen Anarchisten, die für sich eine führende Rolle auf dem Gebiet der anarchistischen Ideologie in Anspruch nahmen, es nicht verstanden, die hervorragenden Grundzüge der Persönlichkeit Machnos zu erfassen. Viele unter ihnen betrachteten ihn mit den Augen der Bolschewiki, bezogen sie doch ihr Material über ihn aus den Händen der Staatsagentur, oder aber sie blieben an weniger wichtigen Eigenschaften Machnos hängen. Eine hervorragende Ausnahme bildete in dieser Beziehung P. A. Kropotkin.

»Bestellen Sie dem Genossen Machno von mir, er möge sich schonen, weil es solcher Leute wie ihn nicht viele in Rußland gibt«[2]

So sagte Kropotkin im Juni 1919, d.h. zu einer Zeit, als man in Zentralrußland über Machno außer entstellten Nachrichten überhaupt kein anderes Material zur Verfügung hatte.

Kropotkins tiefer Blick hat trotz der Entfernung aus einzelnen Tatsachen in Machno eine Persönlichkeit von hervorragender Tatkraft erkannt, die historische Bedeutung behalten wird.

Kurze Mitteilungen über einige Teilnehmer der Bewegung.

Wir beschließen das vorliegende Kapitel mit einigen kurzen Mitteilungen über einige verantwortliche Teilnehmer an der Bewegung. Das hierzu gesammelte biographische Material ist Anfang 1921 verloren gegangen, infolgedessen sind wir nur in der Lage, überaus dürftige Nachrichten zu geben.

Ssemjon Karetnik – war vor Ausbruch der Revolution landloser Bauer in Gulai-Pole, Tagelöhner. Ein Jahr Elementarschulbildung. Beteiligte sich an der Bewegung von den ersten Tagen an. Anarcho-Kommunist seit 1907. Hervorragende militärische Begabung. Wurde in den Kämpfen gegen die Denikintruppen etliche Male verwundet. War seit Beginn 1920 Machnos Stellvertreter und kommandierte in dieser Eigenschaft die Krimarmee gegen Wrangel. Mitglied des Sowjets der revolutionären Aufständischen der Ukraine. Wurde nach Wrangels Zusammenbruch von der Sowjetregierung angeblich zu einer militärischen Beratung nach Gulai-Pole berufen, unterwegs aber verräterischerweise festgenommen und in Melitopol erschossen. Er hinterließ eine Frau und einige unmündige Kinder.

Martschenko – Bauer, aus Gulai-Pole gebürtig, Sohn armer Eltern. Unvollständige Elementarbildung. Anarcho-Kommunist seit 1907.

---

[2] Zweifellos meinte Kropotkin nicht nur, daß sich Machno körperlich schonen, sondern vor allem in moralischer und revolutionärer Beziehung sich vor Entgleisungen hüten solle.

Einer der ersten Aufständischen im Gulai-Pole-Rayon. War von Denikintruppen gefangen genommen worden und etliche Male verwundet worden. Im Verlauf der beiden letzten Jahre war er Kommandeur der gesamten Kavallerie der Armee. Mitglied des Sowjets der revolutionären Aufständischen. Er fiel im Januar 1921 im Kampf gegen die Rote Armee im Gouvernement Poltawa, hinterließ eine Witwe.

Grigorij Wassilewski – Bauer, aus Gulai-Pole gebürtig, aus armer Familie. Elementarbildung. Anarchist vor Ausbruch der Revolution 1917. Beteiligte sich von Anfang an an der Bewegung. Machnos persönlicher Freund und sein Mitkämpfer in allen Schlachten. Hat Machno in den verschiedensten Angelegenheiten vertreten. Fiel im Dezember 1920 im Kampf gegen Divisionen der »Roten Kosakenschaft« im Gouvernement Kiew. Hinterließ Frau und Kinder.

B. Weretelnikow – Bauer, aus dem Flecken Gulai-Pole gebürtig, Eisengießer der Ortsfabrik, arbeitete auch in den Putiloff-Werken in Petersburg. War erst Sozial-Revolutionär, – seit 1918 Anarchist. Erfahrener Organisator und Agitator. Nahm an allen Phasen der russischen Revolution aktiven Anteil. Kam 1918 nach Gulai-Pole, wo er sich mit Agitation befaßte; erfreute sich einer großen Popularität im Rayon. War im Verlauf der letzten Zeit stellvertretender Stabschef der Armee. In den ersten Junitagen 1919, als die Denikintruppen in den Rayon eingebrochen waren, rückte er mit einem neuen, schnell aufgestellten Regiment aus, um den Feind aufzuhalten. 15 Werst von Gulai-Pole wurde er beim Dorf Swjatoduchowka, Aleksandrowsker Bezirk, umzingelt und kam dort mit dem ganzen Regiment um – im Kampf hat er bis zum letzten Säbelhieb standgehalten. Hinterließ Frau und Kinder.

Pjotr Gawrilenko – Bauernsohn aus Gulai-Pole. Anarchist seit der Revolution 1905/1907. Einer der aktivsten Teilnehmer an der Machnobewegung. Bei dem im Herbst 1919 geführten vernichtenden Schlag gegen Denikin hat er als Kommandeur des 3. Korps der aufständischen Machnoarmee eine hervorragende Rolle gespielt. Das ganze Jahr 1920 wurde er von den Bolschewiki in Charkow gefangen gehalten. Wurde auf Grund des militärisch-schpolitischen Abkommens mit der Sowjetregierung befreit und begab sich sofort an die Krimfront gegen Wrangel, wo er die Stellung eines Chefs des Feldstabes der Machnoarmee bekleidete. Nach Wrangels Niederlage wurde er von der Sowjetregierung in der Krim verräterischerweise gefangen genommen, als er noch als Chef des Feldstabes tätig war; wie gemeldet wurde, ist er in Melitopol erschossen worden. Hervorragender revolutionärer und militärischer Führer.

Wassilij Kurilenko - Bauer aus dem Dorf Nowospassowka. Anarchist. Unvollständige Elementarbildung. Kommandeur von Kavallerieregimentern. Mitglied des Sowjets revolutionärer Aufständischer. Wurde 1919 als erfahrener Kavallerist, obwohl die Machnowzy für vogelfrei erklärt worden waren, vom Roten Kommando aufgefordert, Kavallerietruppen zu kommandieren. Mit Machnos und der übrigen Genossen Einverständnis nahm er diesen Vorschlag an, und hemmte Denikins Vormarsch im Raum Jekaterinoslaw. Während des militärisch-politischen Übereinkommens der Machnowzy mit den Bolschewiki beteiligte er sich als Bevollmächtigter des Machnolagers an den Verhandlungen. Wurde bis 1920 in den Kämpfen gegen die Weißen und Roten fünfmal verwundet. Massenagitator. Fiel im Kampf gegen die Truppen der Roten Armee im Sommer 1921. Hinterließ eine Frau.

Viktor Belasch - Bauer aus Nowospassowka, 26 Jahre alt. Elementarbildung. Anarchist. War bis 1919 Regimentskommandeur und rückte gegen Taganrog vor. War seit 1919 Chef des Armeestabes. Für Teilnahme an der Machnobewegung wurden sein Vater, sein Großvater und zwei Brüder von den Denikintruppen getötet; sein Anwesen wurde eingeäschert. Mitglied des Sowjets der revolutionären Aufständischen. Ausgezeichneter Stratege, der alle Pläne der Bewegung der Armee ausarbeitete und sie verantwortete. Wurde 1921 von den Bolschewiki festgenommen. Sollte erschossen werden. Über sein weiteres Schicksal fehlen alle Angaben.

Wdowitschenko - Bauer aus Nowospassowka. Anarchist. Elementarbildung. Kommandeur der besonderen Gruppe der Aufstandsarmee. Einer, der alleraktivsten Teilnehmer am revolutionären Aufstand. Erfreute sich einer ungeheuren Popularität und Beliebtheit bei den Bauern des ganzen Asowgebietes wie überhaupt bei allen Aufständischen. Spielte eine hervorragende Rolle beim

Zusammenbruch Denikins im Herbst 1919. Wurde 1921 schwer verwundet, von den Bolschewiki gefangen genommen und sollte erschossen werden, nachdem er voller Verachtung den bolschewistischen Vorschlag, in ihre Dienste zu treten, abgelehnt hatte. Weitere Angaben über sein Schicksal fehlen.

Pjotr Rybin (Sonow) - Metallarbeiter, aus dem Gouvernement Orjol gebürtig. Wanderte zur Zeit der zaristischen Reaktion nach Amerika aus, wo er sich sofort an der revolutionären Gewerkschaftsbewegung beteiligte und hierbei als Mitglied des Verbandes russischer Arbeiter der Vereinigten Staaten und Kanadas eine große Rolle spielte. Zu Beginn der Revolution 1917 kehrt er über Japan und Wladiwostok nach Rußland zurück und begibt sich nach Jekaterinoslaw. Hierselbst geht er ganz in der Gewerkschaftsbewegung auf und erfreut sich einer großen Popularität bei den Arbeitern. Ende 1917 wird er von den jekaterinoslawschen Arbeitern zur allukrainischen Konferenz der Vertreter der Fabrikkomitees und Gewerkschaftsverbände abgeordnet. Auf dieser Konferenz wurde das Schema Rybins über den Zusammenschluß der Industrie und den Wiederaufbau des Transportwesens angenommen. Auf Vorschlag der Bolschewiki hin bleibt Rybin in Charkow und arbeitet im Metallarbeiterverband wie auch in anderen zentralen Institutionen der Industrie und des Transportwesens. Im Sommer 1920 kommt er zum Schluß, daß eine Zusammenarbeit mit den Bolschewiki unmöglich ist, da die Bolschewiki in geschlossener Front gegen die Arbeiter und Bauern angingen. Es muß hier vermerkt werden, daß Rybin mit den Bolschewiki als emsiger Gewerkschafter zusammenarbeitete und durchaus keine anarchistischen Forderungen an die Sowjetregierung richtete. Er hielt es aber auch nur als Gewerkschafter für ausgeschlossen, der Arbeiterklasse unter den bestehenden Verhältnisse der kommunistischen Diktatur ehrlich zu dienen. Im Herbst 1920 wenden sich seine Gedanken der Machnobewegung zu. Er fährt ins freie Gebiet und betätigt sich nun als energischer Mitarbeiter auf kulturellem Gebiet an dieser Bewegung. Nach einiger Zeit wird er in den Sowjet der revolutionären Aufständischen als Mitglied und Schriftführer des Sowjets gewählt. In organisatorischer und kultureller Arbeit aufgehend, legt Rybin eine gewaltige Energie an den Tag. Im Januar 1921 verläßt er zeitweise das Machnolager und reist nach

Charkow. Er hatte die Absicht, in Charkow Rakowski ans Telefon zu rufen, seinen Namen zu nennen und ihm sowie den anderen schuldigen Urhebern am verräterischen Überfall auf die Machnowzy und Anarchisten ihren schmählichen Verrat vorzuwerfen. Es ist wohl möglich, daß er diese seine Absicht ausgeführt hat, wie es auch möglich ist, daß das zu seinem Untergange geführt hat; fünf Tage nach seiner Ankunft in Charkow wurde er verhaftet und einen Monat darauf auf Verfügung der Tscheka erschossen: von den Bolschewiki erschossen, die ihm vor nicht gar so langer Zeit als einem geborenen aus den untersten Schichten stammenden Organisator und Theoretiker der Arbeiterbewegung eine große Zukunft prophezeit hatten.

Kalaschnikow – Sehr junger Aufständischer. Arbeitersohn. Absolvent einer städtischen Elementarschule. War vor der Revolution Fähnrich in der Armee. Seit 1917 Schriftführer der Gulai-Polsker Organisation der Anarcho-Kommunisten. Ungemein tapfer und fähiger Kommandeur. Er war im Sommer 1919 der Hauptorganisator des Umsturzes unter den Roten Truppen am Nowy Bug. Anfangs kommandierte er die 1. Brigade der aufständischen Truppen, dann das 1. Donezkorps der Machnoarmee. Im Sommer 1920 wurde er im Kampf mit der Roten Armee von einem Schrapnell getötet. Hinterließ Frau und ein Kind.

Michaljow-Pawlenko – Bauernsohn aus Großrußland. Mitglied der Petersburger Anarchistenorganisation. Kam zu Beginn 1919 nach Gulai-Pole. War Organisator und Kommandeur der Ingenieur- und Eisenbahntruppen der Machnoarmee. Überaus keusche und zarte, ideal gerichtete Jünglingsseele. Er wurde am 11. oder 12. Juni 1919, als er in einem Panzerzug gegen die anrückenden Denikintruppen ununterbrochen kämpfte, zusammen mit Burbyga in verräterischer Weise von Woroschilow, dem Kommandeur der 14. Roten Armee, festgenommen und am 17. Juni 1919 in Charkow hingerichtet.

Makejew – Arbeiter aus Iwanowo-Wosnessensk. Mitglied der Iwanowo-Wosnessensker Anarchistenorganisation. Kam Ende April 1919 nach Gulai-Pole zusammen mit 35 Arbeitern der Swanow-Wosnessensker Anarchistenorganisation. Befaßte sich anfangs mit Propaganda. Wurde bald darauf zum Quartiermeister des Armeestabes gewählt. Fiel Ende November 1919, als er eine aufständische Abteilung kommandierte, im Rayon der Station Saporoshje im Kampf gegen General Slastschow.

Wassilij Daniloff – entstammt einer armen Bauernfamilie in Gulai-Pole. Schmied. Artillerist Gehörte der revolutionären Aufstandschaft seit den ersten Tagen ihres Entstehens an. Bekleidete in der aufständischen Machnoarmee den verantwortungsvollen Posten eines Chefs der Artillerieversorgung.

Tschernoknishnij – Dorfschullehrer aus dem Dorf Nowo-Pawlowka des Pawlograder Bezirks. Wurde auf dem zweiten Gulai-Pole-Kongreß, der Bauern, Arbeiter und Aufständischen zum Vorsitzenden des Revolutionären Kriegssowjets des Gulai-Pole-Rayons gewählt und bekleidete diese Stellung bis der Aufstandsrayon im Juni 1919 von den Bolschewiki und Denikintruppen verwüstet wurde. Ist für Beteiligung an der Aufstandsbewegung von der Sowjetregierung wiederholt für vogelfrei erklärt worden.

Stschussj – Bauer aus dem Dorf Groß-Michailowka; stammt aus armer Familie. Matrose. Einer, der ersten und aktivsten Freischärler in der Südukraine. Bereits im April 1918 stand er an der Spitze von aufständischen Abteilungen, die gegen die Invasion der Österreicher und Deutschen kämpften. Bewies ungewöhnliche Energie und Kühnheit im Kampf gegen den Hetman wie auch gegen die Deutschen und Österreicher. Unter den Aufständischen wie auch im ganzen Rayon der Südukraine ist sein Name fast ebenso populär wie der Nestor Machnos. Bekleidete in der aufständischen Machnoarmee verantwortungsvolle Posten als Führer von Kavallerietruppen, dann als Mitglied des Stabes der Armee, endlich als Stabschef der besonderen Gruppe der aufständischen Armee. Fiel im Juni 1921 im Kampf gegen Rote Kavallerie im Gouvernement Poltawa.

Isidor Ljuty – Bauer aus Gulai-Pole. Elementarbildung. Malermeister von Beruf. Anarchist Einer der ersten und aktivsten Teilnehmer der revolutionären Aufstandschaft. Mitglied des Stabes der Machnoarmee und nächster Gehilfe Nestor Machnos. Fiel im Kampf gegen Denikins Truppen im September 1919 bei Umanj.

Foma Koshin - Bauer. Parteilos. Kommandeur des Maschinengewehr-Regimentes der Machnoarmee, später Kommandeur der Besonderen Gruppe. Er tat sich bedeutend hervor beim Sieg über Denikin im Herbst 1919 und beim Sturz Wrangels 1920. Wurde während der Kämpfe gegen Denikin und Wrangel etliche Male verwundet. Wurde in Kämpfen gegen die Rote Armee im August 1921 schwer verwundet. Sein weiteres Schicksal unbekannt.

Die Brüder Iwan und Alexander Lepetschenko - Bauern aus Gulai-Pole. Anarchisten. Gehörten mit zu den ersten, die den Aufstand gegen das Hetmanat in der Ukraine organisierten. Ungemein aktive Mitarbeiter der revolutionären Aufstandschaft, sowohl an der Front wie auch im Rayon. Alexander Lepetschenko wurde als aktiver und verantwortlicher Machnokämpfer im Frühjahr 1920 von den Bolschewiki in Gulai-Pole erschossen. Iwan Lepetschenko hatte in der Machnoarmee bis in die letzte Zeit hinein einen verantwortungsvollen Posten inne.

Serjogin - Bauer. Anarchist seit 1917. Teilnehmer der aufständischen Bewegung seit den ersten Tagen. Bekleidete in der Aufstandsarmee das Amt des verantwortlichen Leiters der Verpflegung.

Grigorij und Ssawa Machno - Nestor Machnos leibliche Brüder.

Grigorij Machno - nahm 1918 und Anfang 1919 an den Kämpfen gegen die Konterrevolution an der Zarizynfront teil, wo er den verantwortlichen Posten eines Chefs des Stabes der 37. Roten Armee-Brigade bekleidete. Trat im Frühjahr 1919 der aufständischen Machnoarmee bei, wo er Gehilfe des Chefs des Armeestabes war. Fiel in den Kämpfen gegen Denikintruppen bei Umanj im September 1919 gleichzeitig mit Isidor Ljuty.

Ssawa Machno - Der älteste der Brüder Machno. Nahm in den Reihen der Aufständischen an den Kämpfen teil seit Beginn der österreichischen und deutschen Besetzung. Zu Anfang 1920 nahmen ihn die Bolschewiki in seinem Hause in Gulai-Pole gefangen und erschossen ihn, wohl dafür, weil er ein Bruder Nestor Machnos war. Er hinterließ eine große Familie.

* * *

Weil uns die erforderlichen Daten fehlen, können wir alle die Machnokämpfer, die in der Bewegung eine aktive und verantwortliche Rolle gespielt haben, nicht vollständig aufzählen; hierher gehören: Garkuscha - Kommandeur der Besonderen Gruppe der aufständischen Machnoarmee, 1920 gefallen; Koljada - Mitglied des Armeestabs; Dermendschi - Chef für Verbindungswesen; Prawda - Chef des Armee-Trains; Bondarez - Kommandeur der gesamten Reiterei, 1920 gefallen; Tschubenko - Chef des Minenkommandos; Browa - Kommandeur der Besonderen Gruppe der Armee; Domaschenko - Quartiermeister des Armeestabes; Sabudjko - Kommandeur der Besonderen Gruppe; Tychenko - Chef des Versorgungswesens der Armee; Buryma - Chef des Minenkommandos[3]; Tschumak - Armeerentmeister; Krat - Chef des Wirtschaftswesens, und noch viele andere. Sie alle entstammen den unteren Schichten der werktätigen Massen in der revolutionärsten, heroischen Periode und dienten der Bewegung mit all ihren Kräften bis zu den letzten Tagen ihres Bestehens.

---

[3] Im Verlauf der dreijährigen Periode der Aufstandschaft wurden einige Posten an der Machnoarmee von verschiedenen Personen nacheinander bekleidet.

12. Die Machnowstschina und der Anarchismus

Der Anarchismus enthält zwei Welten: eine Welt der Philosophie, der Ideen und eine Welt der praktischen Tat, des Handelns. Diese beiden Welten nun stehen in engem Zusammenhang miteinander. Die kämpfende Arbeiterklasse ist vor allen Dingen an der konkreten, praktischen Seite des Anarchismus interessiert. Das grundlegende Hauptprinzip dieser Seite ist das Prinzip der revolutionären Initiative der Werktätigen und ihre Selbstbefreiung. Ganz von selbst ergibt sich hieraus in der Folge das Prinzip der Staatslosigkeit und der Selbstverwaltung der Werktätigen in der neuen Gesellschaft. Einstweilen haben wir aber in der Geschichte des proletarischen Kampfes kein Beispiel einer anarchistischen Massenbewegung in reiner prinzipieller Form. Alle Arbeiter- und Bauernbewegungen, die es bislang gegeben hat, waren Bewegungen im Rahmen der kapitalistischen Weltordnung mit dieser oder jener anarchistischen Schattierung, und das ist vollkommen begreiflich und natürlich. Die Arbeiterklassen befinden sich nicht in der Welt des Wünschenswerten, sondern in der Welt des Bestehenden, wo sie täglich physischen und psychischen Einflüssen feindlicher Kräfte ausgesetzt sind. Außer der anarchistischen Ideenwelt, die ja nur schwach verbreitet ist, erfahren sie an sich ständig die Einwirkung der ganzen bestehenden kapitalistischen Weltordnung wie auch den Einfluß dazwischen liegender Gruppen.

Die heute zu Recht bestehenden Lebensbedingungen umgeben die Werktätigen von allen Seiten, umgeben sie, wie das Wasser im Meer die darin befindlichen Fische. Die Werktätigen haben keinen Ort, wohin sie sich aus diesen Bedingungen heraus stürzen könnten. So kommt es denn, daß der Kampf, den sie führen, unvermeidlich Spuren der mannigfachen Bedingungen und Besonderheiten bestehender Ordnungen an sich tragen muß. Niemals konnte dieser Kampf sich in fertiger, abgeschlossener anarchistischer Form abspielen und allen Forderungen des Ideals entsprechen. Eine so vollendete Form ist nur in begrenzten politischen Kreisen möglich und wiederum nicht etwa unmittelbar im praktischen Leben, sondern in Plänen und Programmen. Die große Masse wird aber, wenn sie einen Kampf, besonders einen großen Kampf beginnt, anfangs unvermeidlich Fehler begehen, es wird Widersprüche geben, Abweichungen und erst im weiteren Verlauf des Kampfes wird die allgemeine Linienführung dem Ideal, für welches man kämpft, angepaßt werden.

So ist es immer gewesen und so wird es auch immer sein. Wir mögen in der vorausgehenden Friedensperiode die Organisationen und Positionen der Arbeiterklasse noch so sorgfältig vorbereitet haben, am ersten Tage des entscheidenden Massenkampfes wird die Sache doch nicht so gehen, wie das im Plan vorgesehen war: In manchen Fällen werden schon durch die Tatsache des großen, massenweisen Hervortretens einige Positionen verschoben werden, in anderen Fällen wieder wird in Anbetracht unvorhergesehener Abweichungen und Stöße der Masse dazu geschritten werden müssen, neue Stellungen einzunehmen. Und erst allmählich wird die gewaltige Massenbewegung auf den vollendeten, prinzipiellen Weg hinausfinden, der ans Ziel führt.

Das bedeutet natürlich nicht, daß eine vorbereitende Organisierung der Stellung und der Kräfte der Arbeiterklasse nicht erforderlich wäre. Im Gegenteil, eine vorbereitende Arbeit dieser Art ist die einzige Vorbedingung für den Sieg der Werktätigen. Hierbei muß man aber stets im Auge behalten, daß eine solche Arbeit das Werk lange noch nicht krönt, daß wenn auch eine solche Arbeit vollbracht ist, die Bewegung dennoch in jedem Augenblick ein tieferes Eindringen, das Vermögen, sich schnell in den neuen Verhältnissen zu orientieren, erfordert. Mit einem Wort, es wird eine revolutionäre Klassenstrategie nötig sein, von der in bedeutendem Ausmaß der weitere Ausgang der Bewegung abhängig sein dürfte. Das anarchistische Ideal ist groß und reich in all seiner Mannigfaltigkeit. Doch ist die Rolle der Anarchisten im sozialen Massenkampf sehr bescheiden. Ihre Aufgabe ist, den Massen dabei zu helfen, den richtigen Weg des Kampfes und den rechten Weg des Aufbaues der neuen Gesellschaft zu beschreiten. Wenn die Massenbewegung noch nicht ins Stadium eines entscheidenden Zusammenstoßes gelangte, so sind sie es, die den Massen dabei helfen müssen, sich den Sinn des bevorstehenden Kampfes, dessen Aufgaben und Ziele klar zu machen; sie sind es, die ihnen helfen müssen, ihre Kampfstellungen festzulegen und ihre Kräfte zu organisieren. Ist die Bewegung aber ins Stadium des entscheidenden Kampfes getreten, so müssen sie sich ihr, ohne einen Augenblick zu verlieren, anschließen, ihr dabei helfen, von falschen Einstellungen freizukommen, die Massen in ihrem ersten, schöpferischen Beginnen unterstützen, ihnen ideell dienen und die ganze Zeit darauf bedacht sein, daß die Bewegung festen Fuß faßt auf dem Weg, der dem grundlegenden Ziel der Werktätigen zuführt. Hierin ist die grundlegende und vielleicht auch einzige Aufgabe des Anarchismus für die nächste Periode der Revolution zu suchen. Wenn die Arbeiterklasse ihre Kampfstellungen fest inne hat und in der sozialen Aufbauarbeit begriffen ist, so wird sie ohne Zweifel niemandem mehr die Initiative für das schöpferische Tun abtreten. Sie wird sich nunmehr von ihrem eigenen Denken leiten lassen und eine Gesellschaft auf Grund ihres eigenen Schemas schaffen. Es kann wohl sein, daß es sich hierbei um ein anarchistisches Schema handeln wird, aber sowohl sie selber wie auch die auf dieser Grundlage erbaute Gesellschaft werden aus den Tiefen der freien Arbeit emporsteigen, nach ihrem Denken und Wollen zurechtgestutzt und gebildet.

Wenden wir uns nun der Machnowstschina zu, so haben wir es alsbald mit zwei grundlegenden Seiten dieser Bewegung zu tun – erstens sehen wir ihren volkstümlichen, den unteren Volksschichten entsprungenen, wahrhaft proletarischen Urquell: Die Bewegung ist in den Massen entstanden und wird von Anfang an bis zu Ende von den Massen unterstützt, entwickelt und geleitet; zweitens handelt es sich nicht nur um eine elementare Bewegung, sondern sie stützt sich vollkommen bewußt gleich von den ersten Tagen ihres Entstehens an auf einige, unstreitig anarchistische Prinzipien: a) auf das Recht der vollen Initiative der Werktätigen, b) auf das Recht ihrer wirtschaftlichen und gesellschaftlichen Selbstverwaltung, c) auf das Prinzip der Staatslosigkeit im sozialen Aufbau. Im Verlauf ihrer ganzen Entwicklung hält die Bewegung hartnäckig und folgerichtig an diesen Prinzipien fest. Um dieser Prinzipien willen hat sie zweihundert bis dreihunderttausend der besten Söhne des Volkes verloren, Bündnisse, ganz gleich mit welchen staatlichen Gewalten abgelehnt und im Verlauf von drei Jahren unter unglaublich schwierigen Bedingungen, mit in den

Analen der Geschichte seltenem heroischen Mut, das schwarze Banner der geknechteten Menschheit vorangetragen, auf welchem zu lesen ist: Wahre Freiheit der Werktätigen, wahre Gleichheit in der neuen Gesellschaft.

Wir haben in der Machnowstschina eine anarchistische Massenbewegung der Werktätigen vor uns, die allerdings nicht ganz abgeschlossen, nicht ganz durchkristallisiert, dennoch aber dem anarchistischen Ideal zugewandt ist und den Weg des Anarchismus beschritten hat.

Eben darum aber, weil diese Bewegung aus den Tiefen der Massen emporgestiegen war, verfügte sie nicht über die erforderlichen theoretischen Kräfte, die Kräfte der verallgemeinernden Zusammenfassung, die bei einer jeden großen sozialen Bewegung erforderlich sind. Dieser Mangel machte sich darin bemerkbar, daß die Bewegung in der Entwicklung ihrer Ideen und Losungen in der Ausarbeitung ihrer konkreten, praktischen Formen nicht mit der allgemeinen Wirklichkeit gleichen Schritt halten konnte. So kam es, daß sie sich langsam und schwerfällig entfaltete, besonders angesichts der zahlreichen feindlichen Mächte, die sie von allen Seiten umklammert hielten.

Man hätte erwarten sollen, daß die Anarchisten, die stets so viel von der revolutionären Massenbewegung zu sagen wußten, die sie doch jahrelang wie das Kommen eines Erlösers erwarteten, sich sofort an der Bewegung beteiligen, sich ihr anschließen, sich ihr ganz hingeben würden. In der Tat hat das aber nicht stattgefunden. Die Mehrzahl der russischen Anarchisten, die die theoretische Schule des Anarchismus durchgemacht hatten, blieben in ihren isolierten, damals vollkommen nutzlosen Gruppen stecken, hielten sich abseits, suchten herauszubekommen, was das für eine Bewegung wäre, wie man sich zu ihr stellen solle, taten nichts und trösteten sich mit dem Gedanken, die Bewegung wäre keine rein anarchistische.

Inzwischen wäre ihre Hilfe besonders in der Zeit, da der Bolschewismus das normale Wachstum der Bewegung noch nicht zerstört hatte, unschätzbar gewesen. Die Masse brauchte unbedingt Arbeiter, die es verstanden hätten, ihre Ideen zu formulieren und zu entwickeln, sie in das freie Leben hinauszutragen, und der Bewegung zu weiterer Entwicklung zu verhelfen. Die Anarchisten haben solche Arbeiter nicht sein wollen. Damit haben sie sowohl sich selber wie auch die Bewegung stark benachteiligt. Die Bewegung dadurch, daß sie ihr nicht rechtzeitig ihre organisatorischen und kulturellen Kräfte zur Verfügung stellten, weswegen die Bewegung sich nur langsam, gleichsam in Qualen weiterentwickeln konnte, indem sie sich mit jenen geringen theoretischen Hilfskräften behalf, die die unteren Volksschichten zu ihrer Verfügung hatten. Sich selber haben die Anarchisten insofern benachteiligt, als sie die Verbindung zur lebendigen Wirklichkeit nicht aufnahmen und sich selber auf diese Weise zur Untätigkeit und zur Unfruchtbarkeit verurteilten.

Wir müssen hier als Tatsache feststellen, daß die russischen Anarchisten in ihren Kreisen die größte Massenbewegung verschlafen haben, die in der gegenwärtigen Revolution einstweilen als einzige dazu berufen ist, die historischen Aufgaben der geknechteten Menschheit zu verwirklichen.

Gleichzeitig sind wir aber auch der Meinung, daß diese bedauerliche Tatsache sich nicht zufällig ereignet hat, und daß sie sehr bestimmte Gründe hatte. Wir wollen diese Gründe herauszufinden suchen.

Ein großer Prozentsatz unserer anarchistischen Theoretiker entstammen der sogenannten Intelligenz. Dieser Umstand ist bedeutungsvoll. Viele von ihnen konnten, obwohl sie unter den Fahnen des Anarchismus standen, doch nicht ganz mit der Psychologie der Mitte brechen, der sie entstammten. Während sie sich mehr als die anderen mit der Theorie des Anarchismus befaßten, ließen sie sich allmählich immer mehr von dem Gedanken durchdringen, sie hätten die Führung der anarchistischen Welt in ihren Händen, und sie hielten dafür, daß auch die anarchistische Bewegung von ihnen aus, oder doch mit ihrer unmittelbaren Beteiligung einsetzen würde. Die Bewegung begann aber fern von ihnen, irgendwo an der Peripherie, dazu noch in den tiefsten Tiefen der zeitgenössischen Gesellschaft. Sehr wenige Persönlichkeiten unter den Theoretikern des Anarchismus hatten den erforderlichen Instinkt und brachten die Kühnheit auf, die Bewegung als das zu erkennen, wozu der Anarchismus sie lange schon vorbereitet hatte und ihr zu Hilfe zu eilen. Es wäre richtiger zu sagen, daß von allen intelligenten und theoretisch gebildeten Anarchisten nur Volin sich mit

Entschiedenheit der Bewegung angeschlossen hat und seine Fähigkeiten, seine Kräfte und sein Wissen voll in ihren Dienst stellte. Die große Masse der theoretischen Arbeiter des Anarchismus aber hielten sich abseits von ihr. Das spricht natürlich weder gegen die Machnowstschina noch gegen den Anarchismus, sondern lediglich gegen die Anarchisten und anarchistischen Organisationen, die im Augenblick der historischen sozialen Bauern- und Arbeiterbewegung sich also so beschränkt, passiv und hilflos erwiesen, daß sie es nicht einmal fertig brachten oder nicht fertig bringen wollten, an ihre eigene Sache heranzugehen, als sie Leib und Blut geworden war, und alle zu sich heranrief, denen die Freiheit der Arbeit und die Ideen des Anarchismus teuer waren.

Eine andere, noch wichtigere Seite der Ohnmacht und Tatenlosigkeit der Anarchisten war die Verworrenheit der Ideen des Anarchismus und das in organisatorischer Hinsicht herrschende Chaos in seinen Reihen.

Trotz aller Kraft, trotz allem Positiven und Unanfechtbaren an den Idealen des Anarchismus enthält er doch viel nicht bis ans Ende Durchdachtes, abstrakte Allgemeinplätze und Abweichungen auf Gebieten, die mit der sozialen Bewegung der Werktätigen nicht verbunden sind. Dadurch wird es ermöglicht, die Ziele des Anarchismus und sein praktisches Programm in entstellter Weise wiederzugeben.

So gibt es bis zur Stunde noch viele Anarchisten, die ihre Kräfte mit der Frage in Anspruch nehmen, ob die Befreiung der Klasse, der Menschheit oder der Persönlichkeit das eigentliche Problem des Anarchismus wäre. Die Frage ist müßig. Sie basiert auf einigen unklaren Thesen des Anarchismus und gibt vielfach Anlaß zu Mißbräuchen auf dem Gebiet der anarchistischen Theorie wie auch der Praxis.

Zu noch größeren Mißbräuchen gibt die unklare Theorie der anarchistischen Freiheit der Persönlichkeit Anlaß. Natürlich werden Menschen der Tat, mit starkem Willen und mit stark entwickeltem revolutionärem Instinkt begabt, in der Idee der anarchistischen Freiheit der Persönlichkeit vor allen Dingen die Idee des anarchistischen Verhältnisses zu jeder anderen Persönlichkeit sehen, die Idee des unermüdlichen Kampfes für die anarchistische Freiheit der Massen. Die Leute aber, die von revolutionären Leidenschaften nichts wissen, die mehr um Emanationen ihres »Ich« besorgt sind, deuten dies auf ihre eigene Weise. Immer, wenn die Frage laut wird, die anarchistische Praxis müßte organisiert, und neben Rechten, auch Pflichten und Verantwortung jedes Einzelnen festlegen, greifen sie nach der Theorie der anarchistischen Freiheit der Persönlichkeit und widersetzen sich auf Grund dieser Theorie jeder Organisation und fliehen jede Verantwortung. Jeder von ihnen begibt sich in den Schatten seines eigenen Feigenbaumes, schafft sein eigenes Werk und predigt seinen eigenen Anarchismus. Denken und Handeln der Anarchisten werden auf unsinnige Weise gespalten.

Im Ergebnis finden wir denn auch bei den russischen Anarchisten ein Übermaß an den verschiedensten praktischen Systemen. In den Jahren 1904 bis 1907 hatten wir die praktischen Programme der »Autoritätslosen« und der »Schwarzbannerträger«, die Expropriationsakte und unmotivierten Terror als Methoden des anarchistischen Kampfes anempfahlen. Es ist unschwer zu erkennen, daß diese Programme die zufällige Stimmung zufälliger Persönlichkeiten, die dem Anarchismus angehörten, zum Ausdruck brachten und den Anarchisten nur vorgesetzt werden konnten, wenn das Gefühl der Verantwortung vor dem Volk und seiner Revolution schwach entwickelt war. Neuerdings verfügen wir über eine Reihe von Theorien, die entweder Sympathien für eine Staatsregierung enthalten oder für eine Führung der Massen eintreten oder aber das Prinzip einer jeden Organisation ablehnen und die absolute Freiheit der Persönlichkeit predigen, oder von »universalen« Aufgaben des Anarchismus sprechen, in Wirklichkeit aber darauf bedacht sind, den schweren Verpflichtungen des Augenblicks zu entrinnen.

Jahrzehntelang werden die russischen Anarchisten von einer Fieberseuche, nämlich von ihrer Desorganisiertheit, geschüttelt. Diese Seuche hat in ihnen das Empfinden für reales Denken herausgebeizt und hat ihnen zur Zeit der revolutionären Epoche historische Tatenlosigkeit bereitet. Desorganisierung ist mit Verantwortungslosigkeit eng verschwistert, beide zusammengenommen führen aber zu einer Verflachung der Ideen und zu Hohlheit in der Praxis.

Das waren die Ursachen, warum die Anarchisten, als die Massenbewegung, durch die Machnowstschina verkörpert, aus den

Volkstiefen aufbegehrte, sich so unvorbereitet, so willensschwach und ohnmächtig erwiesen.

Wir glauben, daß es sich nur um eine zeitweise Erscheinung handelt. Diese Erscheinung ist damit zu erklären, daß die russischen Anarchisten nicht kristallisiert und nicht organisiert sind. Sie müssen sich organisieren, indem sie alle jene zusammenfassen, denen der Anarchismus wirklich heilig ist und die vor allen Dingen den Arbeiterklassen ergeben sind. Eben hierdurch wird das fremde desorganisatorische Element im Anarchismus entfernt werden.

Der Anarchismus ist keine Mystik, keine Unterhaltung über das Schöne, kein Schrei der Verzweiflung. Er ist vor allen Dingen dadurch groß, daß er sich in den Dienst der geknechteten Menschheit stellt. Er trägt die Wahrheit der Massen, ihren Heroismus, ihre Willensimpulse in sich und ist im gegebenen Augenblick die einzige soziale Lehre, auf die sich die Massen in ihrem Kampf vertrauensvoll stützen können. Um aber dieses Vertrauen zu rechtfertigen, genügt es noch nicht, daß der Anarchismus eine große Idee ist, die Anarchisten aber deren platonische Verkünder. Die Anarchisten müssen ständige Teilnehmer, Schwarzarbeiter der revolutionären Massenbewegung sein, dann wird diese Bewegung die ganze Fülle der anarchistischen Ideale entfalten. Nichts wird einem umsonst zugeteilt, ein jedes Werk fordert hartnäckiges Bemühen und Opfer. Der Anarchismus muß die Einheit des Willens und die Einheit des Handels, eine genaue Vorstellung seiner historischen Aufgaben erwerben. Der Anarchismus muß in die Massen eintauchen, mit ihnen verschmelzen.

Obwohl sich nun die Machnowstschina selbständig gebildet und fortentwickelt hatte, ohne Einwirkung der anarchistischen Organisationen, hat sich ihr Schicksal mit dem Schicksal des Anarchismus in der russischen Gegenwart eng verflochten. Das Wesen der Machnowstschina strahlte in hellem anarchistischem Licht und verband unwillkürlich den Anarchismus mit sich selber. Die Masse der Aufständischen beschäftigte sich liebevoll nur mit dem Anarchismus unter allen sozialen Lehren. Sehr viele Aufständische nannten sich Anarchisten und verzichteten auf diese Bezeichnung auch nicht angesichts des Todes. Gleichzeitig hat der Anarchismus der Machnowstschina einige vortreffliche Arbeiter geschenkt, die mit Feuereifer und voller Selbsthingabe alle ihre

Kräfte und ihr Wissen dieser Bewegung opferten. So gering der Prozentsatz dieser Arbeiter auch gewesen sein mag, so haben sie der Bewegung dennoch sehr genützt, indem sie den Anarchismus mit dem tragischen Schicksal der Machnowstschina verbanden.

Diese Verflechtung des Schicksals des Anarchismus und der Machnowstschina begann etwa Mitte 1919. Im Sommer 1920 wurde sie in der Ukraine befestigt durch den gleichzeitigen Feldzug der Bolschewiki gegen die Machnowzy und gegen die Anarchisten und bekundete sich am lebhaftesten im Oktober 1920 zur Zeit des militärisch-politischen Übereinkommens der Machnowzy mit der Sowjetregierung, als die Machnowzy als erste Bedingung in diesem Übereinkommen die Forderung stellten, daß sämtliche Machnowzy und Anarchisten, die in den Gefängnissen der Ukraine und Großrußlands gefangen gehalten wurden, freigelassen werden sollten, und ihnen das Recht zugestanden werden sollte, ihre Ideen und Vorstellungen frei zu bekennen und zu verbreiten.

Wir wollen in chronologischer Folge den Anschluß der Anarchisten an die Machnobewegung hier verzeichnen.

Bereits in den ersten Revolutionstagen 1917 hatte sich in Gulai-Pole eine Gruppe von Anarcho-Kommunisten konstituiert, die sich lebhaft im Rayon revolutionär betätigte. In der Folge kamen aus dieser Gruppe die hervorragenden Führer und Kämpfer der Machnobewegung: Nestor und Grigorij Machno, S. Karetnik, Martschenko, Kalaschnikow, Ljutij u.a. Diese Gruppe hat auch in den ersten Anfängen der Machnobewegung in enger Fühlung zu ihr gestanden.

Ende 1918 und Anfang 1919 werden im Machnorayon anarchistische Gruppen gebildet, die zur Machnowstschina Fühlung zu gewinnen suchten. Doch waren einige dieser Gruppen, wie z.B. in der Stadt Berdjansk und anderen Orten, durchaus nicht auf der Höhe und verhießen der Bewegung nichts außer Negativem. Glücklicherweise war die Bewegung so gesund, daß sie an diesen Gruppen vorüberging.

Zu Beginn 1919 gab es in Gulai-Pole außer so hervorragenden, ortseingesessenen Bauern-Anarchisten wie Machno, Karetnik, Martschenko, Wassilewski u.a. auch Anarchisten, die aus den Städten kamen und zu gewissen Organisationen gehörten, so

Burbyga, Michaljow-Pawlenko u.a. Sie arbeiteten ausschließlich an der Front oder in den Etappenstellungen der aufständischen Armee.

Im Frühjahr 1919 trafen in Gulai-Pole einige Genossen ein, die sich hauptsächlich mit der Organisation der Kulturabteilung im Rayon befaßten: sie begründeten die Zeitung »Putj k swobodje«, das Hauptorgan der Machnowzy, organisierten den lokalen »Gulai-Pole Anarchistenverband«, der in der Armee und unter der Bauernschaft zu arbeiten begann.

Um diese Zeit entsteht in Gulai-Pole auch die anarchistische Organisation »Nabat«. Diese Organisation arbeitet in engem Kontakt mit den Machnowzy, unterstützt sie in kultureller Beziehung und bringt ihr lokales Organ »Nabat« heraus. Ein wenig später verschmilzt diese Organisation mit dem Gulai-Poler Anarchistenverband zu einer Organisation.

Im Mai trifft in Gulai-Pole, aus Iwanow-Wosnessensk kommend, eine Gruppe von 36 Arbeiter-Anarchisten ein, unter denen sich auch die in der anarchistischen Bewegung bekannten Tschernjakoff und Makejew befinden. Ein Teil der Eingetroffenen richtet sich in der Gulai-Poler Kommune sieben Werst von Gulai-Pole ein, während der andere Teil sich kulturellen Arbeiten im Rayon widmet und einige wieder der Armee beitreten.

Im Mai 1919 beginnt die Konföderation ukrainischer Anarchistenorganisationen »Nabat«, die wohl die aktivste und rührigste unter allen Anarchistenorganisationen Rußlands gewesen ist, wahrzunehmen, daß der eigentliche Lebenspuls der revolutionären Massen im befreiten Aufstandsrayon schlägt. Sie beschießt ihre Kräfte in diesen Rayon zu entsenden. Zu Anfang Juni 1919 schickt sie Volin, Mratschnij, Joseph den Emigranten und eine Anzahl anderer Arbeiter nach Gulai-Pole. Es bestand der Plan, nach dem Arbeiter-Bauern-Kongreß, der vom Revolutionären Kriegssowjet zum 15. Juni nach Gulai-Pole einberufen worden war, die Hauptorgane der Organisation, eben dorthin zu verlegen. Allein der gleichzeitige Überfall der Bolschewiki und Denikins, der gleich darauf stattfand, verhinderte das Zustandekommen dieses Plans. Nur Mratschnij war es gelungen, nach Gulai-Pole zu kommen, doch war er schon in den nächsten Tagen wegen des allgemeinen Rückzuges gezwungen, wieder zurückzukehren, Volin und die anderen aber blieben in Jekaterinoslaw stecken und schlossen sich erst im August 1919 bei Odessa der auf dem Rückzug begriffenen Machnoarmee an.

Die Anarchisten hatten sich aber der Bewegung viel zu spät angeschlossen, als deren normale Entwicklung schon unterbrochen, als sie von der Basis sozialer Aufbauarbeit schon gestürzt war und sich infolge der Verhältnisse vorwiegend kriegerisch betätigen mußte.

Seit Ende 1918 bis Juni 1919 waren die Verhältnisse für positive Aufbauarbeit im Rayon wie geschaffen: Die Front befand sich 200 bis 300 Werst weiter in der Nähe von Taganrog, während die nach Millionen zählende Bevölkerung von acht bis zehn Bezirken sich selber überlassen war.

Nunmehr konnten die Anarchisten aber nur in Verhältnissen, wie sie der Krieg mit sich brachte, arbeiten, da sie ja ständig von allen Seiten beschossen wurden und jeden Tag von Ort zu Ort weiterrückten. Die Anarchisten, die nun während des Krieges der Armee beigetreten waren, taten alles, was in ihren Kräften lag. Einige von ihnen, wie Makejew und Kogan, betätigten sich militärisch; die meisten aber befaßten sich mit kultureller Arbeit unter den Aufständischen und in den Dörfern, welche die Machnotruppen durchzogen. Doch handelte es sich hierbei nicht um wirklich aufbauende, schöpferische Arbeit unter den Massen im weiten Sinne des Wortes. Durch die kriegerischen Verhältnisse war alles eingeschränkt und vornehmlich auf flüchtige Agitation reduziert. An aufbauende, schöpferische Arbeit war gar nicht zu denken. Nur in seltenen Fällen, bei der Besetzung von Alexandrowsk beispielsweise, von Berdjansk, Melitopol oder einer Anzahl von anderen Städten und Bezirken, hatten die Anarchisten und Machnowzy zeitweise Gelegenheit, ihre Arbeit in etwas breiter angelegtem Maßstab zu beginnen. Doch rollten die Wellen des Krieges bald von der einen, bald von der anderen Seite heran, spalteten das Begonnene hinweg, und wieder mußte man sich damit begnügen, reduzierte Agitation und Propaganda unter den Aufständischen und Bauern zu treiben. Die Zeitverhältnisse waren für eine breitangelegte, schöpferische Arbeit unter den Massen nicht günstig.

Einige Personen, die an der Bewegung überhaupt nicht oder doch nur kurze Zeit teilgenommen hatten, gelangten auf Grund dieser Periode zu dem fehlerhaften Schluß, die Machnowstschina wäre zu militärisch, sie habe ihr Augenmerk allzu sehr auf die kriegerischen Angelegenheiten und in unzureichender Weise auf die positive Arbeit unter den Massen ausgerichtet. In Wirklichkeit aber war die ganze kriegerische Episode in der Geschichte der Machnowstschina nicht etwa ein Produkt ihrer selbst, sondern nur der Verhältnisse, wie sie sich seit Mitte 1919 gestaltet hatten.

Die bolschewistischen Staatsapparatler hatten den Sinn der Machnobewegung und die Lage des Anarchismus in Rußland vortrefflich erfaßt: Für sie war es unzweifelhaft, daß der Anarchismus in Rußland im gegebenen Augenblick, sofern er mit einer Massenbewegung in der Art der Machnowstschina keine Verbindung hatte, auch keinen Boden unter den Füßen hat, folglich für sie unschädlich und ungefährlich wäre. Und umgekehrt – ihrem Dafürhalten nach war der Anarchismus die einzige Weltanschauung, auf die sich die Machnowstschina in ihrem unversöhnlichen Kampf gegen den Bolschewismus stützen konnte. Darum auch wenden sie alle ihre Kraft daran, das Eine vom Anderen gewaltsam zu lösen. Und man muß ihnen Gerechtigkeit widerfahren lassen, – hartnäckig verfolgen sie ihr Ziel: Die Machnowstschina wurde von ihnen für außerhalb aller menschlichen Gesetze stehend erklärt. Hierbei verstehen sie es sowohl in Rußland wie auch besonders im Ausland, als umsichtige Geschäftsleute so ein Gesicht aufzusetzen, als müßte das jeder ohne Weiteres verstehen, als könne da überhaupt keinen Augenblick gezweifelt werden, als könnten nur Blinde oder mit Rußland ganz unbekannte Menschen an der Vernünftigkeit und Gerechtigkeit dieser Maßnahme zweifeln.

Die Bolschewisten haben die anarchistische Idee offiziell nicht für ungesetzlich erklärt, doch jeder revolutionäre Schritt der Anarchisten, jedes ehrliche Hervortreten wird von ihnen Machnowstschina genannt. Und ebenfalls mit einer Selbstverständlichkeit, als müsse das jeder ohne weiteres verstehen, werfen sie die Anarchisten in Gefängnisse oder schlagen ihnen die Köpfe ab. Zuguterletzt befindet sich sowohl die Machnowstschina als auch der Anarchismus, der nicht hündisch vor den Bolschewiki schweifwedeln will, in der gleichen Lage.

13. Schlußwort

Die hier dargelegte Geschichte umfaßt lange nicht die gesamte Bewegung in ihrem ganzen Umfang. Wir haben, allerdings sehr unvollständig, nur die Geschichte des Hauptstromes dieser Bewegung betrachtet, der dem Gulai-Pole-Rayon entströmte. Er bildet aber nur einen Teil der Gesamtbewegung. Als soziale Bewegung der ukrainischen Werktätigen ist die Machnowstschina unendlich breiter angelegt, als wir es in der vorliegenden Arbeit haben schildern können. Ihr Geist, ihre Losungen haben die meisten Gouvernements der Ukraine in Schwung gebracht. Unter den Bauern und Arbeitern fast aller dieser Gouvernements hat ein gewisser psychologischer und sozialer Umschwung stattgefunden; die werktätigen Massen haben in jedem dieser Gouvernements den Versuch gemacht, ihre Unabhängigkeit im Machnoschen Sinne durchzusetzen - in jedem von ihnen wurde zur sozialen Revolution aufgerufen, wurden Versuche zu revolutionärem Kampf und revolutionärem Schaffen der Massen unternommen. Wenn wir aber alle diese zahlreichen Seitenarme und Verzweigungen der Machnowstschina in der ganzen Ukraine hätten verfolgen können, wenn wir von jedem einzelnen dieser Ströme hätten erzählen, sie alle miteinander verbinden und mit einem gemeinsamen Licht beleuchten können, so hätten wir ein grandioses Bild von einem nach Millionen zählenden revolutionären Volk gezeigt, das unter dem Banner der Machnowstschina für die eine grundlegende Idee der Revolution, für Freiheit und Gleichheit kämpft. Unter den bestehenden Verhältnissen der bolschewistischen Gegenwart ist es aber absolut ausgeschlossen, eine solche Arbeit zu leisten, selbst wenn man bereit sein sollte, alle nur denkbaren Entbehrungen auf sich zu nehmen.

Und die hier vorliegende Arbeit, die nur von einer Verzweigung der Bewegung handelt, ist ungemein eng gefaßt. Ein sehr großes Urkunden- und Tatsachenmaterial blieb unberücksichtigt, und daher ist die Arbeit sowohl dem Gehalt wie auch der Form nach unwillkürlich stark beschnitten.

Wir hoffen, daß eine vollständige Arbeit über die Geschichte der Machnobewegung mit der Zeit geschrieben werden wird.

Außer den hier schon angeführten Fehlern leidet das Werk auch daran, daß die negativen Seiten der Bewegung nicht vollständig genug geschildert wurden.

Keine einzige soziale, historische Bewegung, sie möge einen noch so hohen Flug haben, kann Fehler, wesentliche Mängel und überhaupt Negatives vermeiden. Natürlich sind sie auch in der Machnowstschina zu finden. Man möge aber nicht vergessen, daß die Machnowstschina auf sozialem Gebiet keine Experimente anstellte, und daß sie folglich auch nicht unter Fehlern in diesem Sinne leiden konnte. Die Machnowstschina ist lediglich eine stark zum Ausdruck gelangte Massenbewegung, nur ihr selbstloser Drang, die Reaktion zu besiegen und die Revolution zu retten. Somit müßten die schwachen Seiten der Bewegung auf diesem Gebiet gesucht werden.

Der wesentlichste Mangel der Bewegung ist, daß sie im Verlauf der beiden letzten Jahre sich ausschließlich kriegerisch betätigte. Hier handelt es sich aber nicht um einen organischen Mangel der Bewegung, sondern um ein Mißgeschick, um eine Notwendigkeit, die ihr infolge der Gesamtlage der Ukraine aufgezwungen wurde. Drei Jahre ununterbrochenen Bürgerkrieges haben die Südukraine in ein einziges Schlachtfeld verwandelt. Zahlreiche Armeen der verschiedensten Parteien haben sie in allen Himmelsrichtungen durchquert und haben die Werktätigen in materieller, sozialer und moralischer Hinsicht ruiniert. Die Bauern waren vollständig erschöpft. Die ersten Versuche der Einrichtung einer werktätigen Selbstverwaltung wurden zerstört. Der Geist des sozialen Schaffens wurde geknebelt. Diese Umstände waren es, welche die Machnowstschina aus dem gesunden Boden, in dem sie wurzelte, aus der sozial schaffenden Arbeit der Massen herausrissen und sie zwangen, Krieg zu führen, der, wenn auch ein revolutionärer Krieg, so doch immerhin Krieg war.

Die Feinde der Freiheit machen auch heute noch alle nur möglichen Anstrengungen, um sie auf diesem schwierigen Kriegspfad zu erhalten. Darauf eben beruht die große Tragödie der Machnowstschina. Sie durchlebt sie nun im Verlauf von mehr als zwei

Jahren und wird vermutlich, wenn man die Gesamtlage in Rußland berücksichtigt, auch weiter noch diese Tragödie durchleben müssen.

Eben das ist auch die Antwort, die jenen Anarchisten erteilt werden kann, die infolge ihrer Unkenntnis der Lage der Dinge, aus vierter und fünfter Hand entstellte Nachrichten über die Machnowstschina hinnehmend, ihr ihren kriegerischen Charakter zum Vorwurf machten und sich aus diesem Grunde von ihr fernhielten. Der kriegerische Charakter war der Bewegung aufgezwungen worden. Ja, mehr als das – alle Regierungen, die es in der Ukraine gegeben hat, vor allen Dingen aber die kommunistische Regierung, taten alles, was in ihren Kräften stand, um die Bewegung in eine Sackgasse zu treiben, aus der es nur einen Ausweg gab – nämlich das Banditenunwesen. Die ganze Taktik der Sowjetregierung im Kampf gegen die Machnowstschina im Verlauf der letzten drei Jahre basierte auf dieser Berechnung. Darf man nun diese Berechnung der Bolschewiki auf die Waagschale zu Ungunsten der Machnowstschina werfen? Natürlich nicht. Genau so müssen wir, wenn wir vom kriegerischen Charakter der Bewegung reden, nicht von der beiläufigen Tatsache ausgehen, daß die Machnowzy den Artillerie- und Kavalleriekämpfen viel Zeit geopfert haben, sondern davon, womit die Machnowzy begonnen haben, welche Ziele sie sich steckten, welche Mittel sie benutzten, um diese Ziele zu erreichen.

Wir wissen, daß sie damit begannen, die Regierung des Hetmans aus dem Land zu vertreiben und den Grund und Boden, wie auch die ganze Industrie als Eigentum des werktätigen Volkes zu erklären. Der Aufbau eines freien Lebens auf den Grundlagen einer vollen Unabhängigkeit der Arbeiterklassen in werktätiger und sozialer Beziehung war das Ziel, das sie sich gesetzt hatten. Die soziale Revolution und die freien Sowjets der Werktätigen waren das Mittel, das zu diesem Ziele führen sollte.

Als Revolutionäre der Tat begnügten sie sich natürlich nicht damit, nur den Hetman zu vertreiben und ihre Rechte zu proklamieren. Nein. Um der Bourgeoisie eine möglichst vollständige Niederlage zu bereiten, um ihre Rechte und die revolutionären Eroberungen zu schützen, organisierten sie einen militärischen Selbstschutz und bewiesen eben damit ein besonders tiefes Verständnis für ihre Aufgaben in der sozialen Revolution. Denn ein positives Revolutionsprogramm kann nur unter der Bedingung erfolgreich durchgeführt werden, wenn es den Werktätigen rechtzeitig gelingt, die militärische Macht des bourgeoisen Staates zu vernichten.

Dank dem Umstand, daß die Bewegung in aktiver und offensiver Hinsicht dennoch nicht allgemein war, sondern nur einige Gouvernements umfaßte, war sie von den feindlichen Mächten eingekreist, nämlich von den Petljuratruppen, von den Bolschewiki (beides Anhänger des Staatsgedankens) und von den zahlreichen Armeen Denikins, die von allen Seiten her, mit kolossalen militärischen Machtmitteln ausgerüstet, über sie herfielen. Naturgemäß mußte die Bewegung starke Veränderungen in ihrer Taktik, in ihren Methoden, in ihrer Handlungsweise vornehmen, da sie ja gezwungen war, den größten Teil ihrer Kräfte im Kampf um die Freiheit der kriegerischen Seite zu widmen. Dies war aber, wie wir bereits sagten, nicht ihre Schuld, sondern ihr Unglück.

Die permanente kriegerische Situation erzeugte unter den Machnowzy eine Anzahl von besonderen Merkmalen, die allein ihrer Ausnahmestellung zuzuschreiben sind: eiserne Disziplin in der Armee unerbittliches Vorgehen gegen die Feinde. Doch blieben die Machnowzy trotz dieser Besonderheiten vor allen Dingen in erster Linie Revolutionäre. Als die Machnowzy im Oktober 1919 Jekaterinoslaw besetzten, ließen sie alle zur Heilung in Krankenhäusern befindlichen Denikinkämpfer, wie auch die Soldaten anderer Armeen, ganz gleich, ob es sich nun um Soldaten oder um Offiziere handeln mochte, völlig in Frieden. Und die selben Machnowzy haben für Bruch der Disziplin und der revolutionären Ehre ihre Kommandeure Bogdanoff und Laschkewitsch erschossen[1].

---

[1] Bogdanoff - Stabschef der 2. Aufständischen Brigade. Wurde im Oktober 1919 in Alexandrowsk erschossen, weil er im Namen der Armee, jedoch in persönlichem Interesse, von der Bourgeoisie Kontributionen erhoben hatte.

Laschkewitsch - berühmter Kommandeur des ruhmreichen 13. Aufstandsregimentes. Wurde im Sommer 1920 auf Grund eines Beschlusses einer Massenversammlung von Aufständischen für Verausgabung von Armeegeldern für seine privaten Vergnügungen und auch dafür erschossen, daß er, obwohl er Armeegelder hatte, einigen Aufständischen, die sich in kritischer Lage befanden, nicht heraushalf.

Im achten Kapitel hatten wir auf einige ernsthafte Fehler und Versäumnisse innerhalb der Bewegung hingewiesen. Was nun eine Reihe von anderen Fehlern und negativen Seiten betrifft, so sind sie so geringfügiger Natur und so unbedeutend, daß es keinen Sinn hätte, und auch kein Grund vorläge, länger bei ihnen zu verweilen[2].

* * *

Nun erhebt sich die Frage, was weiter?

Im Verlauf der letzten anderthalb Jahre hat der Kampf der Machnowzy mit der Kommunistischen Regierung ausschließlich militärischen Charakter angenommen. Unter den Bauern und Arbeitern ist weder organisatorische noch sonstige Aufklärungsarbeit möglich gewesen. Freie sozialistische Aufbauarbeit ist ausgeschlossen. Was für einen Sinn hat es, einen solchen Kampf fortzuführen? Welches sind die Hoffnungen, die man daran knüpft?

Ohne Zweifel ist die Lage der Machnowstschina im gegebenen Augenblick, da der Kult des Militarismus in staatlichem Maßstab Wurzeln faßte, da die Massen der Ukraine und Großrußlands absolut an die Wand gedrückt sind, da eine Epidemie von Denunziationen und ungerechten Gerichten übers Land geht, überaus kritisch, und die weitere Fortführung des Kampfes könnte wohl als hoffnungslos erscheinen. So mag es aber nur scheinen, wenn

---

[2] Wir wollen beiläufig hier vermerken, daß jene negativen Eigenschaften der Bewegung, von denen die Regierungspresse so häufig berichtete – Plünderungen, Vergewaltigung der friedlichen Bevölkerung, Antisemitismus –, ins Gebiet phantastischer Lügen gehören. Als Widerlegung dieser ganzen Lüge mag schon der ungemein gute Empfang dienen, den die Bauern aller Dörfer der Ukraine und Großrußlands stets und ausschließlich der Machnoarmee bereiteten. Als andere Widerlegung können bolschewistische Dokumente dienen. In allen Meldungen über den Kampf gegen die Machnowstschina (Geheimmeldungen, die nicht für die Öffentlichkeit bestimmt waren) wiederholen die Agenten der Sowjetregierung stets ein und dasselbe, daß der Kampf gegen die Machnowstschina dank der allgemeinen Hilfe erschwert werde, die die Bauern der Machnoarmee überall bewiesen, wobei sie gleichzeitig der Roten Armee soviele Hindernisse als nur möglich in den Weg zu legen suchten.

man die Lage der Dinge vom engen, staatlichen Gesichtspunkt aus betrachtet.

Wir durchleben eine Revolutionsepoche, die ganz erfüllt ist von einer Anzahl von revolutionären Massenbewegungen der Arbeiter und Bauern, die mit reaktionären Versuchen verschiedener Regierungen wechseln, der Bewegung Herr zu werden und ihre eigene Diktatur zu errichten. Die Massenbewegung im Februar/März 1917 machte der Dumaregierung Platz. Die agraren und Fabrikarbeiterbewegungen der Massen im Sommer 1917 riefen als Gegengewicht eine bürgerlich-sozialistische Regierungskoalition ins Leben. Auf dem Wellenkamm der machtvollen Oktoberbewegung der Arbeiter und Bauern wurde die kommunistische Regierung emporgehoben.

Der Umstand, daß die kommunistische Regierung sich lange Zeit hindurch im revolutionären Rußland am Ruder erhält, gibt vielen den Anlaß, zu glauben, sie wäre das eigentliche Produkt der russischen Revolution, ihre natürliche Form. Dies ist aber durchaus unrichtig. Die russische Revolution und die kommunistische Regierung sind Antipoden, sind ausgesprochene Gegensätze. In der Geschichte der russischen Revolution ist die kommunistische Regierung die feinste, biegsamste und gleichzeitig hartnäckigste Form der Reaktion. Gleich zu Beginn ihres Entstehens kam es zwischen ihr und der russischen Revolution zum Kampf. In diesem Kampf hatten die werktätigen Massen Rußlands; bereits die wichtigsten Eroberungen ihrer Revolution - nämlich die Freiheit der Organisation, des Wortes, der Presse, Unantastbarkeit der Person usw. - verloren. Dieser Kampf ging durch das ganze unermeßliche Rußland, auf jedes Dorf, auf jede Fabrik griff er über, fand seinen lebhaftesten Ausdruck in der revolutionären Aufstandschaft, entbrannte dann aufs neue in einer Anzahl von Gouvernements Großrußlands und fand seinen Widerhall im Februar/März 1921 im Kronstädter Aufstand.

Zur Zeit durchlebt Rußland eine Phase schlimmster Reaktion. Ob nun die revolutionäre Bewegungen der Arbeiter und Bauern siegen oder die Reaktion sich erhalten und für lange Zeit verankern wird, läßt sich schwer sagen. Eins ist aber unzweifelhaft: Die Revolutionsepoche, die Rußland nun durchlebt, ist noch lange nicht zu Ende gelebt - gewaltige revolutionäre Energien sind noch unter den Arbeitern und Bauern aufgespeichert; sie haben noch Pulver auf der Pfanne, und in den nächsten Jahren ist von dieser Seite her ein revolutionäres Auftreten der Massen recht wohl zu erwarten.

Drei Gründe sprechen für die Möglichkeit solchen Hervortretens. Erstens als Resultat des direkten Kampfes der Massen gegen die bolschewistische Reaktion. Zweitens könnte die russische Revolution ganz gleich von welcher Bourgeoisie des Auslandes überfallen werden. Und drittens bei einem jeden Versuch der in Rußland bereits gestürzten Mächte, das Rad der Revolution wieder zurückzudrehen. Die beiden letztgenannten Gründe, eine Konterrevolution von außen her oder eine Konterrevolution im Innern, könnten, so scheints, zu der bereits bestehenden kommunistischen Konterrevolution nichts Neues hinzuzufügen haben. Doch nein: Sie könnten als neue Kraft die Massen zünden, die – nachdem sie die umgebende reaktionäre kommunistische Hülle zerrissen – der Revolution zur weiteren Entwicklung den Anstoß geben.

Die Machnowstschina lebt von diesen, zeitweise niedergehaltenen revolutionären Kräften der Masse. Sie hat, indem sie von diesen Kräften zehrte, gewaltige revolutionäre Heldentaten vollbracht, welche die Sowjetregierung fälschlicherweise sich selber zuschreibt. Sie hat in der Ukraine das Hetmanat zu Grabe getragen, sie hat die Petljurowstschina zersetzt, sie hat die Revolution vor Denikin gerettet und in bedeutendem Maß auf Wrangels endgültigen Zusammenbruch eingewirkt.

Wohl mag es paradox erscheinen, ist aber eine unanfechtbare Tatsache, daß die kommunistische Regierung durchhalten und in Rußland Wurzeln fassen konnte, dank dem außerordentlichen revolutionären Kampf der Machnowzy gegen die zahlreichen Konterrevolutionäre.

Und die Machnowstschina wird auch in Zukunft, solange der revolutionäre Funken in den Massen noch glimmt, auf dem Feld des revolutionären Kampfes durchhalten.

Im gegenwärtigen Augenblick ist sie gezwungen, sich auf ihre eigene Weise den Verhältnissen anzupassen, alle Kräfte daran zu setzen, die schlimme Periode der Reaktion zu überdauern und sich am Leben zu erhalten. Dies ist ein revolutionstaktisches

Manöver, ein strategischer Schachzug, der durchaus einige Jahre währen kann. Und wohl erst die nächstfolgenden fünf bis zehn Jahre dürften über das Schicksal der Machnowstschina und der ganzen russischen Revolution entscheiden.

Die Rettung der russischen Revolution ist in ihrer Befreiung von den Ketten der Staatlichkeit zu suchen und in der Schaffung einer sozialen Ordnung auf Grund einer werktätigen Gemeinschaftsselbstverwaltung der Bauern und Arbeiter. Wenn nun in den Massen der neue Aufschwung in der angegebenen Richtung heranreifen wird, wird die Machnowstschina der Mittelpunkt des allgemeinen revolutionären Zusammenschlusses werden. Sie wird der Schlachtruf, die Parole sein, um die sich alles Kühne, Dreiste und den Werktätigen fanatisch Ergebene scharen wird. Dann aber wird ihre den Massen bewiesene Ergebenheit, ihre organisatorische Erfahrung und ihr militärisches Genie volle Anerkennung finden zum Nutzen der wahrhaft proletarischen, sozialen Revolution. Das eben ist der Grund, Warum sie bis zu diesem Augenblick einen scheinbar hoffnungslosen Kampf gegen die kommunistische Diktatur führt. Darum auch wird Ruhe und Frieden der Kommunisten gestört.

* * *

Noch eine Frage erhebt sich.

Die Machnobewegung ist vorwiegend eine Bewegung der ärmsten Schichten der ukrainischen Bauernschaft. Der Sieg der Machnowstschina wäre gleichbedeutend mit einem Sieg der niederen Schichten der Bauernschaft. Würde das aber auch gleichbedeutend sein mit einem Sieg der Ideen der Machnowstschina, mit einem Sieg der sozialen Revolution?

Sofort nach dem Sieg einer solchen Bewegung wird sich für die Bauern die Notwendigkeit ergeben, für den Unterhalt der städtischen Arbeiter mit Lebensmitteln aufzukommen. Da nun die Industrie in den Städten lahm liegen wird, auch den Bedürfnissen des Dorfes nicht angepaßt sein wird, werden die Arbeiter nicht in der Lage sein, den Bauern mit Produkten ihre Arbeit zu zahlen. Folglich werden die Bauern in der ersten Zeit das städtische Proletariat freiwillig und unentgeltlich unterhalten müssen. Sind sie nun zu einem so großzügigen und revolutionären Akt auch wirklich befähigt? Die Kommunisten reden ja immer von den Bauern als von Reaktionären, die von den beschränkten Instinkten kleiner Eigentümer ganz durchseucht seien. Wird es nicht so sein, daß, gerade dieser Instinkt des Eigentümers, der Geist des Geizes die Oberhand gewinnen wird? Werden sie nicht den Städten den Rücken kehren und sie ohne die erforderliche Hilfe darben lassen?

Wir sind fest davon überzeugt, daß das nicht den Fall sein wird. Die Machnowstschina versteht die soziale Revolution in ihrer eigentlichen Bedeutung. Sie versteht, daß Triumph und Befestigung der Revolution, Entwicklung aller ihr entströmenden Güter nur bei engstem Zusammenwirken der Arbeiterklassen von Stadt und Dorf möglich sein wird. Die Bauernschaft begreift, daß sie ohne die städtischen Arbeiter, ohne deren gewaltige industrielle Unternehmungen auch nicht einmal den zehnten Teil all dessen wird erreichen können, was ihr die soziale Revolution verheißt. Gleichzeitig betrachtet sie den städtischen Arbeiter als ihren Bruder, als Glied der großen werktätigen Familie.

Es unterliegt keinem Zweifel, daß die Bauern im Augenblick des Sieges der sozialen Revolution den Arbeitern voll und ganz zu Hilfe eilen werden. Und dieses wird tatsächlich eine revolutionäre, eine freiwillige Unterstützung sein, die auch wirklich dem städtischen Proletariat erwiesen wird. Heute liegen die Dinge ja so, daß das Korn, welches dem Bauern genommen wird, hauptsächlich für den Unterhalt der riesigen Staatsmaschine verwendet wird. Der Bauer sieht und begreift sehr gut, daß diese ganze kostspielige bürokratische Maschine weder ihm selber noch dem Arbeiter von Nöten ist, und daß sie im Hinblick auf die Werktätigen dieselbe Rolle etwa spielt, welche der Gefängniskanzlei im Hinblick auf die Gefangenen zukommt. Darum hat er nicht das geringste Verlangen, sein Korn dem Staat freiwillig abzutreten. Darum ist sein Verhalten zu den zeitgenössischen Steuereintreibern - zu den Kommissaren und sonstigen Versorgungsorganen des Staates - ein feindliches.

Doch besteht bei den Bauern stets das Bestreben, in direkte Beziehungen zu den städtischen Arbeitern zu treten. Auf Bauernkongressen ist diese Frage mehrfach erörtert worden und wurde von den Bauern stets in revolutionärem, positivem Sinne entschieden.

Wenn nun die Massen des städtischen Proletariats im Augenblick der sozialen Revolution unabhängig sein und durch Vermittlung ihrer Organisationen unmittelbare Fühlung zu den Bauern haben werden, werden letztere ihnen die erforderliche Unterstützung an Lebensmitteln gewähren, weil sie es gut wissen, daß die Arbeiter binnen kürzester Frist die Riesenkraft der Industrie in den Dienst der täglichen Bedürfnisse der Werktätigen in Stadt und Land stellen werden.

* * *

Die Machnowstschina hat nur eine Seite der russischen Wirklichkeit enthüllt. Gewiß wird die Zeit kommen, und auch die Menschen werden da sein, die diese Wirklichkeit von allen Seiten mit dem Licht der Wahrheit beleuchten werden. Dann aber wird die Rolle des Bolschewismus in der russischen Revolution klar vor aller Augen liegen.

Aber auch jetzt schon sehen wir auf dem von uns beleuchteten Gebiet sein wahres Gesicht. Die Geschichte der Machnobewegung, in der die Volksmassen im Verlauf einer Reihe von Jahren den Versuch machten, die beste uns bekannte Unabhängigkeit zu verwirklichen, indem sie um dieser Unabhängigkeit willen gewaltige Opfer erbrachten, enthüllt auf das Entschiedenste den Bolschewismus und zerstört von Grund auf die Legende von seinem angeblich revolutionären, proletarischen Charakter.

Im Verlauf der ganzen russischen Revolution, in der die Werktätigen den Versuch unternahmen, Akte wirklicher Selbstbetätigung zu vollführen, sich auf eigene Füße zu stellen, war es der Bolschewismus, der sie abwürgte. Sein reaktionärer Geist schwankte nicht einmal dann, als es aller Welt und auch ihm klar geworden war, daß die russische Revolution unter der Hand seiner alles vernichtenden Diktatur erstickte. Der irrsinnige und kranke Gedanke, die ganze Revolution gewaltsam in den Fängen ihres Programms zu halten, gibt ihnen keinen Augenblick Ruhe.

Noch in den Jahren 1919 und 1920 hätte eine Rettung der russischen Revolution durchaus im Bereich des Möglichen gelegen. Sie ist auch heute noch möglich. Man müßte sich nur zu diesem Behuf an den revolutionären Geist der Massen wenden, an die echte Selbstbetätigung der Arbeiter- und Bauernorganisationen und ihnen freien Lauf lassen. Und die Revolution wäre, nachdem sie ihren Glauben und ihren Willen gefunden hätte, gerettet. Wieder würde sich innerhalb der Massen der gewaltige Enthusiasmus regen, wieder würde er sie zu einem heroischen Kampf entflammen, den Willen zur großen Tat steigern und alle Wunden des sozialwirtschaftlichen Organismus heilen.

Falsch ist es, wenn die Anhänger des Staatsgedankens behaupten, die Masse wäre nur dazu fähig, das Alte zu zerstören, nur im Zerstören beweise sie Größe und Heldenmut. Käme es aber aufs Schaffen an, so wäre sie träge und gewöhnlich.

Auch auf diesem Gebiet des Schaffens, auf dem Gebiet der gewöhnlichsten, alltäglichsten Arbeit ist die Masse zu heroischen Taten fähig. Sie muß dabei aber festen Boden unter den Füßen haben, sie muß sich frei fühlen, sie muß erkennen und glauben, daß, das Werk, an welches sie Hand anlegt, ihr Werk ist. Sie muß in jeder gesellschaftlichen Maßnahme ihre eigene Willensäußerung spüren, ihre eigenen Hoffnungen und Bestrebungen. Mit einem Wort, die Masse muß im weitesten Sinne dieses Wortes sich selber verwalten. Die Bolschewiki haben sich aber daran gewöhnt, in der Masse nur Gehorsam und Unterstützung für ihre eigenen Pläne zu suchen, keinesfalls aber revolutionären Geist.

Es ist eine nicht zu widerlegende, historische Tatsache, daß sich die ukrainischen Bauern und Arbeiter seit 1918 ununterbrochen an revolutionären Aufständen beteiligt haben – gegen Skoropadski, gegen die Österreicher und Deutschen, gegen Petljura, Denikin u.a. Diese Aufstände hatten in der ganzen russischen Revolution eine außerordentliche Bedeutung. Sie haben eine permanente revolutionäre Situation im Land geschaffen und unterhalten, durch welche die Werktätigen zur Lösung der grundlegenden Probleme der russischen Revolution auf das Bestimmteste hingelenkt wurden.

Diese revolutionäre Situation im Land wurde aber nicht etwa von den Konterrevolutionen der Bourgeoisie oder zaristischen Generälen, sondern von der kommunistischen Regierung zerstört. Letztere hat im Namen der Parteidiktatur auf militärischem Weg alle Versuche der Werktätigen zur Selbstverwaltung – d.h. also zum grundlegenden Ziel der russischen Revolution – erstickt und eben hierdurch die revolutionäre Lage im Land vernichtet.

Im krankhaften Glauben an die eigene Diktatur ist der Bolschewismus so sehr verknöchert, hat sich den Nöten und Ängsten der Revolution so sehr entfremdet, daß er es vorzieht, sie tot daliegen zu sehen, als ihr Konzessionen zu machen. Verhängnisvoll war seine Rolle in der ganzen russischen Revolution. Er hat die revolutionäre Initiative und Eigenaktivität der Massen erstickt, er hat die gewaltigsten revolutionären Möglichkeiten, die je in der Geschichte der Werktätigen wirksam wurden, zertrümmert. Dafür wird er von den Proletariern der ganzen Welt für ewig an den Pranger gestellt werden.

Man soll sich aber nicht betrügen und den Gedanken aufkommen lassen, daß der Bolschewismus allein die Verantwortung für den Zusammenbruch der russischen Revolution zu tragen hat. Der Bolschewismus hat das verwirklicht, was jahrzehntelang von der sozialistischen Wissenschaft ausgearbeitet worden war. Seine ganze Praxis ist aus der Theorie des sogenannten wissenschaftlichen Sozialismus entnommen worden. Gleichzeitig sehen wir, wie derselbe wissenschaftliche Sozialismus in den Staaten Europas heuchlerisch mit der Arbeit umspringt, indem er sie einer bourgeoisen Diktatur unterordnet.

Die Arbeiterklasse der Welt muß, wenn sie nach den schuldigen Urhebern der schimpflichen und überaus schweren Lage sucht, in welche die sozialistische Diktatur die Bauern und Arbeiter Rußlands gebracht hat, den gesamten Sozialismus zur Rechenschaft ziehen und ihm das Urteil sprechen.

Die blutige Tragödie der russischen Bauern und Arbeiter kann nicht spurlos vorübergehen. Mehr als alles andere hat die sozialistische Praxis in Rußland bewiesen, daß die Arbeiterklassen keine Freunde, sondern nur Feinde haben, die nur darauf lauern, ihre Arbeit mit Beschlag zu belegen. Der Sozialismus hat zur Genüge bewiesen, daß er auf Seiten dieser Feinde steht. Dieser Gedanke wird mit jedem Jahr fester und fester im Bewußtsein der Massen Wurzel fassen.

Proletarier der Welt, geht in Euch und sucht dort und schafft die Wahrheit: Sonst werdet Ihr sie nirgendwo finden.

Das ist es, was die russische Revolution uns verkündet.

* * *

Die Sowjetregierung hat im Verlauf ihres dritten Überfalls auf das Aufstandsgebiet alles getan, was in ihren Kräften lag, um der Machnowstschina den Todesstoß zu versetzen. Dank der nach Abschluß des Krimfeldzuges frei gewordenen Truppen und überlegener Bewaffnung gelang es ihr im Sommer 1921 die Aufstandsarmee zu schlagen und den Kern dieser Armee mit Nestor Machno an der Spitze zu zwingen, auf ein Gebiet hinüberzugehen, das unter der Oberhoheit der rumänischen Regierung steht. Hierauf besetzten die Sowjettruppen das gesamte Aufstandsgebiet, und die revolutionären Massen wurden gewaltsam gezwungen, sich der Diktatur des Bolschewismus unterzuordnen.

* * *

Die Machnowstschina befindet sich nunmehr in einer neuen Lage, und eine neue Etappe des Kampfes für die soziale Revolution tut sich vor ihr auf.

Wie wird dieser Kampf verlaufen?

Das Leben selber wird seinen Charakter und seine Formen ausarbeiten. Unzweifelhaft aber steht eins fest: bis zuletzt wird die Bewegung der geknechteten Menschheit treu bleiben, bis zuletzt wird sie für die großen Ideen der Arbeit, für Freiheit und Gleichheit kämpfen und sterben.

Die Machnowstschina ist etwas stets wiederkehrendes, sie ist unsterblich.

Dort, wo die werktätigen Massen sich selber gegen Knechtung schützen, wo sie die Liebe zur Unabhängigkeit hegen und pflegen, wo sie ihren Klassenwillen steigern – da werden sie immer ihre eigenen sozialen, historischen Bewegungen schaffen, da werden sie von sich aus wirken. Das eben ist das Wesenhafte der Machnowstschina.

Ende

Rußland, Januar bis Juni 1921

Peter Andreevitsch Arschinoff (1887-1937)

Peter A. Arschinoff (ursprünglich Marin), der Autor dieses Buches, wurde um 1887 in Ekaterinoslav in der Ukraïne in eine Arbeiterfamilie geboren; er selbst erlernte den Beruf des Schlossers. Als Fabrikarbeiter kommt er etwa 1904 in Kontakt mit revolutionären Kreisen und wird zuerst Sozialdemokrat (Bolschewik); schon bald schreibt er auch Artikel für die illegale Arbeiterpresse. 1906 wird er (kommunistischer) Anarchist. Neben der rein agitatorischen Arbeit nimmt er kurze Zeit später – der Zeit und Gesellschaft entsprechend und nicht nur für Anarchisten, sondern alle revolutionären Strömungen durchaus üblich – unter einer ganzen Reihe von Pseudonymen an terroristischen Aktionen teil. So scheint er im Dezember 1906 an einem Dynamitattentat auf eine Polizeidienststelle beteiligt gewesen zu sein, und im März 1907 tötete er den Leiter der Eisenbahnwerkstatt in Alexandrovsk, der Hunderte von Arbeitern wegen ihrer Teilnahme an Streiks und revolutionären Aktionen denunziert hatte. Verhaftet, wird er von einem Militärgericht zum Tode verurteilt; am 22. April 1907 allerdings gelingt es einer Gruppe seiner Genossen, das Gefängnis zu besetzen und alle Gefangenen zu befreien. Die folgenden zwei Jahre scheint er hauptsächlich im Ausland mit der Herstellung, Verbreitung und dem Schmuggel von Druckschriften verbracht zu haben; gegen Ende 1909 wird er an der österreichischen Grenze verhaftet, nach Rußland ausgeliefert und dort 1910 zu zwanzig Jahren Kerker verurteilt. (Die Identität mit dem zu Tode verurteilten Terroristen wird nicht aufgedeckt!)

Im Butyrki-Gefängnis in Moskau lernt er 1910 Machno kennen; sie freunden sich schnell an und Arschinoff unterrichtet Machno in »anarchistischer Theorie«. Zusammen werden sie im März 1917 nach der Februar-Revolution durch eine Amnestie der provisorischen Regierung befreit. Machno kehrt in die Ukraïne zurück, während Arschinoff vorerst in Moskau bleibt. Er ist in der Moskauer Föderation anarchistischer Gruppen tätig und gehört zu den Herausgebern von Anarchija (Moskau 1917-1918).

Machno überzeugt ihn während eines Besuches in Moskau im Mai/Juni 1918, in die Ukraïne zurückzukehren, und er gehört von da an zum inneren »Führungskreis« der Machnowstschina. In Ekaterinoslav gibt er mit einigen Genossen 1918 die Zeitschrift Golos anarchista (Anarchistische Stimme) heraus und lernt dort wohl Volin (Vsevolod M. Eichenbaum) kennen, den herausragenden Intellektuellen in der ukraïnischen »Nabat«- (Sturmglocke) Konföderation der anarchistischen Organisationen. Im folgenden Jahr ist er (mit Volin und Aaron Baron) einer der Herausgeber der Zeitschrift Put' k Svobode (Straße zur Freiheit; Guljaj-Pole, Mai 1919-Juli 1920), und zusammen nehmen sie auch die Publikation der Zeitschrift Nabat wieder auf. Sie versuchen die (politische) Erziehungsarbeit der Machnowstschina zu organisieren – durch Vorträge, Flugblattpropaganda, Unterrichtskurse, ein experimentelles Theater – und planen die Errichtung von Schulen nach dem Modell von Ferrers »Moderner Schule« und die Erwachsenenbildung von Arbeitern und Bauern.

Ende 1921 flieht Arschinoff (wie auch Volin) nach Berlin, wo er die »Gruppe der russischen Anarcho-Kommunisten im Ausland« gründet und an seiner Geschichte der Machno-Bewegung arbeitet; sie erscheint 1923 zuerst in Russisch und kurz danach in deutscher Übersetzung und ist – neben Volins 25 Jahre später erschienenem Buch, und in anderer Form, Machnos Erinnerungen – die erste und auch wichtigste (Selbst-)Darstellung der Machnobewegung von einem der zentralen Teilnehmer. Mit Volin gründet er die Monatszeitschrift Anarchitscheskij Vestnik (Anarchistischer Bote; Berlin, 1923-1924), während die Anarcho-Syndikalisten ihr eigenes Blatt begannen, Rabotschij Put' (Der Arbeiterweg, herausgegeben von Gregorij Maximov, Alexander Schapiro und Efim Jartschuk; Berlin 1923). Von 1925 an lebt er in Paris, wo er schließlich auch, etwa im August 1925, Machno wiedertrifft, und beginnt die Herausgabe der Zeitschrift Delo Truda. Im Oktober 1926 veröffentlicht die Gruppe um Machno und Arschinoff die vom letzteren verfaßte Organisationsplattform, mit der eine Reorganisation der anarchistischen Bewegung eingeleitet werden sollte, die aber eine zunehmend erbitterte Diskussion auslöste und von den Gegnern Arschinoffs (und Machnos) als Verrat an den freiheitlichen Prinzipien des Anarchismus und eine Art Anarcho-Bolschewismus gesehen wurde. Rudolf Rocker resümiert die wesentliche Kritik dahingehend, daß »... die Gründung einer anarchistischen Partei (...) direkt auf eine ›Bolschewisierung‹ hinaus(läuft), wenn dies den Initiatoren auch nicht bewußt sein sollte.« (Brief an Alexander Berkman, 3. Sept. 1927; IISG Amsterdam.) Alexander Berkman meinte hingegen, in bezug auf Arschinoff schreiben zu können: »...psychologisch ist er ganz Bolschewik; er hat eine äußerst willkürliche und tyrannische, herrische Natur... Das Problem mit den meisten unserer Genossen ist, daß sie nicht sehen wollen, daß bolschewistische Methoden nicht zur Freiheit führen können, daß Methoden und Ziele im Wesen und in der Wirkung identisch sein müssen.« (Brief an Max Nettlau, 28. Juni 1927; IISG Amsterdam; aus dem Englischen übersetzt.) Arschinoff selbst sah in der Diskussion nichts als eine weitere, von »Volin und Co.« angezettelte sterile Kontroverse, die zu nichts führen würde. Er ging seinen einmal eingeschlagenen Weg konsequent weiter, was einer der intelligentesten Köpfe der anarchistischen Bewegung ein wenig bewundernd kommentierte: »Ich widersetze mich Arschinoff viel mehr als Du es tust. Und doch bin ich der Auffassung, daß er seine Dinge zu Ende denkt, hartnäckig ist, zu seiner Argumentation steht, und daß er weiß was er will: Alles Qualitäten, die vielen unserer Freunde, zu denen instinktiv unsere Sympathien gehen, so eklatant fehlen.« (Brief an Emma Goldman, 24. April 1928; IISG; aus dem Englischen übersetzt.)

Ende 1929 wird er aus Frankreich ausgewiesen und verbringt ein knappes Jahr in Belgien, bis er schließlich wieder nach Frankreich zurückkehren kann. Etwa gleichzeitig gibt er auch die Redaktion von Delo Truda auf. Deprimiert durch den Zustand der Arbeiterbewegung in Europa, von Heimweh geplagt und unter dem Druck seiner Lebensgefährtin, kontaktiert er 1931 einen bolschewistischen Mitgefangenen aus vorrevolutionären Gefängniszeiten, Sergo Ordzonikidse, wegen einer möglichen Rückkehr in die UdSSR. Zum Beweis seiner bolschewistischen Glaubwürdigkeit publiziert er noch einige Artikel und Broschüren, die mit dem Anarchismus abrechnen, und 1932/33 kehrt er mit seiner Frau und seinem Sohn in die UdSSR zurück, ungeachtet der Warnungen vieler alter Genossen wie Machno und auch Volin. Er arbeitet einige Jahre als Korrektor, ist aber schließlich nicht überraschend eines der zahlreichen Opfer der stalinistischen »Säuberungen« und wird wahrscheinlich 1937 hingerichtet.

Heiner Becker, März 1997

Auswahlbibliographie

Peter Andreevitsch Arschinoff, Istorija machnovskogo dvizenija. Berlin: Izd. »Gruppy Russkich Anarchistov v Germanii«, 1923 (Neudrucke Zaporoze: Dikoe Pole, 1995; (= Vestniki svobody), und Moskau: Terra etc., 1996); dt. Übersetzung von Walter Hold, Geschichte der Machno-Bewegung (1918-1921), Berlin: Union anarchistischer Vereine, o.J. [1923]; Neudrucke Berlin-Wilmersdorf: Institut für Praxis und Theorie und Rätekommunismus, 1969 (= Bibliothek der Rätekommunisten, 11), und (Zürich): Flamberg Verlag, (1971), udT Anarchisten im Freiheitskampf; zahlreiche Übs. in andere Sprachen.

Peter Andreevitsch Arschinoff, Anarchism i diktatura proletariata. (Doklad konferencii anarcho-komm. Grupp Sev. Ameriki i Kanady). [Paris]: »Pascal«, 1931; 16 S.

Peter Andreevitsch Arschinoff, Anarchism v naése vremja. [...]. Paris: Izd. Gruppy Revoljucionnych Anarchistov i Sindikalistov 1933; 30 S.

Peter Andreevitsch Arschinoff, Dva pobega (iz vospominanija anarchista 1906-9 gg.). Paris: »Delo truda«, 1929; 78 S.

Peter Andreevitsch Arschinoff, Novoe v anarchisme. (K tschemu prisjvaet organisatsjonnaja platforma). Paris: »Delo Truda«, 1929; 24S.

[Peter Andreevitsch Arschinoff], Organisacionnaja platforma vseobstschego sojusa anarchistov (Projekt). Paris: Librairie Internationale, 1926; gleichzeitig auch in frz. Übs.: Plate-forme d'organisation de l'Union générale des anarchistes (Projet). Paris: Librairie Internationale, 1926; zahlreiche Übersetzungen und Neuausgaben

Paul Avrich, The Russian Anarchists. Princeton, N.J.: Princeton University Press, 1967; repr. New York: W.W. Norton & Company, (1978).

Paul Avrich (Hg.), The Anarchists in the Russian Revolution. London: Thames and Hudson, (1973); (= Documents of Revolution, ed. Heinz Lubasz)

Dittmar Dahlmann, Land und Freiheit. Machnowstschina und Zapatismo als Beispiele agrarrevolutionärer Bewegungen. (= Studien zur modernen Geschichte, Bd. 35); Stuttgart: Franz Steiner Verlag Wiesbaden GmbH, 1986.

V. Litvinov, Nestor Makhno et la Question juive. (= Volonté anarchiste, Nr. 24); Paris: Groupe Fresnes-Antony de la Fédération Anarchiste, 1984.

Nestor MACHNO, La lutte contre l'État et autres écrits (1925-1932). Übersetzt und ausgewählt von Alexandre SKIRDA. o.O. [Cruseilles]: J.-P. Ducret, (1984); engl. Übs.: The Struggle against the State and other essays. Edinburgh und San Francisco, Cal.: AK Press, (1996).

Nestor MACHNO, La Révolution Russe en Ukraine (Mars 1917 - Avril 1918). Paris: »La Brochure Mensuelle«, (1927); neue Ausgabe mit einem Vorwort von Daniel GUÉRIN: Paris: Iditions Pierre Belfond, (1970); (= collection »Changer La Vie«).

Nestor MACHNO, Makhnovstschina i ee Vtscherasnje Sojusniki-Bol'seviki. Paris 1928.

Nestor MACHNO, Po Povodou »Rasyasnyeniya« Volina. Paris 1929.

Nestor MACHNO, Pod Oudarami Kontrrevolioutsii. Paris 1936. [Memoiren, Bd. 2]

Nestor MACHNO, Russkaya Revolioutsiya na Ukraïne. Paris 1929. [Memoiren, Bd. 1]

Nestor MACHNO, Ukrainskaya Revolioutsiya. Paris 1937. [Memoiren, Bd. 3]

Michael MALET, Nestor Makhno in the Russian Civil War. (London und Basingstoke): The Macmillan Press / The London School of Economics and Political Science, (1982).

Malcolm MENZIES, Makhno: Une Épopée. Le soulèvement anarchiste en Ukraine 1918-1921. (Aus dem Englischen Übs. von Michael CHRESTIEN). Paris: Iditions Pierre Belfond, (1972).

Michael PALIJ, The Anarchism of Nestor Makhno, 1918-1921. An Aspect of the Ukrainian Revolution. Seattle und Washington: University of Washington Press, (1976).

Victor PETERS, Nestor Machno. Das Leben eines Anarchisten. Winnipeg, Canada: Echo Books, n.d. [1969].

Victor PETERS, Nestor Makhno. The Life of an Anarchist. Winnipeg, Canada: Echo Books, (²1971) [zuerst 1970].

Alexandre SKIRDA, Nestor Makhno Le Cosaque de l'Anarchie. La Lutte pour les Soviets Libres en Ukraine 1917-1921. s.l. [Paris]: A. S. [Alexandre Skirda], (1982); neue Ausgabe unter dem Titel Les Cosaques de la Liberté, Paris: Jean-Claude Lattès, 1985.

Alexandre SKIRDA, Autonomie individuelle et Force collective. Les anarchistes et l'organisation de Proudhon à nos jours. o.O. [Paris]: A. S. [Alexandre Skirda], (1987); 365+(3) S. [umfassende Diskussion von Arschinoffs Plattform].

Horst STOWASSER, Die Machnotschina. Der Kampf anarchistischer

Rebellen für eine freie Gesellschaft in der Ukraine, 1917-1922. (Zweite Auflage). Wetzlar: An-Archia Verlag / Rodenhausen: Winddruck Verlag, (1979).

Yves TERNON, Makhno, la Révolte Anarchiste. (Bruxelles): Éditions Complexe, (1981).

Leo J. VAN ROSSUM, »Proclamations of the Machno movement, 1920«, in International Review of Social History Bd. 13 (1968), S. 246-268.

Voline (Vsevolod M. Eichenbaum), La Révolution inconnue (1917-1921). Documentation inédite sur la Révolution russe. (Mit 2 Portraits und 2 Karten). Paris: Les Amis de Voline, (1947); 690+(14) S.; repr. Paris: Editions Tallandier, 1969; Paris: Eds. Belfond, 1972 (3 Bde.); dt. Übs. in 3 Bdn. udT Die unvollendete Revolution. Hamburg: Libertäre Assoziation, 1975-1977.

David Porter

Entfachte Utopie
Emma Goldman über die
Spanische Revolution

440 Seiten | 24,80 Euro
ISBN 978-3-89771-214-0

»Obwohl eine Reihe von Arbeiten über Emma Goldman, die
Spanische Revolution und den spanischen Anarchismus erschie-
nen sind, ist diese Arbeit immer noch aktuell. In keinem anderen
Buch wird der politische aber auch der mentale Konflikt zwischen
der internationalen anarchistischen Bewegung und den spanischen
GenossInnen so anschaulich und nachvollziehbar geschildert.«

Dieter Nelles | *graswurzelrevolution*

»Porter hat die Texte von Goldman minutiös zusammengetragen
und inhaltlich aufbereitet, wobei er seine Sympathien für ihre
Haltung, auch in ihrer Widersprüchlichkeit, deutlich erkennen lässt.
Das Buch liest sich in dieser Form wie ein laufender Kommentar zur
Geschichte der Spanischen Revolution, «

Reiner Tosstorff | *Arbeit – Bewegung – Geschichte*

www.unrast-verlag.de | kontakt@unrast-verlag.de